Musik aus Klöstern des Alpenraums

Publikationen der Schweizerischen
Musikforschenden Gesellschaft

Publications de la Société Suisse
de Musicologie

Serie II – Vol. 55

PETER LANG
Bern · Berlin · Bruxelles · Frankfurt am Main · New York · Oxford · Wien

Giuliano Castellani (Hrsg.)

Musik aus Klöstern des Alpenraums

Bericht über den Internationalen Kongress
an der Universität Freiburg (Schweiz),
23. bis 24. November 2007

PETER LANG
Bern · Berlin · Bruxelles · Frankfurt am Main · New York · Oxford · Wien

Bibliografische Information Der Deutschen Nationalbibliothek
Die Deutsche Nationalbibliothek verzeichnet diese Publikation in der Deutschen
Nationalbibliografie; detaillierte bibliografische Daten sind im Internet über
‹http://dnb.d-nb.de› abrufbar.

Publiziert mit Unterstützung des Schweizerischen Nationalfonds zur Förderung
der wissenschaftlichen Forschung.

Umschlagabbildung: Benediktinerabtei Einsiedeln

ISSN 1012-8441
ISBN 978-3-0343-0486-3

© Peter Lang AG, Internationaler Verlag der Wissenschaften, Bern 2010
Hochfeldstrasse 32, CH-3012 Bern
info@peterlang.com, www.peterlang.com, www.peterlang.net

Alle Rechte vorbehalten.
Das Werk einschließlich aller seiner Teile ist urheberrechtlich geschützt.
Jede Verwertung außerhalb der engen Grenzen des Urheberrechtsgesetzes
ist ohne Zustimmung des Verlages unzulässig und strafbar. Das gilt
insbesondere für Vervielfältigungen, Übersetzungen, Mikroverfilmungen und
die Einspeicherung und Verarbeitung in elektronischen Systemen.

Printed in Switzerland

Inhaltsverzeichnis

Vorwort
LUCA ZOPPELLI 7

Konfession und Säkularisation. Zu den Schwierigkeiten
der Musikgeschichtsschreibung mit der Kirchenmusik
des 18. Jahrhunderts
LAURENZ LÜTTEKEN 11

«Majestätische Simplicität» – Kirchenmusik und katholische
Aufklärung im Spiegel von Martin Gerberts Briefwechsel
THERESE BRUGGISSER-LANKER 31

«Theaterstyl» und «Kirchenstyl». Zur Kontrafakturpraxis
in den kirchenmusikalischen Zentren der Innerschweiz
GABRIELLA HANKE KNAUS 71

Zur Musikkultur österreichischer Klöster in der Neuzeit.
Stand und Perspektiven eines Forschungsfeldes
THOMAS HOCHRADNER 85

Zum Choralgesang mit Generalbass-Begleitung
in Tiroler Klöstern des 18. Jahrhunderts
HILDEGARD HERRMANN-SCHNEIDER 109

«La musique prédomine trop dans nos abbaïes helvétiques».
Einige Quellen zur Stellung der Figuralmusik
in Schweizer Klöstern
CLAUDIO BACCIAGALUPPI 139

«Um die Music mit gröserer auferbaulichkeit, und mindrer
unordnung und ausschweifungen diese hochfeijerliche zeit
hindurch vollführen zu können».
Einblicke in die Organisation der Musik in der
Benediktinerabtei Einsiedeln in der zweiten Hälfte
des 18. Jahrhunderts am Beispiel der ‹Grossen Engelweihe›
CHRISTOPH RIEDO 177

Autoren 217

Vorwort

Seit Beginn der Lancierung des Forschungsprojektes «Musik aus Schweizer Klöstern» 2005, das vom Schweizerischen Nationalfonds finanziert und in Zusammenarbeit mit der Schweizerischen Musikforschenden Gesellschaft und der Arbeitsstelle Schweiz des RISM durchgeführt wird, richtete sich das Interesse auf viele Fragen und Erkenntnisziele, welche die Durchführung eines derartigen Projektes als dringend geboten erscheinen liessen. Der katholischen Kirchenmusik des 17. bis 19. Jahrhunderts wurde bislang von der Musikhistoriographie generell wenig Aufmerksamkeit gewidmet. Es bestand die Tendenz, die musikalischen Aktivitäten in den Klöstern des alpinen Raumes als isoliert und provinziell zu betrachten, während ein gründlicherer Blick die Kontaktnetze, die Zirkulation von Personen, Ideen und Musikalien sichtbar macht und diese Institutionen gleichsam mitten im Herzen des intellektuellen und musikalischen Lebens in Europa situieren lässt. Andererseits sorgte der Austausch von musikalischen Quellen zusammen mit dem Umstand, dass die helvetischen Klöster von traumatischen historischen Ereignissen weitgehend verschont geblieben sind, dafür, dass ihre Bibliotheken heute Musikalien von herausragender geschichtlicher Bedeutung beherbergen, die von ihrer Provenienz her wiederum mit anderen musikalischen Zentren verbunden sind, heute aber fast ausschliesslich in der Schweiz aufbewahrt werden. Das Forschungsprojekt hat daher parallel zu den historisch-kulturellen Recherchen zum Ziel, die interessantesten Zeugnisse mittels Transkription und Publikation den Ausführenden zur Verfügung zu stellen.

Der internationale Kongress, welcher vom 23.–24. November 2007 in den Räumlichkeiten des Instituts für Musikwissenschaft der Universität Freiburg/CH stattfand und von dem hier nun der Kongressbericht vorliegt, erbrachte die Bestätigung einer Reihe von anfänglich aufgestellten Hypothesen. Besonders glücklich war – wie wir denken – die Absicht, die Reflexionen nicht auf das Territorium der heutigen Schweiz zu beschränken, sondern vielmehr den ganzen alpinen Raum mit einzubeziehen und darüber hinaus den Fokus auf die Zirkulations- und Austauschnetze zu richten, in welche die Konvente in diesem Gebiet integriert waren. Die verschiedenen Beiträge der Referenten erlauben es, einen präziseren und deutlicher umrissenen historischen Rahmen zu entwickeln und den Herausforderungen unseren historiographischen

Vorurteilen gegenüber eindrucksvoll zu begegnen. Daher sei es mir an dieser Stelle erlaubt, allen Teilnehmern einen besonders herzlichen Dank auszusprechen.

Die Rolle der Musikpflege in den Klöstern war zentral und hoch entwickelt – in gewissen Fällen war eine ausgeprägte musikalische Kompetenz gar ein Kriterium für die Aufnahme in die religiöse Gemeinschaft – selbstverständlich differenziert je nach Praxis der verschiedenen Ordensgemeinschaften. Das Studium von Zeremonienbüchern und archivalischen Quellen erlaubt es zudem, Forschungslücken zu schliessen, die seit jeher in der Historiographie der geistlichen Musik dieser Epoche klafften: die liturgische Kontextualisierung des Repertoires, die Rekonstruktion der Zusammenhänge unter den Musikalien (seien sie an Ort noch vorhanden oder verloren), die praktische Organisation innerhalb des Systems und die spezifischen Gegebenheiten des Ritus. Man könnte sagen, dass das Musikleben in diesen Institutionen geprägt war von einer starken Dialektik zwischen lokalen Praktiken, gebunden an liturgische Spezifika oder abhängig von partikularen Traditionssträngen, und kosmopolitischer Offenheit. Auf der einen Seite ein spezifisch lokales Repertoire, wie die Musik zu den Festlichkeiten der Engelweihe in Einsiedeln (publiziert im ersten Band der Serie *Musik aus Schweizer Klöstern*) oder der Choralgesang mit Generalbassbegleitung, wie er in Stams praktiziert wurde; anderseits die vielfältigen Kontakte, wie sie der Universalgelehrte Martin Gerbert unterhielt, oder das Faktum, dass sich zahlreiche Konventualen aus Einsiedeln in Mailand musikalisch ausbilden liessen. Zudem gab es dank den Techniken der Adaption und Parodie die Möglichkeit, Vertonungen von fremder Herkunft den lokalen liturgischen Bedürfnissen anzupassen. Es standen somit Repertoires, die auf der Beschaffung von Partituren oder Modellen aus grossen musikalischen Zentren von politisch-kulturellem Prestige basierten, neben Kompositionen von im Innern derselben Institutionen tätigen Patres, die wiederum in einem kosmopolitischeren Rahmen ausgebildet worden sein konnten. Die hohe Zirkulationsrate von Musikalien stellt ein wesentliches Phänomen dar, und die aktuellen Studien vermitteln uns eine präzisere Vorstellung dieser Transfers: Die Bedeutung Mailands und seiner spezifischen Tradition als Referenzpunkt der eidgenössischen Klöster, die Verbreitung anderer italienischer Repertoires (Anfossi, Paisiello, Cimarosa) in Süddeutschland, aber auch die Tatsache, dass nach den napoleonischen Umwälzungen und der Aufhebung verschiedener Klöster, besonders in Deutschland, ganze Bibliotheken den Besitzer wechselten, was eine Erneuerung des Repertoires erlaubte.

Faktisch ist jedes Kloster ein Mikrokosmos von Prozessen – unter Umständen auch sich widersprechender –, die zum Gesamtbild der sakralen Musik der Epoche beitragen. Die musikalische Aktivität gründet auf einer direkten Verbindung zu den Codes und Modellen der weltlichen Musik (daher die grosse Bedeutung des Parodieverfahrens, das häufig von erstaunlicher technischer Brillanz zeugt), gleichzeitig liegen hier die konzeptuellen Grundlagen für die Ausprägung des cäcilianischen Ideals, zu denen die katholischen musikalischen Milieus weitaus mehr beigetragen haben, als die traditionelle Geschichtsschreibung bislang erkannt hat. Aus den im Folgenden präsentierten, mannigfaltigen Perspektiven resultiert die Notwendigkeit eines gründlichen Überdenkens historiographischer Gewohnheiten, die oft auf interpretativen Grundannahmen basieren, die bis zu den Ursprüngen unserer Disziplin zurückreichen. In den vergangenen Jahren wurde viel unternommen, um aufzuzeigen, in welchem Masse diese Schemata von nationalistischem Denken beeinflusst waren (dessen Überwindung beispielsweise war essenziell, um die Historiographie des Musiktheaters zu erneuern); heute scheint es offensichtlich, dass auch der konfessionelle Aspekt eine fundamentale Rolle in der Geschichte der Musikhistoriographie gespielt hat. Trotz der Beschränkung auf die hier herangezogenen Themenbereiche stellt praktisch jede Seite des vorliegenden Kongressberichtes auch einen Aufruf zur Notwendigkeit einer tiefgreifenden Revision der methodologischen und historiographischen Paradigmen der Erforschung der geistlichen Musik der Neuzeit dar; in diese Richtung möchte sich auch in Zukunft die Forschungsarbeit des musikwissenschaftlichen Instituts der Universität Freiburg/CH entwickeln.

Eine letzte Anmerkung betrifft eine erfreuliche Tendenz der Forschung, welche sich am Rande der Tagung gezeigt hat: das Anliegen, die eigenen Resultate in enger Zusammenarbeit mit Vertretern der praktischen Musikausübung zu erarbeiten und ihnen diese wiederum zur Verfügung zu stellen. Konzerte, Radioübertragungen und CD-Reihen zeigen, wie neugierig die Welt der musikalischen Aufführungspraxis auf Vorschläge und Anregungen ist, um die erstarrten Grenzen des Musikrepertoires zu erweitern, und mit welchem Interesse ein immer breiteres Publikum an den Resultaten der Forschung teilnimmt, das seinerseits von den finanziellen Geldquellen der öffentlichen Hand profitiert. Jenseits des Nutzens der besseren Resonanz der Forschungstätigkeit hat dieses Phänomen auch positive Konsequenzen im Innern der wissenschaftlichen Tätigkeit selber. Wie die Erfahrungen aus anderen Forschungsbereichen zeigen, kann die lebendige Aufführungserfahrung der Musik in der Tat positive Einflüsse auf die Reflexion in der Musikgeschichtsschreibung haben.

Freiburg, Mai 2009   Luca Zoppelli

Konfession und Säkularisation
Zu den Schwierigkeiten der Musikgeschichtsschreibung mit der Kirchenmusik des 18. Jahrhunderts

Laurenz Lütteken (Zürich)

Musikwissenschaft und Kirchenmusik

Die Entstehung der neuzeitlichen Musikwissenschaft im späten 18. und im 19. Jahrhundert, gerichtet auf die Etablierung einer akademischen Disziplin im Kontext der sich formierenden Kunstwissenschaften, war im tiefsten Kern abhängig von konfessionellen Prämissen, und zwar in einem weit stärkerem Masse als lange Zeit angenommen. Seit Max Webers prägnanter These von der erkenntnisstiftenden Prägung unter anderem durch konfessionelle Voraussetzungen ist dieser Sachverhalt gelegentlich bekräftigt,[1] zuweilen kritisiert, niemals jedoch konkretisiert worden im Hinblick auf die eine Disziplin der Musikwissenschaft.[2] Dabei verweisen bereits die Wurzeln der konkreten Vergewisserung musikalischer Geschichte auf diese Prämissen zurück. Die Vergegenwärtigung Palestrinas, die ihre Voraussetzung hatte in der Kanonisierung des Komponisten in der päpstlichen Kapelle des 17. Jahrhunderts, wurde wesentlich betrieben vom kaiserlichen Hofkapellmeister Johann Joseph Fux, der in seinen *Gradus ad parnassum* von 1725 eben nicht nur eine Stillage festlegen wollte, sondern offenbar auch die kaiserliche Kapelle in Wien als wahren Sachwalter des römischen Erbes einzusetzen gedachte. Damit war einem Geschichtsbild der Boden bereitet, dessen historiographisches Zentrum die Auseinandersetzung mit dem gegenreformatorischen Rom war. Die Wirkungen reichten weit über die Habsburgermonarchie hinaus, prägten aber selbst diese wohl viel

---

[1] Vgl. dazu Hans-Dieter Sommer, «Max Webers musiksoziologische Studie», in: *Archiv für Musikwissenschaft* 39 (1982), S. 79–99.

[2] Vgl. dazu z. B. Hartmut Grimm, «Hermann Kretzschmar: Restitution der Affektenlehre als wissenschaftliche Grundlegung der musikalischen Hermeneutik», in: *Musikwissenschaft – eine verspätete Disziplin? Die akademische Musikforschung zwischen Fortschrittsglauben und Modernitätsverweigerung*, hrsg. v. Anselm Gerhard, Stuttgart, Weimar 2000, S. 88–97.

stärker, als derzeit vermutet wird. Noch Haydn studierte und kommentierte nicht allein Fux, er hat ein Exzerpt zur Grundlage für seinen eigenen Unterricht angefertigt, das auch von seinem Schüler Beethoven verwendet wurde.[3]

Eine Wurzel der sich formierenden Musikwissenschaft bildete folglich die ‹Abarbeitung› des damit sich herausbildenden historischen Paradigmas, etwa in der Kanonisierung dieser vermeintlich unumstösslichen Voraussetzungen bei Giovanni Battista Martini und, folgenreich, beim päpstlichen Camerlengo Giuseppe Baini.[4] Noch Carl von Winterfeld, der Johann Eccard schliesslich in einem Akt von konfessionspolitischem Kolonialismus zum ‹preussischen Palestrina› erhob,[5] schrieb seine Musikgeschichte des 16. Jahrhunderts 1834 allein mit dem Ziel, die Kunst «in ihren Uranfängen zu belauschen».[6] Seine Hinwendung nach Venedig diente daher vor allem dazu, die kaum zufällig in Wien von Raphael Georg Kiesewetter festgeschriebene Vormachtstellung Roms historiographisch zu brechen[7] – und Heinrich Schütz als den eigentlichen Vollender italienischer Neuerungen im Norden zu installieren. Und sogar Franz Xaver Haberl, das entgegengesetzte konfessionelle Milieu Winterfelds repräsentierend, schrieb seine Dufay-Monographie vor allem aus dem Beweggrund, endlich Klarheit über die Zeit ‹vor› Palestrina zu gewinnen.[8]

Eine derartige konfessionelle Funktionalisierung der frühen Musikhistoriographie schliesst auch die nur vermeintlich neutrale Quellenkunde ein. Johann Nicolaus Forkel war zwar versucht, im Anschluss an

---

3 Vgl. Ludwig Finscher, *Joseph Haydn und seine Zeit*, Laaber 2000, S. 90; auch Alfred Mann, «Beethoven's Contrapuntal Studies with Haydn», in: *The Musical Quarterly* 56 (1970), S. 711–726.

4 Vgl. hier Richard Boursy, «The mystique of the Sistine Chapel Choir in the Romantic Era», in: *The Journal of Musicology* 11 (1993), S. 277–329.

5 Dazu Adolf Nowak, «Johann Eccards Ernennung zum preußischen Palestrina durch Obertribunalrat von Winterfeld», in: *Studien zur Musikgeschichte Berlins im frühen 19. Jahrhundert*, hrsg. v. Carl Dahlhaus (= Studien zur Musikgeschichte des 19. Jahrhunderts 56), Regensburg 1980, S. 293–300.

6 Carl von Winterfeld, *Johannes Gabrieli und sein Zeitalter. Zur Geschichte der Blüte heiligen Gesanges im sechzehnten, und der ersten Entwicklung der Hauptformen in diesem und dem folgenden Jahrhunderte, zumal in der Venedischen Tonschule*, Berlin 1834. Reperint Hildesheim 1965, Vorrede, S. V–XII, hier S. V.

7 Winterfeld beklagt deswegen, dass in Rom – und gemeint ist zweifellos das konfessionelle Rom – «ein beschränkter, örtlicher Vaterlandseifer» herrsche (Winterfeld, Vorrede, S. VIII).

8 Franz Xaver Haberl, *Wilhelm Du Fay. Monographische Studie zu dessen Leben und Werke* (= Bausteine für Musikgeschichte 1), Leipzig 1885; zuerst in: *Vierteljahrsschrift für Musikwissenschaft* 1 (1885), S. 397–530, hier S. 397 f.

die sich formierende göttingische Schule der Historiographie ein Pendant in der Musikgeschichtsschreibung zu entwickeln, unter Aufgriff der vorliegenden musikhistorischen Werke von Martini, Hawkins und Burney. Doch ihr Telos hatte seine Musikgeschichte im Kantor und Musikdirektor Johann Sebastian Bach, denn seine Werke «sind ein unschätzbares National=Erbgut, dem kein anderes Volk etwas ähnliches entgegen setzen kann»; ihnen könne man nur mit «heiliger Anbetung» begegnen.[9] Die Vorstellung, das Instrumentarium der Kritik müsse notwendig vor uneinholbarer Grösse versagen und deswegen durch hingebende Devotion ersetzt werden, hat selbst noch den strengen Philologen Philipp Spitta geprägt. Die ‹antiquarische› Bestandsaufnahme von Bachs Schaffen bedürfe geradezu eines konfessionellen Blickwinkels: mit dem Ziel, die Kantaten, Oratorien und Passionen als den eigentlichen Gipfel dieses Œuvres zu kanonisieren und den Komponisten damit zum ‹geistlichen› Musiker par excellence zu machen – kulminierend in der neuerlichen Engführung von Kunst und Leben, also dem Vorsatz, Bachs Kompositionen wieder in die gottesdienstliche Praxis der eigenen Gegenwart einzufügen.[10]

Die Entstehung der Musikwissenschaft aus den Prämissen konfessioneller Prägungen hat zwei am Ende unerwartete Folgen gezeitigt. Zum einen haben derartige Lesarten hartnäckige und anhaltende, keineswegs nur triviale historiographische Konstruktionen hervorgebracht, die niemals einer wirklichen Überprüfung unterzogen worden sind. So erscheint es heute nahezu unmöglich, gleichsam hinter die Palestrina-Rezeption oder hinter die Bach-Rezeption wenigstens so weit zurückzugehen, dass die Perspektive nicht von vornherein als zu eng und zu belastet erscheint. Die andere Folge betrifft die Geschichtsschreibung selbst. Denn die konfessionell geprägte Genese der Musikwissenschaft als Kunstwissenschaft hat, nur vordergründig paradox, den Blick auf rituell verankerte Musik, also Musik, die ganz offenkundig nicht mit einem autonomen Kunstwerkscharakter konform zu gehen scheint, immer weiter verstellt. War man sich in den frühen historischen Entwürfen, bei Baini, bei Kiesewetter, bei Winterfeld, Spitta oder Haberl, immer noch bewusst, es zunächst mit ritueller Musik, also Kirchen-

---

9   J[ohann] N[icolaus] Forkel, *Ueber Johann Sebastian Bachs Leben, Kunst und Kunstwerke*, nach der Originalausgabe von 1802 neu herausgegeben mit Einleitung und ausführlichem Nachwort von Josef M[aria] Müller-Blattau, Augsburg 1925, S. 11 u. S. 14.

10 Dazu Wolfgang Sandberger, *Das Bach-Bild Philipp Spittas. Ein Beitrag zur Geschichte der Bach-Rezeption im 19. Jahrhundert* (= Beihefte zum Archiv für Musikwissenschaft 31), Stuttgart 1997, S. 117 ff.

musik zu tun zu haben, so hat sich dieses Bewusstsein immer weiter verflüchtigt. Die Kirchenmusik ist im Laufe des 20. Jahrhunderts mehr und mehr zu einem Residuum geworden, und das gilt in besonderem Masse für jenes Jahrhundert, in dem die Ästhetik des autonomen Musikkunstwerks erst entstanden ist, also für das 18. Jahrhundert.

Schon im Kirchenmusik-Artikel in Sulzers *Theorie der Schönen Künste* findet sich 1774, vor dem Hintergrund eines sich stets weiter säkularisierenden aufgeklärten Zeitalters, ein entsprechender Hinweis:

> Es könnte von großem Nutzen seyn, wenn ein Meister der Kunst übernähme, die Materie von der mannigfaltigen Anwendung der Musik, bey gottesdienstlichen Feyerlichkeiten, von Grundaus zu untersuchen; denn allem Ansehen nach würde er noch neue und wichtige Arten diese Kunst anzuwenden entdeken, und von dem, was zufälliger Weise hier und da eingeführt worden ist, würde er manches, als unschiklich verwerfen.[11]

Sulzer beschreibt also ein Defizit hinsichtlich der Kirchenmusik, das sich letztlich bis in die Gegenwart fortgesetzt hat. In Mendel-Reissmanns *Universal-Lexikon* findet sich noch ein umfangreiches Lemma ‹Kirchenmusik›, während es die alte Ausgabe der *Musik in Geschichte und Gegenwart* schon nicht mehr kennt. Die Neuausgabe verzeichnet hingegen unter dem Stichwort nur die Verweisartikel, die hier zu konsultieren wären. In der sechsten Auflage des *New Grove Dictionary* und seines Nachfolgers fehlt ein Eintrag ebenfalls. Das *Handbuch der Musikwissenschaft* enthielt noch, schön konfessionell getrennt, zwei Bände zur Kirchenmusik, mit dem immerhin bemerkenswerten Detail, dass die für den deutschsprachigen Raum vor 1933 bzw. 1938 nicht unwichtige Synagogenmusik auf diese Weise gewissermassen heimatlos geworden war. Doch im von Carl Dahlhaus konzipierten *Neuen Handbuch der Musikwissenschaft*, im historischen Teil der vermeintlichen Neutralität von Jahrhunderten folgend, fehlt eine entsprechende Abteilung ganz.

Es mag dies eine historiographische Konsequenz aus dem Problem sein, dass Kirchenmusik sich jenseits bestimmter weltanschaulicher Prämissen offenbar nicht diskutieren lässt, jedenfalls sind dafür keine wirklichen Konzepte entwickelt worden. Doch die Folgen sind gravierend. Während doch zumindest in jeder Überblicksdarstellung, die sich der Zeit bis zum Ende des 16. Jahrhunderts widmet, die Kirchenmusik als ein zentraler Teil der Kompositionsgeschichte angesehen wird, ist dieses Bewusstsein im Blick auf das 17., vor allem aber das 18. Jahrhun-

---

11 Johann George Sulzer, *Allgemeine Theorie der Schönen Künste in einzeln, nach alphabetischer Ordnung der Kunstwörter auf einander folgenden, Artikeln abgehandelt*, 2 Bde, Leipzig 1771 u. 1774, hier Bd. 2, S. 581.

dert weitgehend suspendiert worden. Die daraus resultierenden Schieflagen sind allenthalben sichtbar, und zwar ganz konfessionsunabhängig. Das lässt sich an wenigen Beispielen signifikant illustrieren. Der Gattungsbegriff der Kantate ist für die erste Hälfte des 18. Jahrhunderts nach wie vor ganz wesentlich von den Werken Bachs abstrahiert – mithin also in einem methodisch vollkommen unhaltbaren Verfahren, das zu einer erheblichen Verzerrung geführt hat und nach wie vor führt.[12] Oder, um eine andere Gattung zu nennen: über die Wirklichkeit der Motette, die ja immerhin in allen Konfessionen anzutreffen ist, herrscht vollständige Unklarheit, es gibt beispielsweise nicht einmal annähernd verlässliche Kriterien dafür, warum Mozart sein *Exsultate jubilate* (KV 165/158a) als ‹Motette› bezeichnet hat – neben dem *Ave verum corpus* (KV 618) sein einziger ausdrücklicher Gattungsbeitrag.

Forschungsprobleme

Die Einschränkung, die Konzentration auf ein Paradigma ‹Kirchenmusik› sei am Ende doch selbst dem konfessionellen Zeitalter geschuldet und damit seine historiographische Auflösung ebenso zwingend wie notwendig gewesen, liegt nahe. Dagegen spricht aber die Wahrnehmung vergangener Jahrhunderte, insbesondere auch des 18. Jahrhunderts. Die informelle, weil briefliche Differenzierung des Warschauer Hofkapellmeisters Marco Scacchi zwischen Kirchen- und Theatermusik bezeichnet zwar zunächst den Unterschied von Stillagen, dies aber mit Folgen weit über diesen Zusammenhang hinaus.[13] Denn die beiden von ihm benannten Stile – stylus ecclesiasticus und stylus theatralis – hängen offenkundig mit der kompositionsgeschichtlichen Zäsur um 1600 zusammen, in deren Umfeld zugleich eine nicht einfach einzuschätzende Wertigkeit geschaffen worden ist, nämlich von prima und seconda prattica, von polyphonem und monodischem Satz, von kirchlichem und dramatischem Stil. Scacchi formuliert demnach die fundamentale Einsicht, dass Musik sich auf grundsätzlich verschiedene Weise zu einem Text verhalten könne – ganz unabhängig von der Frage der Angemessen-

---

12 Die Schwierigkeiten werden noch umfangreicher, wenn man die erheblichen Probleme bedenkt, die der Kantatenbegriff im 17. Jahrhundert schon in Italien bereitet.
13 Dazu nach wie vor Rolf Dammann, *Der Musikbegriff im deutschen Barock*, Köln 1967, S. 464 ff.

heit. Das ‹Kirchliche› in diesem Sinne war damit eine gewissermassen unumstössliche Realität.

Kurzum: wenn im Blick auf die Kirchenmusik des 18. Jahrhunderts ein ähnlich umfassendes Wissen und ein ähnlich fein differenziertes Sensorium zur Verfügung stehen würde wie für die Geschichte der Oper oder des Streichquartetts, so wäre die Forschung einen bedeutenden Schritt weiter. Die Probleme, die sich beim derzeitigen Kenntnisstand auftun, sind daher zahlreich und grundsätzlicher Art. Sie beginnen bei der zentralen Frage, ob die Aufgabe, Kirchenmusik zu schreiben, genuine kompositorische Haltungen generiert hat. Und die Anschlussfrage lautet dann gleich, ob und wie sich bereits hier konfessionelle Differenzen ausgewirkt haben. Was bedeutet die kirchenmusikalische Aufgabe für Musikdirektoren wie Telemann, Bach oder Graupner, oder für Hofkapellmeister wie Hasse oder für institutionell ganz anders verankerte Komponisten wie Vivaldi? Welche Bedeutung kommt etwa der Tatsache zu, dass der mitteldeutsche Lutheraner Händel im gegenreformatorisch geprägten Rom offenbar keinerlei Anpassungsschwierigkeiten hatte? Und welche Rolle kommt anderen Kontexten zu? Über die genaue Struktur zum Beispiel der anglikanischen Kirchenmusik, ihr Verhältnis zum Hof und ihre Bedeutung für die Herausbildung einer Ästhetik des Erhabenen gibt es praktisch keinerlei systematische Untersuchung.

Solche Fragen kollidieren mitunter mit jenen tradierten Forschungsmeinungen, die über Jahrzehnte und teilweise noch bis heute bewusstseinsbildend sind Die Auffassung Winterfelds, Schütz sei das entscheidende Bindeglied zwischen dem Norden und Italien, ist gleich in mehrfacher Hinsicht falsch. In ihr bleibt unberücksichtigt, dass die Oper eben nicht über Dresden, sondern über Salzburg und Warschau in den Norden gelangt ist. In ihr bleibt ferner unberücksichtigt, dass die Rezeptionswege, wie Axel Beer schon vor zwanzig Jahren gezeigt hat, viel komplizierter waren. Aber wer spricht in diesem Zusammenhang allen Ernstes von Bernhard Klingenstein, vom Benediktiner Sebastian Erthel oder vom Praemonstratenser Christian Keifferer?[14] Oder es hat die herausragende Rolle von Mozarts Requiem-Fragment dessen komplizierte Verankerung in der Gattungsgeschichte lange Zeit in den Hintergrund treten lassen, einer Gattungsgeschichte, die, bis in die ‹Schreibart› hinein, insbesondere im habsburgischen Raum und dort vor allem durch Fux auf unmittelbare Weise mit vielschichtigen Mechanismen imperialer Repräsentation verknüpft war.

---

14 Axel Beer, *Die Annahme des ‹stile nuovo› in der katholischen Kirchenmusik Süddeutschlands* (= Frankfurter Beiträge zur Musikwissenschaft 22), Tutzing 1989, hier die Tabelle S. 165 ff.

Damit ist ein weiterer, für die Tagung in Fribourg bedeutsamer Aspekt angesprochen. Nach wie vor und trotz vielfältiger Bemühungen ist die Rolle der Klöster in diesem Zusammenhang immer noch weitestgehende terra incognita. Der geistliche Stand der im monastischen Umfeld agierenden Komponisten hat, nicht nur, aber vor allem wegen des klösterlichen Demutsgelübdes, eine demonstrativ nach aussen gelagerte Selbstdarstellung offenbar verhindert oder wenigstens eingeschränkt, mit Konsequenzen für die Überlieferung. Das daraus entstandene Forschungsdefizit ist gewichtig. Der Benediktiner Johann Baal (P. Marianus Baal 1657–1701) hat sein Hauptwirkungsfeld in Bamberg, dann in der Abtei Münsterschwarzach gefunden. Von seinen 83 nachgewiesenen Messen ist nur eine einzige überliefert, die aber gleich in einer Abschrift von Johann Gottfried Walther und Johann Sebastian Bach.[15] Ein einziger Druck mit vier lateinischen geistlichen Konzerten und einer Violinsonate von 1677 hat sich erhalten. Allein diese Werke, darunter eines mit der Schilderung des Sturzes Luzifers, sind allerdings dazu angetan, die musikhistorischen Konstruktionen im Blick auf das späte 17. und das frühe 18. Jahrhundert grundlegend zu revidieren.[16] Ein weiteres, viel späteres Beispiel vermag es, die Zweifel an allzu reduzierten Darstellungen zu untermauern. Franz Xaver Schnizer (1740–1785), fast drei Generationen später geboren und jung gestorben, verbrachte nahezu sein gesamtes Leben in der Benediktinerabtei Ottobeuren. Dort schrieb er nicht nur zahlreiche Theatermusiken, so 1776 eine *Semiramis, Assyrions herrschsüchtige Königin*, die ohne die Kenntnis von Voltaires Drama nicht denkbar ist. Die 1782 entstandene Marienantiphon *Alma redemptoris mater* stellt ein kompositorisches Zeugnis aus, das im 18. Jahrhundert bisher praktisch nicht kontextualisiert worden ist. Unklar ist auch, wie und wo diese Musik überhaupt wahrgenommen worden ist.[17]

Die Forschungsprobleme reichen aber weiter. Im Hinblick auf die Kirchenmusik des 18. Jahrhunderts ist bisher, abgesehen von der Diskussion um den stile antico, nur ansatzweise die Frage diskutiert worden, inwieweit habituelle und konkrete liturgische Gepflogenheiten die kompositorische Sprache beeinflusst haben. Das erfordert einerseits die

---

15   Kirsten Beißwenger, *Johann Sebastian Bachs Notenbibliothek* (= Catalogus Musicus 13), Kassel etc. 1992.

16   Dazu Rhabanus Erbacher OSB, *Johann (= P. Marianus OSB) Baal. Skizzen zum Leben und Schaffen des Komponisten und zum höfischen und klösterlichen Umfeld seines Wirkens*, Münsterschwarzach 1990.

17   Vgl. hier Michael Gerhard Kaufmann, Art. «Schnizer», in: *MGG2*, Personenteil 14 (2005), Sp. 1546 f., mit einem allerdings unvollständigen Werkverzeichnis. Das *Alma redemptoris* wurde 1997 von Franz Lehrndorfer (Stuttgart: Carus) herausgegeben.

auch liturgiehistorisch bisher nur rudimentär erfolgte Rekonstruktion liturgischer Praktiken, andererseits eine kompositionsgeschichtliche Differenzierung, die weit über das bisherige Mass hinausreicht. In einem verwobenen Geflecht von usuellen Anforderungen, feinnervig bestimmten Anspruchsniveaus und subtil gegliederten Stillagen wurde offenbar eine Musik verwirklicht, deren Gelingen auch nach dieser ‹Passform› beurteilt worden ist. Die Selbstverständlichkeit, mit der man etwa in der Mozart-Forschung darüber nachdenkt, warum und worin sich der Eröffnungssatz einer Serenade von demjenigen einer Sinfonie unterscheiden könnte, ist in der Beschäftigung mit der Kirchenmusik noch weitgehend illusorisch. Das betrifft sogar deren generelle Voraussetzungen. Im Jahrhundert der Aufklärung, in dem sich die Beschaffenheit von Öffentlichkeit und damit die Rolle der Musik in ihr grundsätzlich verändert haben (was keineswegs die inzwischen hinreichend widerlegte These linearer ‹Verbürgerlichung› meint), dürften Auswirkungen gerade auf die Kirchenmusik anzunehmen sein. Wie diese aber konkret beschaffen sein könnten, ist bisher vollständig fraglich. Um auch dafür ein Beispiel zu nennen: Johann Stamitz komponierte wohl Anfang der 1750er Jahre für die Mannheimer Hofkirche eine grossbesetzte *Missa solemnis* in D-Dur. Ihre Entstehung für Mannheim ist deswegen wahrscheinlich, weil das Benedictus im Sanctus fehlt, was einer Mannheimer Gepflogenheit entspricht.[18] Stamitz hat das Werk auch mit auf eine Paris-Reise genommen und dort im August 1755 aufgeführt. Das Werk unterscheidet sich zwar deutlich von der Instrumentalmusik von Stamitz, insbesondere von seinen Sinfonien, adaptiert aber gleichwohl den orchestralen Gestus für ein grossdimensioniertes Vokalwerk. Gerade hierin ist erkennbar, dass mit der Messkomposition auch eine bestimmte Stillage verbunden werden sollte. Das Kyrie beginnt mit einem volltönenden Eröffnungsakkord, der so etwas wie Öffentlichkeit konstituiert – was im Kontext einer Messe und der liturgischen Position des Kyrie schwierig zu bewerten ist. Der synkopierte Vorhaltssatz, der diesem Beginn folgt, ist zweifellos eine Anspielung auf den Kirchenstil, dessen genaue Kontexte jedoch erst zu eruieren wären.

Derartige Forschungsfragen bedürfen aufwendiger Vorarbeiten, deren wichtigste die Erschliessung der Partituren selbst ist. Bedenkt man etwa den Differenzierungsgrad, der in der Opernforschung für das 18. Jahrhundert inzwischen erreicht ist, so wirkt das Defizit im Falle der Kirchenmusik mehr als erstaunlich. Damit ist nicht allein die beklagens-

---

18 Vgl. Jochen Reutter, «Die Kirchenmusik am Mannheimer Hof», in: *Die Mannheimer Hofkapelle im Zeitalter Carl Theodors*, hrsg. v. Ludwig Finscher, Mannheim 1992, S. 97–112.

werte Unkenntnis liturgischer Praktiken gemeint, sondern der Umstand, dass kaum eine der methodisch ambitionierten Debatten im Blick auf die Erforschung des 18. Jahrhunderts und insbesondere seiner Musik je wirklich konkret an die Kirchenmusik herangetragen worden wäre. Bis heute hat die Herkunft der Musikforschung aus konfessionellen Prägungen dazu geführt, die Kirchenmusik entweder aus dem wissenschaftlichen Diskurs zu verdrängen oder sie eben, als letztes Residuum gewissermassen, einer wesentlich konfessionell geprägten Bestandsaufnahme zu überlassen. Auch dafür noch ein Beispiel: Von den wenigen erhaltenen Kirchenwerken Vivaldis nimmt das Gloria RV 589 einen besonderen Rang ein. Es könnte um 1720 entstanden sein, für welchen Anlass ist unklar, wohl nicht für das Ospedale della pietà, in dem Vivaldi zwar wirkte, aber in dem nur Mädchen singen konnten. Überdies ist es fraglich, wie der Rest der Messe beschaffen gewesen sein mag, da es keine Anzeichen dafür gibt, mit welchen anderen Kompositionen dieses Stück in eine imaginäre Konkurrenz getreten ist. Das mit etwa 30 Minuten monumentale Werk ist mit drei Solostimmen (zwei Sopranen, Alt), Chor, Oboe, Trompete und Streichern relativ gross besetzt. Es beginnt mit einem flächigen, letztlich einteiligen Eröffnungschor, der später nochmals verkürzt wiederkehrt, und führt geradezu modellhaft vor, wie ein Messesatz gleichsam intern zyklisch gestaltet werden kann. Das der an sechster Stelle stehenden Alt-Arie *(Domine Deus)* sich anschliessende *Domine fili unigenite* etwa ist ein bewegter Allegro-Chorsatz in F-Dur mit schroffen Punktierungen, der einerseits polyphon gearbeitet ist, andererseits aus Kontrastierungen besteht. Zusammengehalten wird er von einer gleichsam aufgeweichten, sich immer weiter verflüchtigenden Chaconne, die den Satz durchzieht. Das eröffnende Ritornell, das den Habitus der Chaconne vorgibt, erklingt am Schluss zusammenfassend nochmals. In solchen Momenten wird die Gestaltung eines Messesatzes und wiederum eines Teiles daraus zum formalen Experiment. Man wird Mühe haben, vergleichbare Chorsätze zu finden – und noch grössere Mühe, den Kontext und damit den Beweggrund für diese eigenartige Gestaltung zu finden. Wie weit hier die Experimentierlust reichen konnte, belegt auch die Schlussfuge, die Vivaldi aus dem Schluss eines zweichörigen Glorias entlehnt hat, das der venezianische Komponist Giovanni Maria Ruggieri 1708 aufgeführt hat. Dass dieser semantische Aspekt auch einen Schlüssel bietet für das Werk selbst, ist offenkundig.[19]

---

19 Vgl. dazu auch die Andeutungen bei Michael Talbot, *The Sacred Music of Antonio Vivaldi* (= Quaderni vivaldiani 8), Florenz 1995; Berthold Over, *Per la gloria di Dio. Solistische Kirchenmusik an den venezianischen Ospedali im 18. Jahrhundert* (= Orpheus-Schriftenreihe zu Grundfragen der Musik 91), Bonn 1998.

Die Wirklichkeit des 18. Jahrhunderts: zum Beispiel in der Messe

Wie komplex die Wirklichkeit des 18. Jahrhunderts ist, mag ein etwas genauerer Blick auf eine einzige Gattung veranschaulichen, die Messe. Über deren Binnenstruktur im 18. Jahrhundert herrscht ebenfalls weitgehend Unklarheit, obwohl sie dennoch ein ganz zentraler Teil des Feldes ‹Kirchenmusik› ist. Die Herausbildung der Messe zum musikalischen Kunstwerk ist ein Produkt des frühen und mittleren 15. Jahrhunderts. Die Vorstellung, alle Sätze des Ordinarium Missae zusammenzubinden zu einem einheitlich komponierten und nur mit musikalischen Mitteln vereinheitlichten Zyklus, ist weder selbstverständlich noch naheliegend, und sie bedeutet cum grano salis die Durchsetzung einer kompositorischen Idee gegenüber oder wenigstens in produktiver Konkurrenz zu einer liturgischen Idee. Dieses Spannungsfeld hat die Gattungsgeschichte überschattet, bis hin ins 18. Jahrhundert, das letzte Jahrhundert einer kontinuierlichen, blühenden Gattungsgeschichte. Mit der Säkularisation hat sich auch hier ein tiefer und radikaler Schnitt ereignet. Seitdem jedenfalls ist die Komposition von Messen ein Ausnahmefall. Ungeachtet eines solch hartnäckigen Gattungszusammenhangs ist nahezu alles an ihm unklar: Funktionen, Differenzierungen, kompositorische Verfahrensweisen, v.a. im Blick auf einen Text, der so fixiert war wie nur wenige andere Texte, Überlieferung, Distribution, liturgische Praktiken, kompositorische Reaktionen darauf, Einbeziehung anderer Musiken, namentlich von Proprien, alles das ist ein vages Feld, und in der einzigen Gattungsgeschichte neueren Datums wird deswegen das betrieben, was dieser Gattung wahrscheinlich am allerwenigsten ansteht: die weitgehende Reduktion auf die Kompositionsgeschichte.[20]

Die Form der römisch-fränkischen Messe steht seit dem Mittelalter in den Grundzügen fest: in ihrer Fixierung auf die lateinische Sprache, in ihrer Detail-Differenzierung nach All-, Sonn- und Festtagen, in der Binnendifferenzierung von Proprien und Ordinarien. Die Situation der Gattung um 1700 ist in Teilen bereits geprägt von einer eigenartigen Form der Traditionsvergewisserung. In der Folge der Gegenreformation wurde der a cappella-Satz im Sinne Palestrinas zum Stilideal erhoben, durchaus mit dem Bewusstsein, auf eine gleichsam genuin katholische

---

[20] Vgl. die Einleitung zu Horst Leuchtmann und Siegfried Mauser (Hrsg.), *Messe und Motette* (= Handbuch der musikalischen Gattungen 9), Laaber 1998, S. 9–14.

Form des vorreformatorischen Satzes zurückgreifen zu wollen. Das hier kanonisierte Ideal wurde besonders nachdrücklich verkörpert von der päpstlichen Kapelle, die ihre Funktion als musterbildende europäische Institution nach 1600 zunehmend verloren hat und sich aus den gegenwärtigen kompositionsgeschichtlichen Tendenzen in immer stärkerem Masse auszuklammern begann. Vollends im 18. Jahrhundert war sie wohl mehr eine touristische Attraktion der Rom-Besucher aller Konfessionen denn ein ernstzunehmender Faktor in den kompositorischen Prozessen der eigenen Gegenwart. Gleichwohl bedeutete der mit ihr verbundene a cappella-Stil auch, und zwar in der willentlichen Distanzierung zur eigenen Gegenwart, wenigstens eine (und wohl nicht einmal marginale) Möglichkeit, die Kirchenmusik und insbesondere die Messe in einer bestimmten Weise zu vertonen. Diese Kanonisierung des Stils wirkte einerseits in Italien selbst, so etwa in den Messen Alessandro Scarlattis,[21] als auch in den katholischen Gebieten jenseits der Alpen. Besondere Bedeutung erlangte hier der kaiserliche Hofkapellmeister Johann Joseph Fux, der ab 1696 in Wien gewirkt und ab 1715 sein Amt ausgeübt hat. Im Schaffen von Fux wurden der alte, kontrapunktische Stil und der neue konzertierende Stil in eine offenbar fein ausgelotete Mischlage gebracht, vor dem Hintergrund seiner für den europäischen Zusammenhang normbildenden Kanonisierung des Palestrina-Kontrapunkts – oder zumindest dessen, was er dafür hielt – in den *Gradus ad parnassum* von 1725.

Fux hat ungefähr 80 Messen geschrieben, die im wesentlichen den Bedürfnissen des Kaiserhofes gedient hatten. Zu den Defiziten der Forschung gehört es auch, dass wir über die Kontexte eines so gewichtigen Corpus bisher allenfalls eine ungefähre Vorstellung besitzen.[22] Es scheint, dass in diesen Messen ein spezifischer Ansatz repräsentativer Kirchenmusik verwirklicht wird, der sich eben im für Fux typischen (und von ihm deswegen auch definierten) ‹stylus mixtus› äussert. Fux überblendet also hier alle zur Verfügung stehenden Techniken des Komponierens zu einem eigenen, repräsentativen Kirchenstil, wie er für den Kaiserhof typisch werden sollte und etwa auch die Kompositionen Antonio Caldaras geprägt hat. Von dort aus hat er offenbar stilbildend gewirkt, etwa

---

21 Vgl. Ute Schacht-Pape, *Das Messenschaffen von Alessandro Scarlatti* (= Europäische Hochschulschriften 36/102), Frankfurt/M. 1993, hier insbesondere zum stile antico, S. 56 ff.

22 Vgl. hier Harry White (Hrsg.), *Johann Joseph Fux and the Music of the Austro-Italian Baroque*, Aldershot 1992; Friedrich Wilhelm Riedel, *Kirchenmusik am Hofe Karls VI. (1711–1740). Untersuchungen zum Verhältnis von Zeremoniell und musikalischem Stil im Barockzeitalter* (= Studien zur Landes- und Sozialgeschichte der Musik 1), München, Salzburg 1977.

für die katholische Kirchenmusik am Dresdner Hof, für die Jan Dismas Zelenka verantwortlich gewesen ist.[23] Die von Fux verbundenen Techniken waren die des a cappella-Stils im Sinne der Tradition Palestrinas, die mehrstimmige Concerto-Tradition, also die Koppelung vokaler und instrumentaler Gruppen, und zuletzt die neue monodische Richtung des generalbassbegleiteten Sologesangs. Das konzertierende Element hat seit der zweiten Hälfte des 17. Jahrhunderts, insbesondere seit der 1656 gedruckten *Messa concertata* von Francesco Cavalli, eine eigene, besonders erfolgreiche Tradition ausgebildet.[24] Der kontrastierende Wechsel von Soli, Tutti und Instrumenten kam dabei allem Anschein bestimmten Traditionen der Messvertonung entgegen. Denn die textarmen Sätze Kyrie, Sanctus und Agnus mussten kompositorisch gegliedert werden, die textreichen Sätze Goria und Credo zudem nach Sinnabschnitten im Text. Solche Gliederungen liessen sich nach dem Muster des konzertierenden Stils leichter ausbilden, und sie haben auch Fux geprägt.

Wohl im Jahre 1713, dem Jahr des Antritts seines Amtes als Vizekapellmeister, hat Fux seine *Missa Corporis Christi* KV 10 komponiert, eine Festmesse für den Fronleichnamstag. Dieses Fronleichnamsfest beging der Kaiserhof traditionell ausserhalb des Hofes, demonstrativ im Stephansdom, und zwar mit einem Pontifikalamt sowie anschliessender Prozession. Für dieses Pontifikalamt hat Fux seine grossbesetzte Messe in C-Dur geschrieben, in der auch Trompeten gefordert werden. In den folgenden Jahrzehnten ist das Werk übrigens an hohen Festtagen immer wieder aufgeführt worden. Das grossangelegte Gloria bietet dabei einen guten Einblick in die von Fux verwandte Technik der kompositorischen Gliederung mit verschiedenen Stilebenen. Der Satz hebt an mit einer Trompetenfanfare und einem Gloria mit Alt und Tenor, es folgt ein langsamer Chorsatz mit dem «et in terra pax». Danach schliessen sich zwei Sätze mit mehreren Solostimmen an, während das «Domine Deus» ein homophoner Chorsatz mit polyphonen Elementen ist, das eben auch auf den in Wien kanonisierten Palestrina-Stil verweist. Gloria und Credo werden mit einer grossen Amen-Fuge, jeweils etwa ein Drittel des Satzes, beschlossen, die nun topischer Bestandteil der zumindest von Wien beeinflussten Messkomposition geworden ist.

---

23 Vgl. hier Thomas Kohlhase, «‹Vermischter Kirchenstil› und dramatische Konzepte in Zelenkas kirchenmusikalischem Spätwerk», in: *Zelenka-Studien I*, hrsg. v. Thomas Kohlhase (= Musik des Ostens 14), Kassel etc. 1993, S. 323–343.

24 Die Missa concertata für acht Stimmen, 2 Violinen, Violoncello und Generalbass (mit der Möglichkeit, weitere Instrumente hinzuzuziehen) erschien im Rahmen der *Musiche sacre*, Venedig 1656. Eine kritische Neuausgabe des epochalen Werks existiert bezeichnenderweise nicht.

Welche auch semantische Bedeutung diese kompositorische Normierung haben könnte, ist ebenso unklar wie die Frage, warum sie ausserordentlich erfolgreich und langanhaltend gewesen ist.[25]

Mit der Kanonisierung eines solchen Modells war im 18. Jahrhundert durchaus ein Muster geschaffen, das auch Reduktionsformen wie die *Missa di gloria* beherrschen konnte, also die Vertonung nur von Kyrie und Gloria, während die anderen Sätze wahlweise als Einzelsätze angefügt worden sind. In Auseinandersetzung mit der *Messa concertata* einerseits, dem Prinzip der Stilmischung bei Fux andererseits entstand ein grosses Repertoire von Messkompositionen, das je nach Anlass bescheideneren oder grösseren Ausmasses sein konnte. Eine ganze Reihe italienischer Komponisten bediente sich dieses Modells, darunter auch die neapolitanischen Komponisten des ersten Jahrhundertdrittels. Obwohl es sich auch in Neapel immerhin bis 1737 um habsburgischen Einflussbereich gehandelt hat, fand das zusammenhängende Messordinarium dort keine Nachahmung. Warum dies so war, ist bisher weder erforscht noch plausibel begründet worden.[26]

Fux hat in einem anderen Bereich der Messvertonung ebenfalls normsetzend gewirkt. Unter seinen 80 Messen befinden sich auch sechs Requiem-Vertonungen. Diese Werke repräsentieren durchaus unterschiedliche Formen der Auseinandersetzung. Das F-Dur-Requiem KV 55, das wohl 1697 zum Begräbnis der Erzherzogin Eleonora entstand, ist eines jener typischen Werke im stylus mixtus, der auch die anderen Messen prägt: im Wechsel zwischen a cappella-Satz, konzertierendem Satz und konzertant geführten Instrumenten. Ganz anders präsentiert sich dagegen das c-Moll-Requiem, das auf Grund eines Missverständnisses von Köchel die Nummern 51–53 seines Verzeichnisses erhalten hat. Es kann als eine der wichtigsten Requiemkompositionen in der ersten Hälfte des 18. Jahrhunderts gelten. Komponiert wurde es wohl 1720 für die Exequien der Kaiserin Eleonora Magdalena Theresia, der Witwe Kaiser Leopolds I. und der Mutter der Kaiser Joseph I. und Karl VI. Auch dieses Werk wurde im Habsburgerhaus mehrfach aufgeführt: 1729 für Leopold Joseph von Lothringen, 1736 für Prinz Eugen von Savoyen, 1740 für Kaiser Karl VI., dazu an den Allerseelentagen, an denen ja die Totenliturgie ebenfalls gefeiert wird, der Jahre 1731, 1735, 1737 und 1739. Die Besetzung der Messe im konzertierenden Stil ist opulent,

---

25 Das Werk wurde von Hellmut Federhofer 1959 in der Fux-Gesamtausgabe ediert (Serie I, Bd. 1), dessen Einleitung (insbes. S. IX f.) den Kontext erschliesst.
26 Vgl. zu dieser Tradition Claudio Bacciagaluppi, *Rom, Prag, Dresden: Pergolesi und die neapolitanische Messe in Europa*, Kassel 2010.

fünf Vokalstimmen, 2 (stille) Zinken, 2 Posaunen, Streicher, darunter zwei solistische Violinen und eine Viola, Fagott und Generalbass. Und das Werk präsentiert sich als ausführlich angelegte ‹Nummernmesse›, schon deswegen, weil es die vielteilig organisierte *Dies irae*-Sequenz enthält.[27]

Der Introitus, beginnend mit einem kühnen Sextaufschwung der ersten Violine, demonstriert dabei, wie Fux bestimmte Satztechniken gleichsam demonstrativ anwendet und sie damit gewissermassen gattungsbezogen prägt. Dieser Introitus im geraden Metrum ist ein vorhaltbezogener, gestaffelter Vokalsatz, in dem der Alt regelrecht als Satzachse fungiert. Dagegen stehen die paarig gegliederten Soprane sowie Alt und Tenor mit einem synkopierenden Kontrapunkt. Die Technik der kontrapunktischen Vorhaltsbildung steht also einerseits für den sakralen Kontext, andererseits verweist sie auf den Affekt der Trauer. Besonderes Augenmerk verdient zweifellos die Sequenz, in der die schon in Bibers Totenmesse erkennbare Tendenzen der Textausdeutung fortgeschrieben werden. Dem harschen, blockhaften *Dies irae*-Beginn folgt das mit Bogenvibrato auszuführende *Quantus tremor*, dagegen steht, abgesetzt im Andante, das mit virtuoser Soloposaunenpartie ausgestattete *Tuba mirum*, eine ausladende Altarie. Dann folgt ein blockhafter Chorsatz mit dem *Mors stupebit* etc. Fux kontrastiert die Teile folglich in ihrer Satztechnik, hält sie jedoch tonal in ihrem nur selten in Frage gestellten c-Moll zusammen. Mit diesem Werk und seinen Gattungstechniken wird eine Gattungstradition geschaffen, die das ganze 18. Jahrhundert zumindest im süddeutschen Raum Gültigkeit behielt, bis hin eben zu Mozarts Requiem, von dem aus sie gewissermassen ins 19. Jahrhundert verlängert wurde. Auch hier bedürfte es genauerer Untersuchungen, warum das Requiem als Sonderfall einer Plenarmesse überhaupt eine solche Tradition entfalten konnte – und warum die Dramatisierung in der Art von Fux so nachdrücklich erfolgreich war. Alternativen liessen sich doch immerhin denken, wie das ebenfalls im habsburgischen Einflussbereich entstandene D-Dur-Requiem von Jan Dismas Zelenka oder auch das ihm nicht ganz zweifelsfrei zugeschriebene c-Moll-Werk zeigen.[28] Warum solche Modelle aber nicht erfolgreich waren, ist bisher eine offene Frage.

---

27 Johann Joseph Fux, *Requiem K 51–53* (= J. J. F. Sämtliche Werke I/7), hrsg. v. Klaus Winkler, Graz 1992.

28 Vgl. hier Friedrich Wilhelm Riedel, «Zelenkas Kompositionen zum Toten-Officium», in: *Zelenka-Studien II. Referate und Materialien der 2. Internationalen Fachkonferenz Jan Dismas Zelenka (Dresden und Prag 1995)*, hrsg. v. Günter Gattermann (= Deutsche Musik im Osten 12), Sankt Augustin 1997, S. 153–159.

Messe und Drama

Die wesentlich von Fux ausgebildete Struktur einer kontrastiven Organisation von Messkomposition ist kurz nach 1700 nochmals bedeutend verändert worden, nämlich durch die Anbindung an Techniken, wie sie sich vor allem in Oper und Kantate herausgebildet haben. Die Verschärfung dieser kontrastiven Elemente führte zu einer immer stärkeren Separierung der einzelnen Sinnabschnitte, die nun immer deutlicher voneinander getrennt wurden. Das bedeutete aber die Applizierung vor allem der Arienform auf die geistliche Musik der Kirche, also die Anpassung der Soloabschnitte der Messe an die Form der Oper. Der Prozess ist kompliziert und nicht einfach nachzuzeichnen. Unter den verschiedenen Techniken, die sich im 17. Jahrhundert bei der Bewältigung eines grösseren solistischen Vokalsatzes herausgebildet haben, hat sich am Ende des Jahrhunderts die Tendenz zur Dreiteiligkeit durchgesetzt. Mit ihr war verbunden die immer deutlichere Trennung von handlungstragenden und handlungsarmen Abschnitten in der Oper, also die Scheidung von Rezitativ und Arie. Am Ende stand kurz nach 1700 die geregelte Arienform mit ihrem Da Capo, also ihrer Scheidung von erstem Teil, zweitem, kontrastierendem Teil und Wiederholung des ersten Teils. Eine besondere Bedeutung kommt hier Alessandro Scarlatti zu, der diese Übergangszeit in besonderem Masse geprägt hat.

Diese neue Form der Da Capo-Arie ist schliesslich im Umfeld der neapolitanischen Schule auch in die Messe gelangt, wenngleich hier die Kontrastierung mit rezitativischen Teilen nahezu unmöglich gewesen ist, jedenfalls ist mit Rezitativen in der Messe nur in wenigen Ausnahmefällen experimentiert worden.[29] Dieser Kontrast wurde verwirklicht mit Hilfe von Chorpassagen, also grossangelegten tutti, die entweder homophon oder polyphon sein konnten, in jedem Fall aber ein Rückgriff auf Techniken des polyphonen Satzes und des Palestrina-Stils bedeuteten. Dieser Vorgang war bedeutsam deswegen, weil spätestens in den Libretti von Pietro Metastasio die Rezitativ-Arie-Struktur in der Oper normiert worden ist, unter Fortlassung einerseits des Ensembles, andererseits des Chores. Der Übernahme der Arie in die Messe stand also der weitestgehende Verzicht auf das Rezitativ gegenüber, und der Kontrast entstand folglich durch die Chorpassagen. Dabei wurde die in der Oper festgeschriebene Funktion – Rezitativ = Handlung, Arie = Reflexion – durchaus beibehalten. Die dramatischeren Momente,

---

29 Herrn Dr. Claudio Bacciagaluppi, Fribourg, danke ich für den Hinweis auf diese erstaunlichen, aber isolierten Experimente.

abgesehen von Eingans- und Schlusschor, fielen dem Chor zu, die reflexiveren den Solisten.

Aus dem bei Fux erkennbaren Modell, die Komposition einer Messe über verschiedene Stilebenen und das Mittel des Kontrastes zu bewerkstelligen, wurde also kurze Zeit später das Muster, die damit entstehenden Kontraste noch schärfer zu fassen: im Wechsel von Chorpartien und Soli. Durch diese Form war ein neuer Typus geschaffen, der in der älteren Literatur oft (und durchaus verwirrend) als Kantatenmesse bezeichnet wird. Gemeint ist eigentlich nur diese Angleichung der Messkomposition an herrschende Modelle vokaler Praxis. Damit jedoch hatte das musikalische Kunstwerk Messe eine ganz neue Dimension erlangt, da die zyklische Durchformung aller fünf Ordinariumsteile jetzt zusätzlich die Aufgabe mit sich brachte, zumindest die textreichen Abschnitte jeweils selbständig ebenfalls zyklisch anzulegen. Auf diesem Wege konnten die Werke ausserordentliche Dimensionen erlangen, und sie konnten die gesamte kompositorische Meisterschaft beanspruchen.

Innerhalb weniger Jahre hat sich demnach die Idee des Fuxschen stylus mixtus mit Techniken verbunden, wie sie vor allem in der Oper zu Verfügung standen. In der zweiten Hälfte des 18. Jahrhunderts sollte diese Annäherung für Auseinandersetzungen sorgen, in der ersten bot sie hingegen innovative Möglichkeiten, die Formung des musikalischen Kunstwerks Messe nicht bloss über den Modus des Kontrasts zu erreichen, sondern mit avancierten Techniken der Bühnendramatik. Wie faszinierend dieses Modell war, beweist die Tatsache, dass selbst ein Kantor und städtischer Musikdirektor in Leipzig davon beeindruckt war. Johann Sebastian Bach hat offenkundig auf dieses Modell reagiert, als er sich mit seiner Messe in h-Moll BWV 232 Zugang zum katholischen Dresdner Hof zu verschaffen suchte. Bach dedizierte jedenfalls seine Messe 1733 an den neuen sächsischen Kurfürsten August II., der zugleich polnischer König war, worauf 1736, nach nochmaliger Intervention, auch eine Antwort erfolgte. Bach sandte zunächst nur Kyrie und Gloria nach Dresden, eine katholische Missa di gloria sozusagen. Erst am Ende seines Lebens fügte Bach noch ein Credo hinzu und setzte zudem das wahrscheinlich schon 1724 komponierte Sanctus daran, Osanna, Benedictus und Agnus Dei wurden ebenfalls ergänzt, vielleicht mit der Absicht, hier ein Werk zur Eröffnung der Dresdner Hofkirche zu liefern.[30]

---

30   Die Forschungsprobleme sind vielfältig, aber die konfessionelle Inanspruchnahme Bachs hat für lange Zeit einen Blick auf die Traditionen des Mess-Unternehmens verstellt; vgl. hier v. a. John Butt, *Bach. Mass in B minor* (= Cambridge Music Handbooks), Cambridge 1991; Yoshitake Kobayashi, «Die Universalität in Bachs h-Moll-Messe. Ein Beitrag zum Bach-Bild der letzten Lebensjahre», in: *Musik und Kirche* 57 (1987), S. 9–24.

Ganz in der Tradition, die sich etwa auch bei Vivaldi abzeichnet, wurde jeder Teil einzeln betrachtet, erhielt ein eigenes Titelblatt, die allerdings dann durchnumeriert worden sind – was den Zusammenhang der Messkomposition veranschaulicht. Wie verbindlich hier das Modell einer kontrastiven Struktur durch Chöre und Arien gewesen ist, beweist nicht zuletzt die Tatsache, dass Bach zahlreiche der einzelnen Sätze aus älteren Vorlagen umgearbeitet hat, also durch Parodie von (ephemeren) Kantaten in die Dauerhaftigkeit einer wiederholbaren Messmusik übertragen hat.[31]

Es ist aus dem Bisherigen deutlich geworden, dass diese Entwicklungen im wesentlichen von Italien und durch italienische Einflüsse geprägt worden sind. Gerade die Einführung der vielteiligen Struktur mit Chören, Duetten und Arien ist unweigerlich an italienische Einflusssphären geknüpft, Sphären, die auch Bach, der Italien nie besucht hat, in Dresden mühelos kennenlernen konnte. Es ist freilich daran zu denken, dass sich in Frankreich ganz andere Traditionen herausgebildet haben, Traditionen von grosser Eigenständigkeit, die im 18. Jahrhundert schliesslich für heftige Kontroversen sorgen sollten. Es mutet daher wie eine Ironie der Geschichte an, dass die entscheidende Figur im musikalischen Frankreich Ludwigs XIV., Jean-Baptiste Lully, ausgerechnet gebürtiger Florentiner war. In Frankreich spielte die Messkomposition, trotz des katholischen Hofes, kaum eine Rolle. Zur höfischen Repräsentationsgattung wurde der Grand Motet ausgebaut, also am Ende ein einzelner Offiziumssatz. Die einzigen Komponisten, die zur Gattung der Messe beigetragen haben, waren, in geringem Umfang, André Campra und Henry Du Mont, sowie, vor allem, Marc-Antoine Charpentier, von dem wenigstens elf Messen erhalten sind. Charpentier, der, wie viele Franzosen, auch Rom besucht hat, war aber vor allem Kapellmeister an St. Louis, der Jesuitenkirche, und an der Sainte-Chapelle, also qua Amt mit der Abfassung von Kirchenmusik befasst. Charpentier hat in seinen Werken zwar auf Modelle der konzertierenden Messe zurückgegriffen, also auf die Kontrastbildung; da jedoch die Da Capo-Arie in Frankreich keine Rolle spielte, sind die Vokalformen selbst fliessender, weniger starr und flexibler. Auch Charpentier hat dabei verschiedentlich experimentiert, und als Besonderheit muss dabei eine wohl in den 1690er Jahren entstandene Messe gelten, die ausschliesslich über französische Weihnachtslieder, sog. ‹Noëls› geschrieben worden ist.[32]

---

31 Dazu Alfred Dürr, «Zur Parodiefrage in Bachs h-Moll-Messe. Eine Bestandsaufnahme», in: *Die Musikforschung* 45 (1992), S. 117–138.
32 Es ist bezeichnend, dass in einem inzwischen bedeutend gewachsenen Kenntnisstand zu Charpentier die Messen nahezu unberücksichtigt geblieben sind und lediglich in älteren Arbeiten Berücksichtigung finden.

Messe, Zeremoniell und Bekenntnis

Geistliche Musik war ursprünglich liturgische Musik. Liturgie als das Zeremoniell der Kirche ist nichts weiter als die kirchliche Feier, das religiöse Fest, das seine Gültigkeit aus dem Anspruch bezieht, für die an ihm Teilnehmenden die Heilsgewissheit zu vergegenwärtigen. Eine Messfeier wiederholt sich daher täglich, wöchentlich und – in ihrer Beschaffenheit an Hochfesten – jährlich. Ihren besonderen Sinn bezieht sie also aus ihrer prinzipiellen Wiederholbarkeit. Dies steht in einem gewissen Widerspruch zum Ausbau des musikalischen Kunstwerks Messe zur Einzigartigkeit, der zudem einen Prozess einleiten, in dem die komponierte Messe (auch) zu einer persönlichen Bekenntnismusik werden konnte, jedenfalls der Tendenz nach. Gerade an diesem Punkt setzt im 18. Jahrhundert Kritik ein, die sich nicht bloss auf den Aspekt der Aufklärung reduzieren lässt. Im liturgischen Alltag selbst der grösseren Kirchen Italiens dürfte im 18. Jahrhundert, sogar noch im späteren, die Wiedergabe einer einheitlichen Messkomposition ohnehin die Ausnahme gewesen sein. Es haben pasticcioartige Zusammenstellungen einzelner Sätze unterschiedlicher Provenienz überwogen, während die grosse, durchkomponierte Messe immer der besondere Ausnahmefall blieb. Nördlich der Alpen hingegen dominierte die durchkomponierte, ganze Messe. Es fällt folglich sehr schwer, sich von liturgischen Normen und Gebräuchen der Zeit ein präzises Bild zu machen. Hier sind regionale und lokale Unterschiede zu berücksichtigen, Aufführungs- und Rezeptionsumstände. Eine Messe in der bayerischen Residenz unterschied sich erheblich von einer in der Mannheimer Hofkirche, im Salzburger Dom, in Versailles oder in der Kathedrale von Padua. Wir wissen, dass es möglich sein konnte, auch ein Violinkonzert in einer Messfeier zu spielen oder grossangelegte virtuose Motetten zu singen. Und auch die Praxis der komponierten Messe konnte, in Auseinandersetzung mit dem konzertierenden Modell, schon sehr bald sehr unterschiedliche Formen annehmen.

Besonders aufschlussreich sind die Bemühungen, des Problems der ausufernden Länge Herr zu werden und kleiner dimensionierte Werke für den ‹normalen› Sonntag ebenfalls zu schaffen. Gegen die Jahrhundertmitte differenziert sich die Messkomposition im süddeutschen Raum unter diesem Gesichtspunkt weiter aus. Standen vorher noch die drei auch von Fux bedienten Stilebenen zur Verfügung, so wurde nun das Kriterium der Ausdehnung entscheidend und überlagernd. Die kontrapunktische Setzweise im quasi-Palestrina-Idiom blieb der Fastenzeit vorbehalten, ansonsten wurde zwischen ‹normalen› und ‹festlichen›

Messen unterschieden, also zwischen Missa brevis und Missa solemnis oder Missa longa. Bei Fux selbst spielte die Unterscheidung noch keine Rolle, er komponierte, wahrscheinlich noch vor 1730, eine Missa brevis solennitatis, KV 5. Danach jedoch wurde das Kriterium der Länge zu einem weiteren gattungsunterscheidenden Merkmal. Die Missa solemnis war vielteilig, mit einer komplizierten zyklischen Nummernstruktur und konnte durchaus beträchtliche Aufführungsdauern von weit mehr als einer Stunde erreichen. Dagegen stand die grossflächig gegliederte, nur wenige Zäsuren aufweisende Missa brevis, deren Einschnitte in der Regel mit liturgischen Gegebenheiten zusammenhingen, am deutlichsten im Credo: das ‹et incarnatus est› erforderte in der Liturgie den Kniefall und ist entsprechend grundsätzlich als langsamer Teil deutlich abgesetzt.

Die damit definierten Sphären, die ihre Ursache in einem liturgischen Zeremoniell hatten, konnten durchaus kompositorisch reflektiert werden. In Ignaz Holzbauers grosser C-Dur-Messe wird ein sinfonischer Satz direkt auf den Vokalsatz übertragen.[33] Eine Auffälligkeit in Haydns späten Messen, die insgesamt auf eine bisher nur ganz unzureichend erforschte Weise auf das 18. Jahrhundert reagieren, ist der Versuch, die Struktur der Missa brevis gewissermassen mit Verfahrensweisen (und der Ausdehnung) der Missa solemnis zusammenzubringen.[34] Solche Fälle demonstrieren, dass die zeremoniale Verankerung von Messen auch als produktive Herausforderung an die kompositorische Gestaltung verstanden werden konnte. Gerade dann verstärkt sich aber der Eindruck einer zunehmenden ‹Individualisierung› nicht nur der kompositorischen Lösungen, sondern des mit ihnen verbundenen Habitus. Mit den Säkularisationen und Revolutionen des späten 18. Jahrhunderts war ein ‹selbstverständliches› Funktionieren des Kunstwerks Messe zunächst gefährdet, dann unmöglich geworden. Der Verlust einer sakralen Ästhetik nach 1800 hat die Komposition sakraler Musik im weitesten Sinne nachhaltig beeinflusst. Aus der kontinuierlichen Tradition wurde nun das bekenntnishafte Ausnahmewerk, aus dem festgefügten Zusammenhang der Sonderfall. Dieses Bewusstsein wirkte sich durchaus auch auf die Rezeption der Kirchenmusik des 18. Jahrhunderts aus, die nur noch nach ihren Sonderfällen, nicht aber nach ihrem

---

33 Vgl. hier das Vorwort von Jochen Reutter zu Ignaz Holzbauer, *Missa in C*, hrsg. v. Jochen Reutter (= Musik der Mannheimer Hofkapelle 1), Stuttgart 1995, S. IX–XIV.

34 Friedhelm Krummacher, «Symphonische Verfahren in Haydns späten Messen», in: *Das musikalische Kunstwerk. Geschichte. Ästhetik. Theorie, Festschrift Carl Dahlhaus zum 60. Geburtstag*, hrsg. v. Hermann Danuser, Laaber 1988, S. 455–481.

Regelmodell wahrgenommen worden ist. Gerade hier fallen lebensweltliche Säkularisation und konfessionell geprägte Wissenschaftlichkeit auf paradoxe Weise zusammen.

Die hier angestellten Überlegungen sollten gewissermassen Problemfelder einkreisen, unter denen eine differenzierte Beschäftigung mit geistlicher Musik des 18. Jahrhunderts möglich sein könnte. Das Beispiel der Messe hat den Blickwinkel exemplarisch verengt, in anderen Gattungen stellen sich andere Probleme, immer aber aufgefangen von einem scheinbaren oder tatsächlichen Widerspruch zwischen funktionalen Kontexten und dem Anspruch eines musikalischen Kunstwerks. Gerade weil hier weltanschauliche Prämissen die Forschung lange Zeit überschattet haben, und gerade weil die Paradigmen einer kompositionstechnischen ‹Analyse› in diesem Bereich besonders signifikant versagen, erscheint das Feld besonders offen. Es weiterhin den Residuen der Wissenschaft zu überlassen, besteht weder Anlass noch Notwendigkeit, im Gegenteil.

«Majestätische Simplicität» – Kirchenmusik und katholische Aufklärung im Spiegel von Martin Gerberts Briefwechsel

Therese Bruggisser-Lanker (Bern)

Im Jahre 1781 durchquerte der Berliner Verleger und berühmte Aufklärer Friedrich Nicolai anlässlich seiner Reise durch Deutschland und die Schweiz den unwirtlichen Schwarzwald, dessen durch schroffe Abgründe und gefährliche Felspartien geprägte Topographie er auf mehreren Seiten seiner Reisebeschreibung eindrücklich beschrieb. Seiner Beobachtungsgabe entgingen weder die anmutig-romantischen, kultivierten Täler – «Spuren menschlichen Fleißes in einer solchen Einöde» –, noch die fürchterlich stillen, von dunklen Tannenwäldern bewachsenen Bergeshöhen, von denen Wasser und Steine herabstürzten. Trotz des meist gut ausgebauten Weges sei es nicht ratsam, bei den besonders unwegsamen Felsabbrüchen im Postwagen zu bleiben, ermahnt er den Leser. Auch seine Empfindungen bei der Ankunft in St. Blasien, als er des Klosters ansichtig wurde, hat er festgehalten:

> Aber Erstaunen und Bewunderung ergreift den Wanderer, wenn er [...] wieder weiter nichts als nahe an beiden Seiten des Weges die hohen dicht mit Tannen bewachsenen Berge siehet, und dann bey Wendung des Weges mit Einem Male die Aussicht sich erweitert, und plötzlich – in einem engen Thale zwischen hohen Bergen mit düstern Fichtenbäumen bewachsen, – das grosse majestätische Gebäude dasteht. Der Eindruck ist unbeschreiblich, in dieser rauhen Gegend ein so weitläuftiges, so wohl geordnetes Gebäude zu erblicken.[1]

---

1   Friedrich Nicolai, *Beschreibung einer Reise durch Deutschland und die Schweiz im Jahre 1781*, 11. und 12. Bd. [1796] (= Gesammelte Werke 20), Reprint Hildesheim/Zürich/New York 1994, 12. Bd., S. 37–52, Zitat S. 52f. Empfänglich in der ambivalenten Naturwahrnehmung der grossen, wilden, d.h. ‹erhabenen› Natur und deren erregenden Schönheiten, in der «Abwechslung der Empfindung», zeigt er sich als bewusst reflektierender Reisender des neuen «gelehrten» Typs, wenn er über den Eindruck schreibt, den die von oben hineinscheinende Sonne in ein tiefes, im Schatten liegendes Tal hervorrief: «Dieß that eine wunderbare Wirkung, welche kein Maler würde ausdrücken können. Es sah fürchterlich schön aus.» (S. 49) Vgl. dazu etwa das Kapitel «Das Erhabene in der Natur» bei Carl Grosse, *Über das Erhabene* [1788], mit einem Nachwort hrsg. von Carsten Zelle, St. Ingbert 1990, S. 35–51. Zur Bedeutung der Reiseberichte und des neuen empirischen bzw. historischen Blicks zur Erkenntniserweiterung vgl. Hans Erich

Abb. 1: Dom St. Blasien

Die Kirche zog zuerst Nicolais Aufmerksamkeit auf sich, obwohl sie im Innern noch nicht ganz fertiggestellt war. Nicht ohne an Kritik zu sparen, rühmte er dennoch an deren Baumeister, Pierre Michel D'Ixnard (1768–95), dass er den Ernst der dorischen Ordnung gewählt habe, die zur stillen Einsamkeit der Gegend gut passe. Die gewaltige Kuppel erschien ihm jedoch in der Wirkung zu niedrig, die komplizierten Verzierungen des Äusseren zu stark im Kontrast zu den simplen Schönheiten des Inneren.

    Bödeker, «Reisebeschreibungen im historischen Diskurs der Aufklärung», in: *Aufklärung und Geschichte. Studien zur deutschen Geschichtswissenschaft im 18. Jahrhundert* (= Veröffentlichungen des Max-Planck-Instituts für Geschichte 81), Göttingen 1986, S. 276–298.

> Reine ungestörte Empfindung des Erhabenen erfüllt das Gemüth, wenn man in die Kirche tritt. Sie ist rund. Das Gebälk wird von sechzehn freystehenden korinthischen Säulen getragen. Hier ist reine Architektur ohne Verkröpfung, ohne Schnirkel, ohne alle Vergoldung und andere überhäufte oder komplicirte Zierrathen, wodurch sonst fast alle, auch die schönsten, katholischen Kirchen verunstaltet werden. Die Wände der Kirche sind bloß weiß angestrichen. Ein wohlgeformtes eisernes Gitter unterscheidet die Kirche vom Chore, der gerade die Länge des Durchmessers der Kirche im Lichten hat [...]. Er wird getragen von vier und zwanzig jonischen Säulen von geflecktem Marmor, die auf einem hohen Sockel ruhen, und ist ganz simpel, mit blaßrothem [einheimischen] Marmor belegt. Der hohe Altar ist von einem dunklen, beynahe ganz schwarzen Marmor. Alles ist einfach, alles in richtigen edlen Verhältnissen und großen Massen, worauf das Auge mit Wohlgefallen ruhet; der Schmuck ist sparsam, und selbst simpel und edel. Der Fürst Abt Martin II. sagte mir sehr richtig: In einem Gotteshause müsse nichts seyn, was zerstreue; was die Andacht störe.[2]

Und nachdem er seine «Bewunderung dieses Tempels und den hohen Eindruck, den die «majestätische Simplicität des Innern» auf ihn machte, nochmals bezeugt hatte, beschloss er nach verschiedenen Vergleichen mit andern Kirchen seine Einschätzung mit dem Urteil, dass dies «inwendig gewiß bey weitem die schönste in Deutschland» sei, ja dass ihre «hohe Simplicität» sie zu einer der schönsten der Welt mache.[3] In ihrer monumentalen Anlage als Rundbau mit vorgestelltem Portikus in Anlehnung an das Vorbild des Pantheon in Rom gilt sie gegenüber den etwa gleichzeitig vollendeten oberschwäbischen Rokokokirchen, die mit überwältigendem Prunk, verschwenderischer Trompe-l'œil-Malerei und überschwänglich-verspielten Stuckaturen aufwarten, denn auch als einzigartiger und gleichzeitig vorläufig letzter Sakralbau einer Ordenskongregation dieses Stils. Ihre aussergewöhnliche Konzeption sollte jedoch für dessen weitere Geschichte nach der Säkularisation keine Rolle mehr spielen.[4]

---

2   Ebd., S. 105 f.
3   Ebd., S. 107 bzw. 111.
4   Klaus Jan Philipp, «Architektur des Klassizismus und der Romantik in Deutschland», in: Rolf Toman (Hrsg.), *Klassizismus und Romantik. Architektur – Skulptur – Malerei – Zeichnung 1750–1848*, [Königswinter] 2007, S. 152–193, bes. 178 f. Die Pantheon-Gestalt war auch dadurch motiviert, dass Abt Martin Gerbert eine Herrschergrablege ins Auge fasste: 1770 wurden mit der Unterstützung von Kaiserin Maria Theresia, die das Zeichen politischer Loyalität zu schätzen wusste, vierzehn herzoglich-österreichische «hoechste Leichen» aus den Kirchen von Königsfelden und Basel (in der Schweiz) mit grossem Pomp in der Habsburger-Gruft bestattet, die 1781 fertiggestellt wurde. Reliquien vieler weiterer Heiligen wurden beschafft, die als Guttäter und Beschützer in diesem neuen Pantheon gegenwärtig sein sollten, um die Erhabenheit des allein heiligen Gottes erfahrbar werden zu lassen. Vgl. dazu Claus-Peter Hilger u. Stefan Kessler, *Dom St. Blasien / Südschwarzwald* [Kunstführer], Lindenberg 2006, S. 34–39.

Abb. 2: Dom St. Blasien, Inneres

Die Formulierungen Nicolais, den neuen Klassizismus der Kirche betreffend, sind Topoi im Vokabular der Zeit, die auch auf die Musik angewendet wurden, etwa wenn Johann Friedrich Agricola die Wirkung der Händel'schen Chöre 1771 dahingehend interpretierte, dass «sein Alexandersfest, sein Krönungs=*Anthems*, sein Messias» im vollkommen angemessenen Gebrauch von Melodie und Harmonie als mustergültige Werke ebenjene «wahre Simplicität» verkörperten. Und diese «wahre Simplicität» des «Herzensbezwingers» Händel erfüllte, so Reichardt 1774, die

---

5   Zit. nach Laurenz Lütteken, *Das Monologische als Denkform in der Musik zwischen 1760 und 1785*, Tübingen 1998, S. 184.

Zuhörer mit der ganzen Spannweite der vom Erhabenen ausgelösten Erschütterungen der Seele: Furcht, Schrecken, Wonne, Freudentränen.[5] Auch die Architektur des Doms zu St. Blasien schien in den Augen Nicolais in ihrer Gestaltung mit einem einheitlichen Gesamtplan, einem Grundriss, dessen richtige, edle Verhältnisse und grosse Masse Ordnung und Harmonie vereinigten und dem alles unterzuordnen war,[6] einzulösen, was im Diskurs um das Erhabene gefordert wurde – man halte daneben etwa Herders Beschreibung der Wirkung der Peterskirche auf die Beschauer in seiner *Kalligone*, die in sehr ähnlicher Weise formuliert ist.[7] Er wurde nicht nur in der Philosophie (von der Rhetorik des Pseudo-Longinus[8] ausgehend über Boileau, Burke,[9] Mendelssohn,

---

6   Nicolai fügt am Schluss des 12. Bandes seiner *Beschreibung einer Reise* als II. Tafel sowohl Grundriss wie Aufriss der Kirche zu St. Blasien und zum Vergleich die Ansicht der «Kirche St. Genovefa zu Paris, jetzt das Pantheon genannt» in Form eines grossen Faltblattes bei. Sowohl den Grundriss wie den «Durchschnitt» und den Prospekt der Kirche hatte ihm P. Mauritz Ribbele, der Archivar und Nachfolger Gerberts, am 20. Nov. 1784 geschickt, vgl. den Brief vom 21. Nov., bei Georg Pfeilschifter, *Friedrich Nicolais Briefwechsel mit St. Blasien. Ein Beitrag zu seiner Beurteilung des Katholizismus auf Grund seiner süddeutschen Reise von 1781* (= Sitzungsberichte der Bayerischen Akademie der Wissenschaften, Philosophisch-historische Abteilung, Heft 2), München 1935, S. 37 f.

7   Johann Gottfried Herder, *Kalligone*, 3 Bde., Theil 3: «Vom Erhabenen und vom Ideal» [1800], vgl. Werke in zehn Bänden, Bd. 8: *Schriften zu Literatur und Philosophie 1792–1800*, hrsg. von Hans Dietrich Irmscher, Frankfurt a. M. 1998, S. 885 f.: «Vom Eintritt in die Säulengänge bis zur Schwelle des Tempels, vom Eintritt in diesen bis zum Hochaltar, vom heiligen Grabe bis zur Cuppole hinauf, durch alle Seitengänge, bei jedem Nebenaltar sind Schönheit, Ordnung und Harmonie in ihr so eurhythmisch vereinigt, dass das Ganze in seiner Größe dasteht, fast ohne dass man seine wahre Größe ahnet. Mit jedem Schritt wird es größer, mit jedem mal, da wirs sehen, aufs neue größer; bei dem Maximum, das hier gefunden und aufgestellt ist, das unsre Einbildungskraft also nicht willkürlich aus sich erschaffen darf, ruht sie, erfüllt von Größe, und weiß von keinem Bestreben voll bestürzter Verlegenheit, das Vollständige noch größer zu machen, ein Maximum zu *erweitern*.» Das Gefühl des Erhabenen oder am Erhabenen kann nach Herder «nichts als die Empfindung seiner Höhe und Vortrefflichkeit sein, mit einem Maß zu sich selbst, vielleicht auch mit *Sehnsucht* zu ihm zu gelangen, gewiß aber mit der *Hochachtung*, die dem Erhabnen gebührt. Dies Gefühl heißt *Elevation, Erhebung*. Es erhebt zum erhabnen Gegenstande; über uns selbst gehoben, werden wir mit ihm höher, umfassender, weiter. Nicht Krampf ist dies Gefühl, sondern Erweiterung unsrer Brust, Aufblick und Aufstreben; Erhöhung unsres Daseins.» (ebd. S. 893 f., Hervorhebungen durch den Autor)

8   Longinus, *Vom Erhabenen*. Griechisch/Deutsch, übers. u. hrsg. von Otto Schönberger, Stuttgart 1988.

9   Edmund Burke, *Philosophische Untersuchung über den Ursprung unserer Ideen vom Erhabenen und Schönen* [1757], übers. von Friedrich Bassenge, neu eingel. u. hrsg. von Werner Strube (= Philosophische Bibliothek 324), Hamburg ²1989.

Kant[10] bis Hegel und Schopenhauer),[11] sondern vor allem auf poetologischer Ebene im Zusammenhang mit Klopstock,[12] seinen Oden und seinem Begriff der *heiligen Poesie* geführt (Bodmer, Breitinger, Lessing, Schiller[13]) und ist von der Germanistik bis in die letzten Verästelungen ausgelotet worden,[14] desgleichen in der Musikwissenschaft, standen doch in diesem Zusammenhang auch Komponisten wie Händel, Telemann, Gluck oder Carl Philipp Emanuel Bach, dessen *Heilig* als wahrer vielstimmiger Gesang «vollkommene Andacht, Würde und Simplicität» erreiche,[15] im Zentrum der Debatten.

Doch so abgelegen das Stift St. Blasien war, sein Regent und Landesherr Fürstabt Martin Gerbert stand als weit herum angesehener Gelehrter nicht nur einer eigentlichen Gelehrtenakademie mit hauseigener Druckerei und einer erstklassigen Bibliothek vor, wie sie ihresgleichen suchte,[16] er pflegte auch ein weitverzweigtes Beziehungsnetz und hatte viel

---

10 Immanuel Kant, *Kritik der Urteilskraft* (= Werke in sechs Bänden, Bd. 4), Köln 1995 [bes. 1. Theil, 2. Buch: «Analytik des Erhabenen», S. 109 ff.]. Das Herz ganz zu rühren, das sollen die letzten, höchsten Wirkungen der Werke des Genies sein: «Wir können hier einige Stufen der starken und stärkern Empfindung hinaufsteigen. Dieß ist der Schauplatz des Erhabnen.» (S. 117) «Es durch die Religion zu thun, ist eine neue Höhe, die für uns, ohne Offenbarung, mit Wolken bedeckt war.» (S. 126) Hier lernen der Dichter und der Leser zu erkennen, ob sie Christen seien, hier finde «der tiefsinnige Christ einen majestätischen Tempel»! (S. 127)

11 Vgl. dazu u. a. Dietmar Till, *Das doppelte Erhabene. Eine Argumentationsfigur von der Antike bis zum Beginn des 19. Jahrhunderts* (= Studien zur deutschen Literatur 175), Tübingen 2006.

12 Friedrich Gottlob Klopstock, *Der Messias. Gesang I–III.* Text des Erstdrucks von 1748. Studienausgabe hrsg. von Elisabeth Höpker-Herberg, Stuttgart 1986 [enthält auch die Abhandlung «Von der heiligen Poesie», S. 114–126].

13 Friedrich Schiller, «Über das Erhabene», in: *Vom Pathetischen und Erhabenen. Schriften zur Dramentheorie*, hrsg. von Klaus L. Berghahn, Stuttgart, bibl. erg. Ausg. 1995, S. 83–100.

14 Vgl. u. a. Joachim Jacob, *Heilige Poesie. Zu einem literarischen Modell bei Pyra, Klopstock und Wieland*, Tübingen 1997; Bernadette Malinowski, *«Das Heilige sei mein Wort». Paradigmen prophetischer Dichtung von Klopstock bis Whitman* (= Epistemata. Würzburger wissenschaftliche Schriften. Reihe Literaturwissenschaft 381), Würzburg 2002; Christine Pries (Hrsg.), *Das Erhabene. Zwischen Grenzerfahrung und Größenwahn*, Weinheim 1989.

15 Vgl. Laurenz Lütteken, «Carl Philipp Emanuel Bach und das Erhabene», in: Lenz-Jahrbuch 5 (1995), S. 203–218. Zu Händels Messias s. Hans-Joachim Kreutzer, «‹The Sublime, the Grand, and the Tender›. Über Händels *Messiah* und Klostocks *Messias*», in: *Göttinger Händel-Beiträge* XI, Göttingen 2006, S. 1–24.

16 Vgl. Rita Haub, «Fürstabt Martin Gerbert und die sog. Gelehrtenakademie. Zum Wissenschaftsbetrieb der Fürstabtei St. Blasien im 18. Jh.», in: *Alte Klöster – Neue Herren. Die Säkularisation im deutschen Südwesten 1803. Aufsätze. Erster Teil: Vorgeschichte und Verlauf der Säkularisation*, hrsg. von Hans Ulrich Rudolf, Ostfildern 2003, 1. Teilbd., S. 239–246.

Reiseerfahrung. Er war – dies belegt der ausgedehnte Briefwechsel – an vorderster Front im europäischen Wissenschaftsbetrieb tätig, in engem Kontakt mit den Mächtigen wie Kaiserin Maria Theresia oder dem Papst, er korrespondierte aber auch mit herausragenden Theologen, Historikern und etwelchen Geistesgrössen, mit andern Worten: Er wirkte am Puls der Zeit. Ein Zeichen von Gerberts Anerkennung als Musikforscher war, dass sein Porträt 1785 in die Galerie der Gelehrten der *Allgemeinen deutschen Bibliothek* Nicolais aufgenommen wurde (nach Johann Joachim Quantz und Carl Philipp Emanuel Bach, jedoch vor Johann Abraham Schulz und Joseph Haydn), d.h. dass die Musik, aber auch die theoretisch-philologische Forschung dazu als in den Kanon der Wissenschaften gehörig betrachtet wurde.[17] Der Briefwechsel zeigt aber auch exemplarisch, dass es in wichtigen Fragen keine Berührungsängste zwischen protestantischen und katholischen Denkern gab, auch wenn die Positionen oftmals unvereinbar schienen, dass man auch katholischerseits auf die neuen philosophischen Strömungen produktiv einging, dass man trotz gehässiger Attacken zwar die konfessionellen Paradigmen anerkannte, aber darüber in zuweilen erstaunlicher Direktheit offen sprechen konnte.[18] Und anhand von Gerberts Briefwechsel stellt

---

17 Gudula Schütz, *Vor dem Richterstuhl der Kritik. Die Musik in Friedrich Nicolais ‹Allgemeiner deutscher Bibliothek› 1765–1806* (= Wolfenbütteler Studien zur Aufklärung 30), Tübingen 2007, S. 221. Die Problematik hinsichtlich der praktischen bzw. wissenschaftlichen Umgangsweise mit Musik hat Johann Adam Hiller bereits 1768 in den *Wöchentlichen Nachrichten und Anmerkungen die Musik betreffend* angesprochen: «Die Musik hat unter den schönen Künsten allein das Unglück, daß sie mehr als ein Handwerk oder als eine mechanische Kunst erlernt wird, da sie doch als eine Wissenschaft, die ihre Grundsätze hat, studiert werden sollte. [...] Bey sehr vielen, und vielleicht bey den meisten ist es leider wahr, daß man zufrieden seyn kann, wenn man sie singen oder spielen gehört hat; und man würde sie sehr in Verlegenheit setzen, wenn man sie aus ihrer Sphäre reißen, und mit ihnen in das Feld der Theorie spazieren wollte.» (ebd. S. 80)

18 Noch aufschlussreicher bezüglich des interkonfessionellen Dialogs ist der Briefwechsel zwischen Nicolai und P. Mauritz Ribbele nach dem St. Blasien-Besuch Nicolais (1782–87). So schreibt etwa Ribbele, der die Hierarchie grundsätzlich verteidigt: «Ich bin selber ein Freund der Wahrheit und, ohne meiner Religion nahe zu treten, welche mir das heiligste ist, werde ich in allen anderen Materien der unparteiischen Beurteilung gar gerne beipflichten. Ich bin von Ihrer erhabenen Gedenkungsart ganz überzeugt, daß Sie auch in jenen Materien, wo Dieselbe durch Ihre Religion andern Meinungen beifallen, dennoch von der Gegenpartei mit Nachsicht und Wohlstande sprechen würden.» Der Berliner Protestant Nicolai, der katholische Frömmigkeitspraktiken erst auf seiner Reise kennenlernte und sowohl diese für ihn abergläubischen Gebräuche, den Zölibat, wie den Anspruch des Alleinseligmachenden und Unfehlbaren der katholischen Kirche verurteilte, da er dem Prinzip wahrer Toleranz entgegenstehe, antwortet: «So sicher und einzig auch die objektive Wahrheit ist, so sehr verschieden muß not-

sich auch die dringende Frage, ob die katholische Aufklärung mit ihrer intensiven, systematisch betriebenen historischen Quellenforschung[19] insbesondere bezüglich der «Musik der Lateiner» *(Musica de' Latini)* – wie Padre Giambattista Martini sie nannte – nicht eine mindestens ebenso wesentliche Rolle in der ästhetischen Grundlegung der Musikpraxis wie in der Ausprägung eines historischen Bewusstseins spielte, die schliesslich zum caecilianischen Kirchenmusikideal und – im Bereich der Musikästhetik – zur Kunstreligion hinführte, eine Rolle, die in der Forschung bislang fast ausschliesslich dem norddeutsch-protestantischen Bereich zugesprochen wurde.[20] Denn in der *Musica sacra*, «unserer»

---

wendig bei unserer so sehr verschiedenen Lage dasjenige sein, was wir, jeder für sich, subjektiv als Wahrheit erkennen. Daher würde es freilich vergeblich sein, wenn wir miteinander streiten wollten. Zwei Personen, die in Prinzipien so sehr unterschieden sind, werden sich durch einen direkten Streit niemals überzeugen können. Aber deswegen kann doch einer dem andern aufrichtige Wahrheitsliebe zutrauen und ihn deshalb lieben und schätzen. Dies sind meine Gesinnungen gegen Sie, edler Mann, und ich wünsche nur, von Ihnen und allen edelgesinnten Katholiken und Religiosen gleiche Gesinnungen zu verdienen. Gott hat es sehr weise so eingerichtet, daß die Menschen sehr verschiedener Meinung sein sollen, aber auch ebenso weise, daß sie sich, dieser Verschiedenheit ohnerachtet, herzlich lieben können, wenn sie nur wollen.» Vgl. Pfeilschifter, *Friedrich Nicolais Briefwechsel mit St. Blasien* (wie Anm. 6), Zitate S. 16 bzw. 22. Zu Nicolais Haltung, die sich anderweitig in beissender Kritik äussern konnte, vgl. Sigrid Habersaat, *Verteidigung der Aufklärung. Friedrich Nicolai in religiösen und politischen Debatten* (= Epistemata. Würzburger wissenschaftliche Schriften. Reihe Literaturwissenschaft 316), 2 Bde., Würzburg 2001, bzw. Christoph Spehr, *Aufklärung und Ökumene. Reunionsversuche zwischen Katholiken und Protestanten im deutsprachigen Raum des späteren 18. Jahrhunderts* (= Beiträge zur lateinischen Theologie 132), Tübingen 2005, bes. S. 374 ff.

19 Vgl. dazu die umfangreiche, detaillierte Fallstudie zum Kloster Banz, welches das klösterliche Reformprogramm und die wissenschaftlichen Methoden wie andere süddeutsch-österreichisch-schweizerische Klöster von St. Maur übernommen hatte: Niklas Raggenbass, *»Harmonie und schwesterliche Einheit zwischen Bibel und Vernunft«. Die Benediktiner des Klosters Banz: Publizisten und Wissenschaftler in der Aufklärungszeit* (= Studien und Mitteilungen zur Geschichte des Benediktinerordens und seiner Zweige, 44. Ergänzungsbd.), St. Ottilien 2006. Einen Überblick über die vorrangige Pflege der Geistes- und Naturwissenschaften in den Klöstern s. Georg Hailingsetzer, «Die Benediktiner im 18. Jahrhundert. Wissenschaft und Gelehrsamkeit im süddeutsch-österreichischen Raum», in: *Katholische Aufklärung – Aufklärung im katholischen Deutschland*, hrsg. von Harm Klueting in Zusammenarbeit mit Norbert Hinske und Karl Hengst (= Studien zum achtzehnten Jahrhundert 15), Hamburg 1993, S. 208–224.

20 Vgl. dazu die umfassende Studie von Jürgen Heidrich, *Protestantische Kirchenmusikanschauung in der zweiten Hälfte des 18. Jahrhunderts. Studien zur Ideengeschichte ‹wahrer› Kirchenmusik* (= Abhandlungen zur Musikgeschichte 7), Göttingen 2001.

alten Musik des christlichen Abendlandes, als deren Fundament er den Gregorianischen Choral seit Karl dem Grossen ansah, entdeckte Martini jenen feierlichen Ernst, Adel und eine der Grösse Gottes angemessene Erhabenheit wieder, Eigenschaften, die man sowohl in katholischen wie zunehmend in protestantischen Kreisen mit dem Begriff der ‹wahren› Kirchenmusik zu verbinden begann.[21]

Abb. 3: Porträt Martin Gerberts im Refektorium des ehemaligen Benediktinerpriorats Oberried

---

21 Vgl. Giovanni Battista Martini, *Storia della musica*, Tomo I-III, Bologna 1757, hrsg. und mit Registern versehen von Othmar Wessely (= Die grossen Darstellungen der Musikgeschichte in Barock und Aufklärung 1–3), Graz 1967, Tomo 1: Prefazione, S. 6: «L'ultimo luogo nell'ordine, ma il primo nella dignità e distinzione l'ottiene la Musica de' Latini, che dall'Epoca del Redentore fino ai nostri tempi l'esercitarono. Avrà questa l'estensione, che bramare si possa, e noi tutto il campo, onde i principj spiegarne, descriverne i progressi, e vedere gli avanzamenti, fino al giorno d'oggi.» Vgl. auch Christof Stadelmann, *Fortunatissime Cantilene! Padre Martini und die Tradition des gregorianischen Chorals* (= Schriften zur Musikwissenschaft aus Münster 16), Eisenach 2001, S. 21, 22: «Ritroveremo in questo Ecclesiastico Canto una serietà, una nobilità, e una magnificenza degna della Maestà die Dio, […]» (*Storia* IV/2, f. 33r–35r), und S. 139 mit einem Zitat von Guglielmo della Valle, der bezeugt, dass Martini all denjenigen, die ihn um Rat fragten, die Quellen des Schönen und Wahren in der Musica sacra zeigte.

Ein grosses Handicap für die Rezeption von Gerberts Werken – damals wie heute – bildet das Latein als seinerzeit immer noch gebietsweise übliche Wissenschaftssprache; Gerbert selbst jedenfalls fühlte sich in der deutschen Schreibart nicht versiert genug, um hierin historische Beiträge zu verfassen.[22] Dieses Faktum dürfte schon Nicolai bewusst geworden sein, als auf seine Anfrage für die *Allgemeine deutsche Bibliothek* hin Johann Friedrich Reichardt auf die Rezension von *De cantu et musica sacra* verzichtete mit der Begründung:

> Ich schicke Ihnen, mein werthester Freund, den Gerber [sic] zurück. Es ist mir nicht möglich von dem Werke, das mir so viel ich im Durchblättern gefunden, wichtig zu seyn scheint, eine flüchtige Anzeige zu machen. Und zu einer gründlichen Beurtheilung bin ich nicht fähig. Wie wär es, wen Sie von Marpurg, der es vielleicht ganz und mit Nachdenk gelesen, eine Anzeige wenigstens für dies einzige Werck annähmen? Er wird gewiss sich sehr bereit finden lassen.[23]

Johann Abraham Peter Schulz sah sich bei den *Scriptores* (welche sich Nicolai 1785 von Gerberts Archivar Mauritz Ribbele hatte schicken lassen[24]) vor das gleiche Problem gestellt: «[…] letzteres bin ich nicht im Stande zu recensiren, da ich der lateinischen Sprache nicht gewachsen bin.»[25] Das Hindernis der Sprache wirkte demnach fatalerweise ausgerechnet bei jenen Personen als Rezeptionsbarriere, die der Musik im aufklärerischen und frühromantischen Diskurs besonderes Augenmerk widmeten, ein aus historischer Perspektive für die entscheidende Schnittstelle zwischen katholischer und protestantischer Musikauffassung beinahe tragisches Moment; ein Problem überdies, das bereits damals erkannt wurde, gab es doch wenigstens einen ersten Anlauf zu einem «teutschen Auszug» für das Werk *De cantu et musica sacra*, das «wegen seiner Kostbarkeit, vielleicht auch wegen der Sprache, in der es geschrieben ist, nicht in so allgemeinen Umlauf gekommen, als es so ganz

---

22 «Ich will nicht ermanglen, auch künftige historische Beiträg zu machen, wann man nur nit Teutsch von mir verlangt, in welcher Schreibart nit versiert.» Brief vom 4. April 1762 an P. Ildephons Kennedy (Benediktiner aus Regensburg), Sekretär und akademischer Professor der neuen Akademie der Wissenschaften in München, vgl. *Korrespondenz* II (wie unten Anm. 30), Nr. 62, S. 88.
23 Brief vom 21. 3. 1778, vgl. Schütz, *Vor dem Richterstuhl der Kritik* (wie Anm. 17), S. 132. Die Schrift blieb unrezensiert.
24 Vgl. den Brief Ribbeles vom 7. August 1785, in: Pfeilschifter, *Friedrich Nicolais Briefwechsel mit St. Blasien* (wie Anm. 6), S. 46.
25 Brief an Nicolai aus Rheinsberg vom 9. 6. 1786, vgl. Schütz, *Vor dem Richterstuhl der Kritik* (wie Anm. 17), S. 32, Anm. 356. In diesem Fall fand sich jedoch mit Johann Joachim Eschenburg ein geeigneter Ersatz, sodass eine ausführliche Anzeige des dreibändigen Werkes erscheinen konnte.

verdienet», um es «der Welt noch bekannter und nutzbarer zu machen».²⁶ Doch auch die moderne Forschung kapitulierte bis anhin anscheinend an der Fülle der überlieferten lateinischen Schriften, denn allein Gerberts Publikationsliste an theologischen und historischen Titeln umfasst über siebzig zum Teil umfangreiche und schwer greifbare Bände.²⁷ Zwar erschien bereits 1767 seine Reisebeschreibung in deutscher Übersetzung, die wohl ein breiteres Publikum ansprechen sollte,²⁸ in neuerer Zeit wurde als einziges seiner Werke die *Geschichte des Schwarzwaldes (Historia nigrae silvae)* in deutscher Sprache veröffentlicht.²⁹

---

26   Brief von Christian Gottlob Schmidt, Pastor und Superintendent in Weissenburg, an Gerbert vom 17. Juli 1789, vgl. *Briefe und Akten* II (wie unten Anm. 30), Nr. 441, S. 346, der von einem Buchhändler dazu angefragt wurde. Allein ohne Gerberts Einverständnis wollte er diesen Auszug, «etwa in zwei Bänden», nicht machen, denn das «hieße sich an Ihrem Eigentume vergreifen». Er selbst hatte das Werk von Gerbert, den er auch einmal in St. Blasien besucht hatte (vgl. ebd., Brief vom 31. Okt. 1787, Nr. 344, S. 272 ff.), mit viel Fleiss und Vergnügen gelesen und war ihm auch mit Literatur für *De sublimi* behilflich. Im ersten Brief erwähnt er seine zu Winterthur gedruckte Schrift *Briefe über Herrnhut und andere Orte der Oberlausitz* von 1787, für die er Gerbert um Nachsicht bittet, «es ist ein unreifes Werk».

27   Vgl. die Werkliste auf der Homepage des Klosters Oberried im Schwarzwald, das sich zum Ziel gesetzt hat, den eigenen Bestand an von Gerbert geschriebenen oder herausgegebenen Büchern durch Neuerwerbungen systematisch zu ergänzen: http://www.klosterbibliothek-oberried.de/gerbert-bibliographie.htm. Auch das Wenige an bisheriger Sekundärliteratur ist hier verzeichnet. Abgesehen von einer Biographie (s. unten) sind noch zu erwähnen: die kleine Studie von Elisabeth Hegar, *Die Anfänge der neueren Musikgeschichtsschreibung um 1770 bei Gerbert, Burney und Hawkins* (= Sammlung musikwissenschaftlicher Abhandlungen 7), Leipzig/Strassburg/Zürich [1932], sowie die sehr verdienstvolle Dissertation von Margret Nemann, *Die Christologie Martin Gerberts von St. Blasien. Ein Beitrag zur Theologiegeschichte des 18. Jahrhunderts*, [Selbstverlag Münster] 1984, die das schwierige theologische Schrifttum Gerberts, besonders die 8 Bde. der *Principia theologiae* (1758–59) und das Spätwerk *De sublimi* (1793) in den Blick nimmt.

28   Titel: *Des Hochwürdigsten Herrn, Herrn Martin Gerberts, nunmehro des Heil. Röm. Reichs Fürsten und Abts des Reichs-Stifts St. Blasien auf dem Schwarzwald Reisen durch Alemannien, Welschland und Frankreich, welche in den Jahren 1759. 1760. 1761. und 1762. angestellet worden*, von dem hohen Herrn Verfasser selbsten mit vielen Zusätzen, besonderen Anmerkungen und schönen Kupfern zur Erläuterung derer Alterthümern vermehrt und verbessert, und aus dem Lateinischen in das Deutsche übersetzt, auch mit zwey Registern der Orte und merkwürdigsten Sachen versehen von J. L. K., Ulm, Frankfurt und Leipzig 1767.

29   Martin Gerbert, *Geschichte des Schwarzwaldes. Siedlungsgebiet des Ordens des heiligen Benedikt*. Zusammengestellt und bebildert von Martin Gerbert, Abt des Klosters und der Kongregation St. Blasien in demselben Walde und Fürst des Heiligen Römischen Reiches. Aus dem lat. Originaltext übers. von Adalberth Weh, Studienausg., 2 Bde., Freiburg i. Br. 1993–96.

Auch im Briefwechsel, in dem sich problemlos je nach Briefpartner Deutsch, Französisch und Italienisch als gängige Korrespondenzsprachen abwechseln, ist das Latein häufig anzutreffen. Für die Forschung ist der Umstand, dass er zum grössten Teil ediert und mit umfangreichen Registern versehen ist,[30] jedoch als eine unvergleichliche Chance zu werten: Er böte Stoff hinsichtlich vielfältigster Fragestellungen – nähme man den angesprochenen Personenkreis und deren Schrifttum und Briefwechsel mit in den Blick –, und könnte weithin ungelöste Fragen wie die nach der noch nicht nationalstaatlich-ideologisch verengten sprachen-, konfessionen- und länderübergreifenden wissenschaftlichen Zusammenarbeit, nach der Entwicklung der historisch-kritischen Methode und des aus der Theologie entlehnten hermeneutischen Verfahrens wie die nach einer letzten Kulturblüte der Klöster im Kontext einer ebenso hochstehenden Kirchenmusikpflege beantworten helfen.

Doch wer war Gerbert, dessen Namen zu kennen immerhin für Musikwissenschaftler Pflicht, dessen Bedeutung für die Etablierung unseres Faches jedoch weit unterschätzt ist? Er selbst übte sich im Vergleich mit seiner neu erbauten Kirche in selbstbewusstem Understatement, das an Selbststilisierung grenzt:

> En la battissant je m'a proposé deux choses: la majésté pour notre grand Dieu et la modestie pour nous autres. Le dernier bout a encore mieux reussi que le premier. Mais entre mille hommes il n'y a que presque un seul, qui comprenne, que la simplicité du batiment sans chargement des ornements est la qualité qui fait l'église respectable et agreable a la vue. La simplicité est mon propre character avec laquelle je me charactérise particulierement à mes amys.[31]

Bescheidenheit war eine Zier, die gleich mehrere St. Blasien-Reisende an ihm bemerkten, sie gehörte aber auch zu seinem Selbstverständnis als Vertreter eines Mönchtums, das in der Tradition der Mauriner im Rückbezug auf Benedikt nicht demonstrativ Prunk und Luxus zur Schau stellen, sondern sich zurückhaltend zu geben hatte. Viel wichtiger wa-

---

30   Vgl. *Korrespondenz des Fürstabtes Martin Gerbert von St. Blasien*, hrsg. von der Badischen Historischen Kommission, bearb. von Georg Pfeilschifter, 2 Bde., I. Bd.: 1752–1773, Karlsruhe 1931, II. Bd.: 1774–1781, Karlsruhe 1934; *Briefe und Akten des Fürstabtes Martin II. Gerbert von St. Blasien 1764–1793*, hrsg. von der Kommission für geschichtliche Landeskunde in Baden-Württemberg nach Vorarbeiten von Georg Pfeilschifter und Arthur Allgeier, bearb. von Wolfgang Müller, 2 Bde., I. Bd.: *Politische Korrespondenz 1782–1793*, Karlsruhe 1957, II. Bd.: *Wissenschaftliche Korrespondenz 1782–1793*, Karlsruhe 1962. Total sind es über 2000 Briefe von und an Gerbert.

31   Gerbert an Marschall Beat Fidel von Zurlauben, 3. Nov. 1782, *Briefe und Akten* II (wie Anm. 30), Nr. 53, S. 45.

ren das Bibelstudium im Sinne eines eigentlichen Quellenstudiums und die wissenschaftliche Beschäftigung mit den alten, in den Klöstern liegenden Schriften, um zum Kern des monastischen Lebens zu gelangen, «si toutes vos pensées et tous vos desseins dans vos études se terminent à vous bien connaître vous-mêmes, pour en devenir plus humbles et pour vous cacher aus yeux du monde, et à connaître Dieu de plus en plus pour l'aimer et le servir plus parfaitement». So sah es Jean Mabillon in seinem *Traité des études monastiques* von 1692,[32] und diesem Ideal lebte auch Gerbert nach, der deswegen als neuer Mabillon (aber auch als zweiter Augustin) gefeiert wurde.[33] Nicht nur die «Althertums-Erforschung» übernahm er von den «grundgelehrten Ordensbrüdern aus der Versammlung des H. Maurus, dieser vordersten Zierde und Stütze einer gründlichen Gelehrsamkeit», die auf diesem Feld tatsächlich eine Pionierrolle eingenommen hatten,[34] es war auch die mit religiöser Demut und Selbstdisziplin verbundene Grundhaltung, die ihm von allen Seiten hohen Respekt verschaffte, wie es – stellvertretend für viele – Christoph Wilhelm von Koch (1737–1813), Protestant, Hochschullehrer für Staatsrecht und Geschichte, Schriftsteller, Bibliothekar, Diplomat und Politiker aus Strassburg 1774 aussprach:

> Er ist ein Herr von mittelmäßiger Grösse und von angenehmer Bildung, der im Alter von 54 Jahren eine noch lang fortdauernde Gesundheit verspricht. Unter vielen Tugenden, welche den Ordensmann und den Fürsten schmücken, bemerkt man an ihm eine recht seltene Bescheidenheit und Menschenliebe. Erhaben durch seine Würde, stellt er sich durch seine Leutseligkeit den Niedrigsten gleich und suchet seine Hoheit nur in Tugend und rechten Vorzügen, nicht in äusserem Glanz und Schimmer der Würde. Man nähert sich ihm nicht, ohne ihn lieb zu gewinnen; so sehr lockt er aller Herzen an sich. In seinem belebten Umgang findet man das Bild des Redlichen, des Weisen, des Gelehrten, das bei allen, denen es sich

---

32 Zit. nach Raggenbass, »Harmonie und schwesterliche Einheit« (wie Anm. 19), S. 27.

33 Vgl. den Brief Nr. 1010a von Abbé Grandidier aus Strassburg vom Frühjahr 1779, in: *Korrespondenz* II (wie Anm. 30), S. 433 (zu Mabillon) bzw. die Briefe Nr. 499, S. 389, und Nr. 519, S. 404 (zu Augustin) in: *Briefe und Akten* II (wie Anm. 30).

34 Vgl. seine Beschreibung zu seiner Frankreichreise 1759 (wie Anm. 28), bes. zu Paris S. 458 ff.: Hier wies ihn P. [René Prosper] Tassin auf die «alten musicalischen Tonzeichen» hin, aus denen sich gewisse Merkmale des Altertums hervorbringen liessen, vornehmlich der frühen Jahrhunderte (des 9., 10., 11. und 12. Jhs), deren Schriften schwer zu unterscheiden seien. Guido Aretinus habe im 11. Jh. die Linien zur Unterscheidung der Lage oder Stelle der Tonzeichen als erster erfunden, folglich seien alle diese Handschriften später zu datieren. Daraus ist zu schliessen, dass es hier bereits um erste Versuche der Neumenforschung ging. Zum Reformprogramm der Benediktiner von St. Maur und dessen Einfluss auf die süddeutsch-schweizerischen Klöster vgl. Raggenbass, »Harmonie und schwesterliche Einheit« (wie Anm. 19), S. 16 ff.

zeiget, wahre Ehrfurcht erwecket. Es erwecket aber auch Nachahmung und verbindet die Ordensbrüder von St. Blasi in Liebe und Eintracht. Gekünstelte Freundschaften kennet man hier nicht. Ein jeder beeifert sich in die Wette zum gemeinsamen Endzweck, zum besten und zur Ehre des Gotteshauses.[35]

Auch Heinrich Sander (1754–1782), in Göttingen ausgebildeter Theologe und Ökonom, Professor am Gymnasium von Karlsruhe, konstatierte anlässlich seines Besuchs um Michaelis 1781 (also im gleichen Jahr wie Nicolai) sowohl den zugleich gelehrten und liebenswürdig-umgänglichen Habitus Gerberts wie die weltoffene Einstellung des Klosters:

> Man ist im Kloster und doch nicht abgeschnitten von der Welt. Man ist von Geistlichen umringt, aber ihre Kenntnis geht auch über den engen Kreis der Zelle hinaus. [...] Irdisches Wohlleben und geistlicher Müssiggang ist in St. Blasien gar nicht der herrschende Ton. Die Religion hat hier ihre inbrünstige Verehrer, aber die Wissenschaften haben auch ihre Pfleger und Freunde. [...]
> Ungemein viel Gelehrsamkeit mit einem edlen Herzen und mit einer liebenswürdigen Simplicität im Karakter verbunden. Man erkennt gleich in ihm den Mann, der viel gereiset, mit vielen Menschen umgegangen ist.[36]

Und ein weiterer Besucher vermeldet 1782 beinahe stereotyp Ähnliches über Gerberts Ausstrahlung und die in den Klöstern geübte Toleranz:

> Ich erblickte einen Fürst Abten, der seine hohe Würde nicht kennt, der ganz Menschenfreund ist, der mich auf das vertraulichste anredte, der mich auf das alleredelste empfing, der in jedem Bezeigen den großen Gelehrten und tiefen Geschichtsforscher zu erkennen gab, den die Welt schon lang in ihm verehrte. [...] Man ging zur Tafel, und der gnädigste Fürst-Abt, der beständig aufgeweckt, munter und lebhaft ist, unterhielt seine Gäste mit seinen lehrreichen Unterredungen auf das angenehmste. [...] Es ist ihm, dessen Leutseeligkeit aus den Augen hervorleuchtet, gar leicht, Herzen zu gewinnen, und kostet ihm gar keine Mühe. [...]
> Ich muss Ihnen noch die Versicherung geben, dass allenthalben in den Klösteren wo ich war [er hielt sich längere Zeit sich in Weingarten und Rheinau auf] nicht der mindeste Schein von Religionshaß gegen mich gewesen, sondern vielmehr Zutrauen, Freundschaft und Dienstfertigkeit auf allen Seiten auf mich zuströmte. Unsere Zeiten predigen Toleranz und diese beobachten auch alle vernünftige Katholiken gegen die Protestanten. Ich fand in der That keinen merklichen Unterschied im Diensteifer zwischen beyden Religionstheilen.[37]

---

35   Koch, *Abhandlung über die Abtei St. Blasi im Schwarzwald, aufgesetzt im Jahr 1774*, zit. nach *Korrespondenz* II (wie Anm. 30), S. 73, Anm. 1.

36   Aus der Reisebeschreibung von Sander, 24.–28. Sept. 1781, vgl. *Korrespondenz* II (wie Anm. 30), Nr. 1181, S. 599.

37   Georg Wilhelm Zapf (1747–1810), *Über meine vollbrachte literarische Reise in einige Klöster Schwabens und in die Schweiz. 1781* (in Form eines Sendschreibens an Bernoulli), zit. nach *Korrespondenz* II, Nr. 1182, S. 600.

Überblicken wir Gerberts Lebenslauf, wird deutlich, wie bestimmend sein in strengen Bahnen verlaufender Lebensweg seinen musikalischen Neigungen eine Richtung gab, genauso wie er sein wissenschaftliches Ethos prägte.[38] Geboren wurde Martin (Taufnamen: Franciscus Dominicus Bernardus) Gerbert von Hornau am 11. August 1720 in Horb am Neckar als Sohn eines Kaufmanns. Nach dem Besuch der Jesuitenschulen in Freiburg im Breisgau und in Klingnau (Kt. Aargau) wurde Gerbert 1736 Novize bei den Benediktinern in St. Blasien, legte 1737 seine Profess ab und empfing nach philosophisch-theologischen Studien 1744 die Priesterweihe. 1747 veröffentlichte er seine 24 Offertorien Op. 1 für die Feste des Herrn, der Gottesmutter und der Heiligen, für gemischten Chor, 1. und 2. Violinen, 1. und 2. Klarinetten oder Hörner, Pauken und Orgel, Werke im gängigen konzertierenden Stil, von denen er sich später distanzierte. Im Offertorium *Quoniam praevenisti* zum Beispiel bildet eine pompöse, aber etwas steife Fuge den Abschluss – Zeugnis dafür, dass er auch den strengen Satz beherrschte.[39] 1755 ernannte ihn Fürstabt Meinrad Troger zum Bibliothekar und bald auch zum Professor der Philosophie und Theologie. Seine wissenschaftliche und literarische Tätigkeit galt zunächst der Reform des theologischen Studienbetriebs und der Ausarbeitung der methodologischen Einführungsschriften wie einer Gesamtdarstellung der Theologie in einer Anzahl von Lehrbüchern. Auf ausgedehnten Studienreisen 1759–63 durch Deutschland, Italien und Frankreich sammelte er Quellenmaterial für seine liturgiegeschichtlichen und musikgeschichtlichen Arbeiten;[40] von

---

38 Die biographischen Angaben wurden der kleinen, aus Anlass seines 200. Todestages erschienen Gedenkschrift entnommen, die – soweit überprüfbar – zuverlässig zu sein scheint und mit einer hilfreichen Literaturliste, jedoch ohne wissenschaftlichen Apparat ausgestattet ist. Vgl. Franz Hilger, *Martin Gerbert. Fürst und Abt von St. Blasien*, Freiburg i. Br. 1992. Die früheste biographische Darstellung dürfte der Nekrolog von Schlichtegroll sein, vgl. Friedrich von Schlichtegroll, *Musiker-Nekrologe: Joh. Chr. Friedrich Bach, G. Benda, J. J. Ch. Bode, M. Gerbert, W. A. Mozart, F. Ch. Neubaur, E. W. Wolf, J. R. Zumsteeg*, neu hrsg. von Richard Schaal, Kassel/Basel [1954], S. 65–76. Nicolai, der erwähnt, dass er über Gerbert schon geschrieben habe, als er Schlichtegrolls Nekrolog von 1795 erhalten habe, bringt ebenfalls eine Kurzbiographie und eine Charakterisierung seines Wesens, vgl. *Beschreibung einer Reise* (wie Anm. 1), S. 64 ff., bes. S. 75.
39 Vgl. die CD-Aufnahme der Offertorien mit der Freiburger Domkapelle unter Raimund Hug bzw. des *Quoniam praevenisti* auf: «Musik aus dem Freiburger Münster», beide erschienen 1999 bzw. 1994–2000 bei Ars Musica (Freiburger Musik Forum).
40 Vgl. den Brief vom 6. Juni 1774 an Friedrich Wilhelm Marpurg in Berlin, dem er auch eine Empfehlung für Italien «an den sel. Winckelmann» verdankte (er war 1768 «seinen Freunden und der gelehrten Welt gewalttätig und durch verruchte Mörderhand allzu frühzeitig» entrissen worden, wie Lavater am 30. April 1777

Venedig her kommend traf er in Bologna Padre Martini, mit dem ihn eine enge wissenschaftliche Zusammenarbeit in der Auffindung, dem Austausch und der Deutung mittelalterlicher Quellen verband.[41]

Danach reiste er nach Rom, von wo aus er noch die Klöster Subiaco, Monte Cassino sowie Neapel bzw. – wie allerorts – deren Bibliotheken aufsuchte, um über Florenz, Modena und Mailand zurückzukehren. In der Schweiz besuchte er 1760 u. a. die Städte Windisch, Brugg, Königsfelden, Baden, Wettingen, Zürich, das Kloster Muri, Zug, Einsiedeln, Rapperswil, Fischingen und das Kloster St. Gallen, in dessen Bibliothek er Handschriften einsah und auslieh.[42] 1764 wurde Gerbert zum 46. Abt

---

zur Sendung von dessen letztem Werk schreibt), in: *Korrespondenz* II (wie Anm. 30), Nr. 849, S. 253 f. (Lavater) bzw. Nr. 657, S. 35 f.: «Da mir kürzlich die Reisebeschreibung von D. Burney zu Hand kame, erweckte es mir manche Ideen von denen Ländern, die ich eben auch durchreiset, so daß ich mich entschlossen, einen Zusatz von dem Zustand der jetzigen Kirchen-Musik in verschiedenen Ländern samt einer Anzeig der berühmteren Kapellmeister und Tonkünstler in der Kirchen-Musik zu machen, besonders so sie etwas in diesem Fach in den Druck gegeben. Zu welchem E. Wbg. angelegenst um Beiträg bitte besonders von denen preussischen Staaten. Ich getraue mir fast nicht zu melden, daß ich diese Beiträg in etwan einer Monatsfrist nötig hätte, weilen mit dem Druck eilen muß, um einem anderen Werk in unser Preß Platz zu machen. Befehlen Sie ein oder mehrere Abdrücke, so belieben sie mir nur zu melden, wohin selbe adressieren solle.» Marpurg antwortete erst am 24. Oktober, da er vier Monate «in Königlichen Verrichtungen» auf Reisen gewesen sei, und verspricht ihm, den königlichen Kapellmeister Agricola mit zu Rate zu ziehen. Er ersucht Gerbert umgekehrt um seine die Musik betreffenden Werke und erhält 1775 denn auch *De cantu et musica*. (Ebd., Nr. 692, S. 79 f. bzw. Nr. 741, S. 134) Zur zentralen Bedeutung Marpurgs zur Herausbildung eines eigenständigen musikalischen Diskurses und zu einer Formierung eines neuen Denkens über und in Musik in der Mitte des 18. Jh.s im Kreise der Berliner Aufklärer vgl. Laurenz Lütteken, Art. «Marpurg», in: *MGG2*, Personenteil 11 (2004), Sp. 1125–1131.

41 Vgl. seine Reisebeschreibung (wie Anm. 28), S. 422 ff.: «Hierauf sind wir nach Bologna gegangen, und haben alsogleich den P. Joh. Baptist Martini vom Ord. des H. Franciscus besuchet. Vorhero schon haben wir mit ihme vieles in Briefen gehandelt von der Geschichte der Tonkunst. Wir theilten untereinander die Arbeit freundschaftlich, so dass Er überhaupt die Geschichte derselben, wir hingegen besonders die Kirchenmusik von der ersten Zeit der Kirche an bis auf die gegenwärtige zur Aufsuchung übernahmen. Wir erstaunten bey einer Anzahl von siebenzehn tausend Urhebern theils von der lehrenden, theils von der ausübenden Tonkunst, welche dieser fleissige Mann allesamt gesammlet.» Martini und Gerbert hielten sich gegenseitig über den Fortschritt ihrer Untersuchungen auf dem Laufenden, häufig bittet Gerbert den älteren und erfahreneren Martini um Rat und um Kopien von Handschriften aus italienischen Bibliotheken. Der erste, lateinisch verfasste Brief Gerberts ist vom 19. Dez. 1761 (*Korrespondenz* I, Nr. 51, S. 77–79), der letzte von Martini, der italienisch schrieb, vom 25. Mai 1784 (*Briefe und Akten* I, Nr. 153, S. 119 f.) datiert.

42 Vgl. seine Reisebeschreibung (wie Anm. 28), S. 75–107.

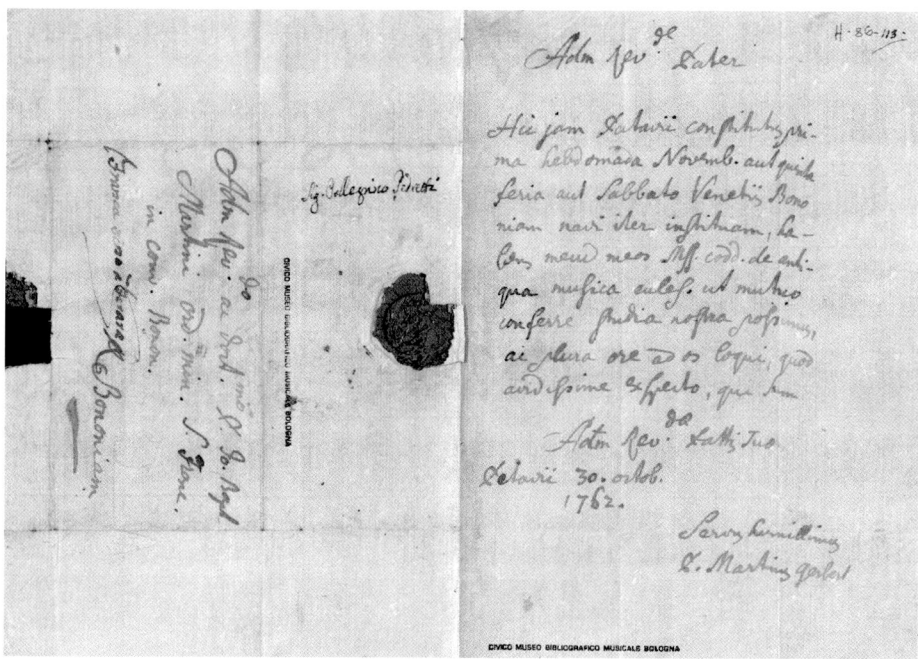

Abb. 4: Brief Gerberts an Martini (I-Bc, H 86, 113)

von St. Blasien gewählt. Auch als Abt blieb er den Wissenschaften treu, ohne die Aufgaben der Verwaltung und Regierung der umfangreichen Klosterherrschaft zu vernachlässigen. Er kümmerte sich um die Seelsorge, war aber auch ein vorzüglicher Diplomat, vor allem wenn es darum ging, die Interessen des Klosters gegenüber der aufgeklärt-absolutistischen Kirchenpolitik des österreichischen Kaiserhauses zu verteidigen, dem er als Grundherr und Lehensmann verpflichtet war.

Am 23. Juli 1768 fiel das Kloster mitsamt der Kirche einem verheerenden Brand zum Opfer, ein Ereignis, das als die alles beherrschende Katastrophe zutiefst in sein Leben als Wissenschaftler wie als Verantwortung tragender Abt einbrach, hatte er doch seine etwa sechzig Konventualen in befreundeten Klöstern (auch der Schweiz) unterzubringen, den Wiederaufbau zu befördern, eine neue Orgel bauen zu lassen (durch Silbermann), die Bibliothek, von der 18'000 Bücher verbrannten, wieder zu äufnen, was – wie seine Bittbriefe an unzählige Adressaten ganz Europas zeigen – sein vordringlichstes Ziel für den Rest seines Lebens war.[43] Alle seine eigenen Schriften und Kollektaneen (samt der

---

43 Zum Klosterbrand vgl. Pfeilschifter, in: *Korrespondenz* I (wie Anm. 30), S. 214 f. und die folgenden Bittbriefe Gerberts.

ausgeliehenen Codices) und das fast fertige Manuskript von *De cantu*, dessen erster Band bereits gedruckt war, gingen in Rauch auf. Der Brand löste in seinem Denken eine noch stärker konturierte retrospektive Einstellung aus, hatte er ihn doch in letzter Deutlichkeit erfahren lassen, was es bedeutete, kostbarste Zeugnisse der Vergangenheit für immer zu verlieren, zum Beispiel die Schrift *De musica* des Wilhelm von Hirsau, die in der ganzen Welt nicht mehr zu finden wäre, hätte nicht Padre Martini noch eine Kopie von seiner Abschrift gemacht, wie er in einem Brief an den Fürstabt von St. Emmeram schrieb.[44] Dieses Erlebnis bildete den Anstoss für seine Sammlung der *Scriptores ecclesiastici de musica sacra potissimum*, die Massstäbe setzte und heute noch der Forschung dient.[45] Nun konnte er seine gelehrten wie monastischen Ideale in vielen Bereichen – nicht nur im Kirchenbau – verwirklichen, unterstützt durch die Solidarität vieler Gelehrtenkollegen und Freunde, etwa von Bibliothekar Julius Carl Schlaeger aus Gotha (von Haus aus griechischer und orientalischer Philologe), der ihm über Jahre hinweg immer wieder Kataloge und Büchergeschenke schickt (wofür sich Gerbert mit Rotwein revanchiert) und für ihn auf in- und ausländischen Auktionen Bücher zu erwerben versucht; von Padre Martini aus Bologna, der trotz Schwierigkeiten, fähige Kopisten zu finden, Kopien musikgeschichtlich

---

44   Brief vom 7. Sept. 1768, *Korrespondenz* I, Nr. 250, S. 244: «Da mir benachbarte Gotteshäuser, besonders in der Schweiz wenigstens auf gegenwärtige Zeit mildthätig unter die Arme greifen, so sage vor den gütigsten Antrag mit Geld den verbindlichsten Dank. Bitte aber angelegentlichst, mir mit Rat und That an die Hand zu gehen, dem Verlust der so groß und kostbaren Bibliothek, welcher nicht zu ersetzen, wenigstens nach und nach auf sparsame und guettätige Art etwas zur Not von neuem etwas zu steuren, – da ich besonders von meiner Haus Bibliothek nicht ein einziges Blättlein salvieret habe, wie eben auch von allen meinen Schriften und Collectaneis, so in und außer dem Gottshaus auf meinen Reisen gemacht, alles verbrennt ist, so gar bei denen Correctoribus das Manuskript und Composition von dem Werk *De cantu* etc., dessen erster Tom und etliche Bogen von dem anderten schon gedruckt seind. Habe noch kümmerlich die *Scriptores ineditos de re musica* salvieret, außer wenigen, unter welchen auch *S. Wilhelmus de musica*, welcher, wann er nicht von dem gelehrten P. Martini in Bononis aus meiner Abschrift, welche ihme communiciert, ist abgeschrieben worden, in der Welt nicht mehr zu finden ist, in dem der codex unicus et rarissimus, aus welchem selben abgeschrieben, in meinem Zimmer verbrannt ist, allwo nach 5 Minuten des ausbrochenen Feuers schon brennende Funken vor meinen Füeßen lagen. [...]» Tatsächlich existieren heute noch einige Fassungen, vgl. Karl-Werner Gümpel, Art. «Wilhelm von Hirsau», *MGG2*, Personenteil 17 (2007), Sp. 930.

45   Vgl. das Reprint: Martin Gerbert, *Scriptores ecclesiasticae de musica sacra potissimum* [1784], Reprographischer Nachdruck, 3 Bde., Hildesheim 1963; Michael Bernhard, *Clavis Gerberti. Eine Revision von Martin Gerberts Scriptores ecclesiasticae de musica sacra potissimum St. Blasien 1784* (= Veröffentlichungen der Musikhistorischen Kommission 7), Teil 1, München 1989.

bedeutsamer Handschriften übersendet; von Johann Jakob Breitinger aus Zürich,[46] der ihn auf allen Wegen in seinen Bücherwünschen zufrieden stellen will und es auch tut; oder Johann Rudolf Iselin, Rechtsprofessor in Basel, der ihm sogar seine eigene Bibliothek zu guten Konditionen zum Kauf anbietet und von einer günstigen Gelegenheit spricht, die 22 Bände der *Encyclopédie* von Diderot und d'Alembert (den lexikalischen Teil 1751–65) zu erwerben.[47]

Dass der erzwungene Neuanfang durchaus auch seine positiven Seiten hatte, stellte sich aus Sicht von Christoph Wilhelm Koch folgendermassen dar:

> So gross indessen auch immer dieser Verlust für St. Blasi sein mag, so wird doch derselbe nicht wenig dadurch vermindert, dass er in die Zeiten unseres Fürsten gefallen ist, der nun mit Verbannung aller gothischen und scholastischen Greuel

---

46 Gerbert hatte Breitinger im Juni 1760 besucht und bei ihm über von diesem herbeigeschaffte Handschriften gearbeitet (vgl. seine Reisebeschreibung, wie Anm. 28, S. 45). Zu Breitingers Poetologie, die die Kategorie des Wunderbaren als eigentlichen Gegenstand der Poesie betont, welche er «die pathetische, bewegliche oder hertzrührende Schreibart» nennt, womit er den Begriff des Erhabenen berührt, vgl. Laurenz Lütteken, «‹Die Trichter, die Fideler und die Singer›. Zur Rolle Bodmers und Breitingers in der musikalischen Debatte des 18. Jahrhunderts», in: *Schweizer Jahrbuch für Musikwissenschaft*, Neue Folge 20 (2001), S. 39–61. Mit Breitinger, dem Herausgeber einer kritischen Edition der Septuaginta, verbanden ihn jedoch vor allem die philologischen Interessen: Die Mittelalterenthusiasten Bodmer und Breitinger liehen sich aus Paris den kostbaren Codex Manesse mit seinen 138 Dichterbildnissen aus, von dem sie Abschriften machten und nach den Originalminiaturen Durchzeichnungen anfertigten. Als gelehrte Liebhaber der altdeutschen Poesie publizierten sie 1758/1759 die zweibändige *Sammlung von Minnesingern aus dem schwäbischen Zeitpuncte*, nachdem sie bereits 1748 einen Auswahlband unter dem Titel *Proben der alten schwäbischen Poesie des Dreyzehnten Jahrhunderts. Aus der Manessischen Sammlung* herausgegeben hatten. Vgl. u. a. Hubert Herkommer, *Die Wissenschaft von der älteren deutschen Sprache und Literatur*, vgl. die Internetseite www.germanistik.unibe.ch/herkommer/petit kaltgerm.htm.

47 Vgl. *Korrespondenz* I (wie Anm. 30), Nr. 232, 247, 254, 256, 260, 269, 271, 276, 277, 280, 281, 285, 300, 318, 536, u. a. Nach Gerberts Zeugnis waren es vor allem Schlaeger und Breitinger, welche die Bibliothek bereicherten (vgl. den Brief vom 4. Jan. 1772 an Schlaeger, Nr. 477, S. 478 f.). Finanzielle Unterstützung leistete z. B. auch die Stadt Zürich, die der Abtei 100'000 Gulden (bei Gesamtkosten von 700'000 Gulden) in zwei Raten zu 3 % Zins für den Wiederaufbau ihrer Kirche lieh. Einer weiteren Bitte Gerberts an die Zürcher, man möge ihm für die neue Kirche die in Zürich liegenden St. Galler Glocken geben, wurde aber nicht entsprochen. Diese Glocken, so meinten die Zürcher, seien 1712 (nach dem Toggenburger Krieg) im Triumph nach Zürich gebracht worden und könnten daher nicht entbehrt werden. Vgl. Hilger, *Martin Gerbert* (wie Anm. 38), S. 19, bzw. den Brief Breitingers vom 9. Sept. 1773, Nr. 608, S. 630.

einer feinern und selbst des alten Roms nicht unwürdigen Geschmack in St. Blasien pflanzet. Die neue Bibliothek wird mit kluger Wahl angeordnet, und die Kirche, welche nach dem Muster der Rotunda in Rom aufgeführt wird, ist ein Werk, das noch in den spätesten Jahrhunderten unserer Zeiten und dem Andenken des Fürsten, der es unternommen hat, Ehre machen muss. [...]
Das Werk von der Kirchen-Musik ist grösstenteils gedruckt. [...] Nun hält der Fürst mit dem zweiten Teil zurück, weilen er noch Nachrichten von einigen Orten über den gegenwärtigen Zustand dero Musik erwartet [z. B. von Johann Adolph Scheibe für die nordische Musik, von Friedrich Wilhelm Marpurg für die Musik in Preussen, wie aus dem Briefwechsel zu erschliessen ist].[48] Von seiner ersten Jugend hat dieser Herr seine mehreste Muse sowohl der Musik selbsten als auch der Geschichte derselben gewidmet. Den ersten Vorsatz, eine solche niederzuschreiben, erweckte bei ihm der zum ewigen Schaden der Litteratur des Mittelalters in dem letzten Brand zu Grund gegangene Codex villinganus, welcher mehrere, zum Teil noch nie bekannt gewordene Scriptores rei musicae enthielte. Der Verfall der Kirchen-Musik in den neueren Zeiten bestärkte ihn noch mehr in diesem Vorhaben, da dieselbe, statt dass sie die Zuhörer zur Andacht und Frömmigkeit aufmuntern sollte, gemeiniglich nur zu Zerstreuungen Gelegenheit gibt und, sowie eine Theatral-Musik, die Üppigkeit in den Gemütern nähret.[49]

Damit berührt er ein Thema, das sich wie ein roter Faden durch viele Äusserungen aus Gerberts Umkreis zieht, so etwa bei Abt Nicolaus II. Schmidler von Zwiefalten, wenn er einen Pater auf einen Festtag nach St. Blasien schicken möchte, weil er

[...] sehr vieles von der ganz regelmässigen Musique und Gottesdienst, so dort gehalten wird, höre. Ich hoffete, dass dieser Pater guten Nutzen daraus schöpfen, und auch hier das übertriebene Tonwesen gemäßiget würde. Zwar bin ich gar kein Musicant; doch merk ich wohl, dass oft unter der Kirchen und Opera-Musique ein ganz geringer Unterschied seie.[50]

Ähnlich klagte auch Abbate Giuseppe Santarelli (1710–90), seit 1749 Sänger in der Cappella Pontificia, wenn er – von Gerbert in einem Brief vom 17. Juli 1774 (adressiert an den *maestro della capella papale in Roma*) angefragt – über den gegenwärtigen Stand der Kirchenmusik in Italien berichtet. Als Hauptgründe des Niedergangs («ragioni, per cui la nostra musica in genere è così decaduta dall'antico splendore») sieht er die Verachtung der alten Meister und die Neuerungssucht der Jüngeren:

---

48 Zu Scheibe vgl. den Brief vom August 1774, in dem er aus Dänemark, Norwegen und Schweden über den protestantischen Choralgesang in den jeweiligen Landessprachen berichtet, der selten von der Orgel begleitet sei. «Eigentliche Kirchen- oder Figuralmusik findet man nur in grossen [Kirchen] oder in den Hauptstädten, selten in den kleinen; wiewohl in Norwegen und in Schweden kaum in den Hauptstädten.» (*Korrespondenz* II, Nr. 678, S. 69) Zu Marpurg vgl. oben, Anm. 40.
49 *Korrespondenz* II (wie Anm. 30), S. 73 f., Anm. 1 (vgl. auch oben Anm. 35).
50 Brief Nr. 773 vom 20. April. 1776, in: *Korrespondenz* II (wie Anm. 30), S. 170.

> [...] La prima si è il disprezzo, che i nostri giovani contrappuntisti anno per tutto ciò che si chiama antico. Per cagion d'esempio il gran Giovanni Pier Luigi da Palestrina, il Zarlino ed il Fux anno egregiamente insegnato e dimostrato nelle loro opere tutto quello, chi vi è da seguirsi o da evitarsi, ad oggetto di far buona musica vocale a più parti, sia sacra o profana; vale a dire, anno insegnato, come si debbano impostare le parti antidette, acciocché l'armonia riesca robusta e non forzata; anno insegnato, come si dee di tratto in tratto far pausare le medesime, perch'elleno non si stanchino e non rendono perciò un armonia fiacca e stuonata; anno fatto vedere, come non si dee adottare niuna cantilena o motivo, il quale non cammini con naturalezza e semplicità; anno dimostrato, come si abbia a tirare o condurre un soggetto, una fuga; come debbiansi esprimere le parole e massimamente le sacre; come si dee modulare o cangiar di tuono. In corto, anno insegnato e dimostrato tutto quello che la lunga esperienza e la matura riflessione loro à suggerito per far con lode il Maestro di Cappella. Ma il Fux, il Zarlino e Gio. Pier Luigi da Palestrina sono antichi e tanto basta, perché i nostri giovani contrappuntisti non si degnino di guardarli. [...]
> La seconda ragione poi, per cui la nostra musica in genere è cosi decaduta dall'antico splendore, si è il fanatismo, in cui gli antidetti nostri contrappuntisti sono, di cercare la novità.[51]

Von den berühmten Komponisten Italiens, welche die Perfektion des von Palestrina geübten Stiles erreicht hätten, werden Durante, Vinci,

---

51 Brief Nr. 681 vom 11. September 1774, in: *Korrespondenz* II (wie Anm. 30), S. 63–68; vgl. auch Brief Nr. 664, S. 43. Gerbert hat die Antwort Santarellis auch in *De cantu* II zitiert, vgl. S. 323, Anm. b) und S. 354 f., Anm. a). Santarelli nimmt Bezug auf Gerberts Besuch («V. Alt., è stata qui trà noi, non sono molto anni») und schreibt, er erinnere sich gut an dessen richtiges Urteil über die unglückliche Situation der Musik dieser Zeit, sowohl was die Kirche, wie was das Theater betreffe. Santarelli pflegte auch einen Briefwechsel mit Padre Martini (vgl. Anne Schnoebelen, *Padre Martini's Collection of Letters in the Civico Museo Bibliografico Musicale in Bologna. An annotated Index*, New York 1979) und war der Lehrer des jungen Muzio Clementi. Charles Burney, der sowohl mit Martini wie über einen Mittelsmann auch mit Gerbert in Kontakt stand, hatte ihn Ende September 1770 ebenfalls in Rom aufgesucht und erhielt von ihm einige Rara, darunter den ersten Band von Santarellis historischem Werk *Della musica del Santuario e della disciplina dei suoi Cantori* (im Brief an Gerbert: *Della musica sacra e della disciplina de' suoi professori*). Der Cavaliere verschaffte Burney ausserdem Einblick in die Vatikanische Bibliothek und in alle Kompositionen, welche in der Karwoche aufgeführt wurden, sowie in andere ungedruckte Kirchenmusiken von Palestrina, Benevoli oder Marenzio. Vom *Miserere* Allegris, über dessen Aufführungsweise Burney berichtet, übergab ihm der „Kapellmeister Seiner Päpstlichen Heiligkeit" eine „echte richtige Abschrift", wie er angesichts des weitgehenden Kopierverbots dieser heiliggehaltenen Komposition betont; bereits im Jahr darauf edierte er das Werk (in: *La Musica che si canta la settimana santa*, London 1771). Vgl. Charles Burney, *Tagebuch einer musikalischen Reise nach Frankreich und Italien, durch Flandern, die Niederlande und am Rhein bis Wien, durch Böhmen, Sachsen, Brandenburg, Hamburg und Holland 1770–1772*, Wilhelmshaven 1980, S. 149 ff., bzw. Heidrich (wie Anm. 20), S. 41, 52.

Hasse (Sassone) und Pergolesi, später noch Jommelli (der bei P. Martini Kompositionsunterricht nahm) und Perez genannt, die übrigen hätten die Fundamente zugrunde gerichtet. Zur Begründung schreibt Santarelli, ein solches Musikstück käme quasi der Schönheit des heiligen Wortes gleich, da es voll göttlicher Eingebung sei und von jenem Ernst und jener Würde, die zur Sprache des heiligen Geheimnisses passe («Adesso eglino ci faranno sentire un pezzo di musica, che ugualierà quasi la bellezza del sacro testo, tanto egli è pieno di un estro tutto divino e di quella gravità e decenza, che conviene alla lingua dei divini oracoli»). Man glaubt sich nicht zufällig in die Diskussionen um die Kirchenmusik während des Tridentinischen Konzils versetzt, auch wenn man die Widmung an Papst Pius VI. liest, welche Gerbert der *Vetus liturgia alemannica* (1776) voranstellt und in der er nun ausdrücklich die seiner Ansicht nach notwendigen Reformen mit dem Rückgriff auf die mittelalterliche Tradition betreffend die Liturgie verknüpft:

> Deinem warmen Eifer, heiliger Vater, verdanke ich grossenteils das Gedeihen der beiden kirchlichen Werke, welche ich ganz im Sinne deiner Worte unternommen, dass eine würdige Zierde und Pracht des Gottesdienstes besonders rührend und erhebend auf das Gemüt der Gläubigen wirke.
> So sind der Kirchengesang und die Kirchenmusik hauptsächlich Beförderungsmittel der Andacht, aber leider sehen wir dieselben bei uns in Deutschland immer mehr verkommen, aus verkehrter Nachahmung der Italiener, welche hierin lieber dem weltlichen Geschmacke frönen, als sich nach der päpstlichen Capelle bilden wollen, wo die allein würdige Kirchenmusik jene der menschlichen Stimme zugelassen wird. […]
> Neben der Kirchenmusik erscheint die kirchliche Liturgie als wichtigstes Erbauungsmittel, daher habe ich zu Rom, an der ersten Quelle für solche Forschungen, hauptsächlich auch Schriften der Denkmäler über diesen Gegenstand gesammelt. Dazu gehören zunächst jene wundervollen Gebete oder Collecten des heiligen Ambrosius, wie der grossen Päpste Leo, Gelasius und Gregor, welche ich aus den ältesten Sacramentarien in ihrer ursprünglichen Gestalt ans Licht zu stellen gedenke, damit sie zur Hebung des Gottesdienstes und zu unserer Auferbauung dienen.[52]

Mitten im Zentrum der katholischen Welt wird die Frage der Kirchenmusik schon längst im Sinne des Rückgriffs auf die Tradition verhandelt – man denke an die Enzyklika *Annus qui* von Benedikt XIV. –, von der Geschichte der päpstlichen Kapelle ausgehend und auf der Basis der mittelalterlichen Handschriften entwickelt auch Gerbert seine Argumentation, die sich mit derjenigen des Papstes deckt.[53] Würde und Heilig-

---

52 Hilger, *Martin Gerbert* (wie Anm. 38), S. 41.
53 Vgl. die Briefe Nr. 732, 1108 und den Antwortbrief Nr. 1162 von Pius VI., in: *Korrespondenz* II (wie Anm. 30), S. 124 ff., 528 f. und S. 577. Gerbert übersandte zweimal *De cantu*, wo er sich über den Niedergang der Kirchenmusik beklagt und wünscht, dass man auch den Choral wieder restituieren sollte. Der Papst lobt im

keit zeichnen sie aus, die sie von der profanen Sphäre abgrenzen, in ihrer Faktur hat sie jenen Forderungen zu genügen, wie sie die grossen Kontrapunktisten Palestrina, Zarlino und Fux vorgegeben haben und welche sich darin erfüllen – so Santarelli in obigem Brief –, dass sie eine nicht forcierte Harmonik, Kantilenen voll Natürlichkeit und Einfachheit, korrekt geführte Fugen und die Kunst, die heiligen Worte auszudrücken, beinhalten.[54] Diese an historischen und musikimmanenten Sachverhalten entwickelten Vorstellungen unterscheiden sich diametral von den mehrheitlich emphatischen, träumerisch-verklärenden Empfindungen von kunstliebenden Romreisenden, die sich vor allem in der Capella Sistina an Allegris *Miserere* entzündeten, die als «himmlische Sphären Musik», als wie der seit dem Mittelalter immer wieder beschworene Engelsgesang jene selige Begeisterung der Entrückung evozierte, welche die protestantische Auffassung einer «wahren» und heiligen Kirchenmusik so sehr beeinflussen sollte. Diese Art der römischen Kirchenmusik, die Musik eines Leo, Pergolesi, Piccini, Sacchini und Hasse, die nach Friedrich Reichardt «die innersten Tiefen der Kunst» kannten und so «das Schöne, Sangvolle» ausdrücken und Werke liefern konnten, die durch «Schönheit, Wahrheit, Ordnung und Vollendung den Kunstfreund ergötzen», wurden zur Voraussetzung für das Verständnis von Kunstreligion, denn in der Rückkehr zur «schönen edlen Simplicität» wurde wahre Kirchenmusik zur Kunst, die letztlich der Kirche nicht mehr bedurfte.[55]

Die konservativen Tendenzen innerhalb der katholischen Kirchenmusikdiskussion standen im Zusammenhang mit den Reformbestrebungen – sehr weit vorangetrieben bei Joseph II. –, die im Zeichen aufklärerischen Gedankenguts eine auf Vernunft gegründete, bescheidenere, verinnerlichte Religionsausübung forderten, und sie riefen geradezu nach historischer Aufarbeitung. So wandte sich etwa Abt Johann Ignaz von Felbiger vom Augustiner-Chorherrenstift Sagan in Niederschlesien, der in Wien neue Schulbücher und einen neuen Katechismus einge-

---

    Antwortschreiben den Rat, dass jene verführerische theatralische Musik, die mit ihrer trügerischen Süsse die Ohren umschmeichle und die Herzen zugrunde richte, von den Gottesdiensten ferngehalten werde: «[…] laudamus otimum scribendi consilium, ut illecebras theatralis musices, quae mulcet fallaci suavitate aures, animosque corrumpit, a sanctuario et divinis officiis avertas.»

54 Auch Martini analysiert und erläutert die Vorzüge der alten Musik ganz konkret an den jeweiligen Beispielen von Palestrina u. a. in seinem *Esemplare o sia saggio fondamentale pratico di contrappunto sopra il canto fermo*, 2 Bde., Bologna 1774/75, Reprint Ridgewood/New Jersey 1965.

55 Vgl. dazu Heidrich, *Protestantische Kirchenmusikanschauung* (wie Anm. 20), S. 38–59, die diesbezüglichen Berichte datieren ab den 1780er Jahren; das Zitat aus Reichardts Magazin der Musik I,1, 570 ff., s. S. 57.

führt hatte, am 9. April 1774 an Gerbert, um ihn für sein geplantes Liederbuch um wissenschaftliche Begründungen zur Publikation deutscher Kirchenlieder zu bitten, zumal dieser Brauch bei den Lutheranern ein Grund zur fleissigen Teilnahme an den Gottesdiensten sei.[56] Er wollte wissen, von welcher Zeit her man Beweise der Gesänge in der Muttersprache beim öffentlichen Gottesdienst hätte und wo man sie finde; welches eigentlich die Gesänge gewesen, welche die katholischen Christen älterer Zeiten gebraucht hätten; wie sie sich derselben bedient und wie besonders der Gottesdienst auf dem Lande feierlich begangen wurde, ehe der Gebrauch der Orgeln aufgekommen sei, und er fragt nach der ursprünglichen Veranlassung zu der heutigen, weder in den Städten noch in den Dörfern sehr erbaulichen figurierten Kirchenmusik. Sein Argument, dass Figuralmusik nur zum Vergnügen der hohen Herren und zu Repräsentationszwecken an fürstlichen und geistlichen Höfen gepflegt würde,[57] wird auch von Gerbert unterstützt. In Bezug auf die deutschen Lieder antwortete ihm Gerbert, er habe in der Historie nicht so viel aufgezeichnet gefunden, dass er seine Fragen ausführlich beantworten könne. Es diene jedoch hierzu alles, was er von dem allgemeinen Gesang des Volks in der Kirche geschrieben habe, besonders aber im ersten Kapitel seines ersten Buchs. Er trachte selbst, in den Landkirchen den deutschen Gesang einzuführen, und er empfiehlt ihm, wenn er schon in Wien sei, könne er «zu Kloster-Neuburg den über 500 Jahre alten Codex beliebig einsehen, wo doch der Gesang *Christ ist erstanden* zu lesen. Es seind noch mehr derlei Teutsche Gesängen weit älter als Luther; und dieser hat, wie E. Hw. wohl anmerken, vieles von unseren beibehalten und geändert.» Er verweist auch auf den Erfolg, den die Calvinisten durch ihre Lieder zur Ausbreitung ihrer «Irrlehre» bewirkt hätten. Deshalb hätte man auch bei den Katholiken die Gesänge in der Muttersprache nicht verworfen, «wie ich beweise in dem dritten Buch, so noch unter der Press liegt».[58] Er liefert dem Fragesteller also hochaktuelle unveröffentlichte Forschungsergebnisse, um ihn in seinen Bestrebungen zu unterstützen, die auch diejenigen Jose-

---

56   *Korrespondenz* II (wie Anm. 30), Nr. 644, S. 17–19.
57   Ebd., S. 18: «Große Herrn und besonders Geistliche, die sich zu ihrem Vergnügen […] Kapellen hielten, wollten sie doch auch solche durch den Gebrauch den Gottesdienst heiligen oder manche vielleicht auch sich die Zeit, welche sie amtswegen in der Kirche zubringen mußten, auf eine angenehme Art verkürzen. Dazu diente denn die figurierte Musik freilich sehr gut, ungeachtet sie im Grunde, so wie sie wenigstens jtzt insgemein im Brauche ist, der Andacht mehr hinderlich als beförderlich wird.»
58   Brief Gerberts von Mitte Mai 1774, *Korrespondenz* II, Nr. 648, S. 24–26. Es wird zwar nicht klar, welche Stelle er meint.

phs II. waren, der den kirchlichen Volksgesang förderte, die festlichen Instrumentalmessen dagegen beträchtlich einschränkte, wenn auch mit unterschiedlichem Erfolg.⁵⁹

Seine eigene Position, gerade was die Klöster in gemischt-konfessionellen Gegenden betraf, brachte Gerbert dezidiert in einem Brief an Abt Romuald Weltin nach Ochsenhausen vom 27. April 1775 in Anschlag:

> Mich erfreuet inniglich, dass E.f.Gn. ein Gefallen an meinem Werk ‹De Cantu› etc. tragen. Ich wünsche nichts sehnlicheres, als etwas von dem zu erzielen, wegen welchem ich diese Historie von der Kirchenmusik mit vieler Mühe und Arbeit beschrieben habe, um dadurch den erstaunlichen Mißbrauch in dieser Sache vor Augen zu legen, welcher meines Erachtens der größte in unser Kirchendiscipln ist; und dieses besonders in denen Klöstern, welches in Schwaben, wo man unter Protestanten untermischet ist, welche bei weitem nicht so in diesem Stuck excedieren als wie die Katholiken und Religiosen, nicht anderst als anstößig sein kann. Ich habe hier immer Krieg mit meinen Musikanten, und würfe ihnen zuweilen ihren Kram ins Feur, habe ihnen auch die Kapitel, welche eigentlich von der Discipln des Gesanges in dem ersten, mittlern und letzteren Alter der Kirchen handeln, über Tisch lesen lassen, und im Kapitel noch eine Brühe darüber gemacht, welches endlich und endlich etwas verfangen thuet. Allein seind halt die mehreste Kompositionen schon so zum Tanzen und Springen eingerichtet, mehrenteils von jungen Geistlichen und Studenten sogenannten Gassenhauer verfertiget. Die von einem Caldara, [Gunther] Jacobi, Eberlin⁶⁰ etc. mannlich gemachte werden unter die alten Kartetschen geworfen⁶¹ oder auf der Post da-

---

59 Vgl. z. B. Hans Hollerweger, «Der Einfluss der Aufklärung auf Liturgie und Kirchenmusik», in: Viertes Symposium ‹Mozart und die geistliche Musik› 1991, Brixen 1992, S. 9–23.

60 Zu den Komponisten gegenwärtiger Zeit äussert er sich auch in *De Cantu*, so z. B. zu Zach bzw. Eberlin: «[…] celebris Johannes Zach […] qui praestantissimum suae gentis characterem sine peregrini Italiae styli admixtione egregie expressit: veluti etiam Ernestus Eberlin musurgus insignis omnino, in cuius laude sufficere potest, quod de eo Fridericus Marpurg refert.» In der Anmerkung übernimmt er dann eine Einschätzung von Marpurg, der Eberlin hoch einschätzt, denn «wenn jemand den Namen eines gründlichen wohlfertigen Meisters in der Setzkunst verdienet, so ist es gewis dieser Mann» (*De cantu* II, S. 371).

61 Die Aussage erinnert an Mozarts Ausspruch zur «wahren» Kirchenmusik im Brief vom 12. April 1783 an seinen Vater: «wenn es wärmer wird, so bitte ich unter dem dache zu suchen, und uns etwas von ihrer kirchenMusik zu schicken; – sie haben gar nicht nöthig, sich zu schämen. – Baron van swieten, und Starzer, wissen so gut als sie und ich, daß sich der Gusto immer ändert – und aber – daß sich die Veränderung des gusto leider so gar bis auf die kirchenMusic erstreckt hat; – welches aber nicht seyn sollte – woher es dann auch kömmt, dass man die wahre kirchenMusik – unter dem dache – und fast von würmern gefressen – findet.» (Bauer-Deutsch, *Briefe und Aufzeichnungen* III, Nr. 739, S. 264, Z. 12–18) Gerbert dürfte Gottfried van Swieten, den königlich-kaiserlichen Hofbibliothekar in Wien, gekannt haben, in zwei Briefen jedenfalls fällt sein Name (*Korrespondenz* II, wie Anm. 30, Nr. 1077, S. 498, und Nr. 1095, S. 517).

her gemacht, daß nur der Violinist sein Rockis Bockis geschwind wie der Wind recht zeigen, der Vokalist aber seine Gurgel zum waschen und der Blasinstrumentist seine mit Feld- und Waldmusik ermüdete Zunge, Lungenblätter und Lefzen zum anfeuchten recht zurichten kann, dem Zuhörer aber mit allem Gewalt alle Aufmerksamkeit benommen und die Andacht mit ganzem Fleiß gestöret werde, gleich als wären die Musikanten von dem Bösen, behüet uns Gott, angestellet, den wahren Gottesdienst zu verderben, den Tempel Gottes, wo Christus in dem heiligen Sakrament gegenwärtig und in der heiligen Mess aufgeopfert wird, zu entheiligen, zu einer Schaubühne oder wohl gar Tanzplatz zu machen. [...]⁶²

Was ihm als ideale Kirchenmusik vorschwebte, lässt sich an seiner (wahrscheinlich) eigenen *Missa in Coena Domini* für den Gründonnerstag ablesen, die er an den Schluss von *De cantu* gestellt hat.⁶³ Alle Sätze ausser dem dreistimmigen Benedictus sind doppelchörig angelegt und fast durchgehend in einem einfachen, kompakt-homophonen Stil gehalten. An den entscheidenden Stellen erscheinen jedoch durchaus die zu erwartenden rhetorischen Kunstgriffe. Von der angestrebten Klangpracht her gesehen ist das Gloria am aufwendigsten, da es drei Orgeln (zwei ad libitum) vorsieht. Insofern repräsentiert diese Messe durchaus das erhabene Pathos, wie es etwa auch das von Reichardt in seinem *Musikalischen Kunstmagazin* veröffentlichte *Cor mundum* von Leonardo Leo für zwei Chöre oder das Chorstück *Vor Dir, o Ewiger, tritt unser Chor zusammen* von Schulz verkörpert, nach Reichardt «ein Muster andachtsvoller Bewunderung und freudiger Anbetung». Er hebt besonders die Stelle «wir stehen mit tiefem Schauer vor deiner Majestät» hervor, zu der er zwar im Einzelnen nichts sagen will, denn: «weh dem, der nicht fühlt!» – die jedoch zu jenen gehöre, welche «die höchste Simplicität im Gesang, Harmonie und Rhythmus» am «allertreffensten und tiefdurchdringensten» ausdrückten.⁶⁴ Ob Gerbert in seiner leider

---

62 *Korrespondenz* II (wie Anm. 30), Nr. 719, S. 110 f.
63 Martin Gerbert, *De cantu et musica sacra a prima ecclesiae aetate usque ad praesens tempus* (1774) (= Die grossen Darstellungen der Musikgeschichte in Barock und Aufklärung 4), hrsg. und mit Registern versehen von Othmar Wessely, 2 Bde., [Reprint] Graz 1968, Bd. II, Anhang S. 1–112. Vgl. dazu Albert Raffelt, *Das Graduale in Martin Gerbers «Missa in Coena Domini»*, http://www.freidok.uni-freiburg.de/volltexte/374/pdf/graduale-fda.pdf.
64 Vgl. Johann Friedrich Reichardt, *Musikalisches Kunstmagazin*. Zwei Bände in einem Band, Reprografischer Nachdruck der Ausgabe Berlin 1782–1791, Hildesheim 1969, S. 179–193, Zitate S. 193. Die Kirchenmusik, für welche diese Musterbeispiele (dazu noch Kirnberger und Händel) stehen, die für ihn den «wahren, edlen Charakter der Kirchenmusik» verkörpern, hat letztlich den Zweck, das Gefühl zu veredeln, «daß sie [die Seele] freudiger, stärkender werde, und jede Seelensaite zu reinem Wohlklang erbebe, durchs Leben hin sanft nachtöne und so den Allgewaltigen und Allliebenden durch ein reines, heiliges Leben singe». Wo gelinge dies besser als im Tempel des Herrn, wo alles auf Erhebung der Seele

nicht erhaltenen Antiphon *Ecce sacerdos magnus* nicht auch diese «gewaltige Wirkung» kühn fortschreitender Akkorde angestrebt hat, die Palestrinas Gloria aus der Doxologie des *Magnificat tertii toni* in Reichardts Interpretation auszeichnete, das sich auch Beethoven abgeschrieben hat?[65] Ein Bericht von der Einweihung der neuen Stiftskirche erwähnt, dass dieser Einleitungsversikel (um den es sich wohl handelt) im Falsobordone und von seiner Fürstlichen Gnaden auf den Akkord der Glocken mit Abwechslung der Trompeten gesetzt war, in ihrem Stil also der Intention des Architekten genau entsprach. «Jedermann bewunderte diesen majestätischen Gesang ganz außerordentlich.»[66]

Abb. 5: Graduale Christus factus est, Anhang zu *De cantu et musica sacra*, S. 42–43

Aus dem Briefwechsel lassen sich weitere Vorlieben des Fürstabts eruieren, so soll er gegenüber Philipp Karl von Wessenberg offenbar einmal das Verlangen geäussert haben, mehrere Musicalia des berühmten Hasse

---

abzwecke? (S. 179) Vgl. auch Franziska Seils, «Johann Friedrich Reichardt und das Ideal der ‹wahren› Kirchenmusik», in: *Johann Friedrich Reichardt (1752–1814). Komponist und Schriftsteller der Revolutionszeit* (= Schriften des Händel-Hauses in Halle 8), S. 67–71.

65 Ebd., S. 19. Vgl. auch Reinhold Schlötterer, *Der Komponist Palestrina. Grundlagen, Erscheinungsweisen und Bedeutung seiner Musik*, Augsburg 2002, S. 297 f.
66 Vgl. Hilger, *Martin Gerbert* (wie Anm. 38), S. 40.

zu bekommen, was dieser erfüllte: Namentlich erwähnt sind die Oratorien *Elena al Calvario* und *Conversione di S. Agostino*.[67] Der in der Innerschweiz wirkende Komponist Konstantin Reindl (1738–1799), der Gerberts *De cantu* gelesen hatte, sandte ihm aus Luzern am 20. Juli 1786 sechs Quartette, die zwar «nicht für einen so erhabenen Kenner und fürstlichen Tonkünstler», sondern für Liebhaber gesetzt seien.[68] Und Christian Friedrich Daniel Schubart, der *De cantu et musica sacra* ebenfalls studiert hatte und Gerberts tiefe Gelehrsamkeit und reifes Urteil bewunderte, schickte ihm am 30. Mai 1788 aus Stuttgart «auf Ansuchen meines Freundes Reichardt, des verdienstvollen preussischen Kapellmeisters, beiliegende Totenmusik auf Friedrich den Grossen»,[69] den *Cantus lugubris in obitum Friderici Magni*, aufgeführt bei den Trauerfeierlichkeiten am 9. September 1786 in Potsdam.[70] (In Klammern: 1783 war Reichardt über Zürich nach Italien gereist, was seiner Palestrina-Verehrung neue Nahrung gab; zurück kehrte er über Wien und traf dort Gluck, den auch Gerbert in Wien kennen gelernt hatte.[71])

Als Nicolai 1781 in St. Blasien weilte, wurde dort gerade eine Messe von Domenico Scarlatti aufgeführt, wozu auch die schöne Orgel – die letzte von Silbermann – ertönte, die ihn an den silbernen Ton der Orgel in der Frauenkirche zu Dresden erinnerte – nicht verwunderlich, stammte sie doch auch von Gottfried Silbermann. Er lobt an ihr, dass sie nicht aus «Abschnitzeln italiänischer komischer Opern zusammengesetzt» war, obwohl aber weder die Spieler noch die Sänger eben vorzüglich gewesen seien, «so that doch der ernste und so feyerliche als simple Gesang dieser alten Musik eine dem feyerlichen Zwecke ange-

---

67 *Korrespondenz* II (wie Anm. 30), Nr. 1190, S. 611, im Spätherbst 1781.
68 *Briefe und Akten* II (wie Anm. 30), Nr. 288, S. 229 f.; zu Reindl vgl. Wilhelm Jerger, *Constantin Reindl (1738–1799). Ein Beitrag zur Musikgeschichte der deutschen Schweiz im 18. Jahrhundert* (= Freiburger Studien zur Musikwissenschaft 6), Freiburg/Schweiz 1955.
69 *Briefe und Akten* II (wie Anm. 30), Nr. 383, S. 303. Da er u. a. sich «auch ein so großes und entschiedenes Verdienst um die Musik erworben haben, so ist es meinem Freunde nicht zu verargen, wenn er nach Höd. Beifall geizet». Von Gerbert erbat er sich gleichzeitig die *Scriptores ecclesiastici*, da dieses Werk noch nicht in die hiesigen Buchläden gekommen sei.
70 Text: «Quem virum antheroa patrem / Welch' ein Mann, welch' ein Held» für 4 Solostimmen, Chor und Orchester, Partitur Berlin 1787 (RISM R 820), vgl. Hans-Günter Ottenberg; Hartmut Grimm, Art. «Reichardt», in: *MGG2*, Personenteil, Bd. 13, Sp. 1471–1488.
71 Zur Freundschaft zwischen Gerbert und Gluck vgl. Schlichtegroll, *Musiker-Nekrologe* (wie Anm. 38), S. 73, bzw. *Korrespondenz* II, S. 393, Anm. 2: Gerbert war in der ersten Hälfte 1763 und wieder von Okt. 1772 bis Jan. 1773 in Wien, wo er ihn kennengelernt haben könnte.

messene Wirkung».⁷² Wahrscheinlich handelte es sich um die Messa breve *La stella*, deren Sätze Credo, Sanctus und Agnus im *stile antico* bzw. *stile more vetero* gehalten und ihrer Faktur gemäss in der Abschrift im Archiv von Santa Maria Maggiore in Rom auch in alter Notation aufgezeichnet sind. Sie ist mit einiger Sicherheit in die Zeit von Scarlattis Rom-Aufenthalt um 1708 zu datieren.⁷³ Auch in der kirchlichen Musikpraxis bevorzugte Gerbert offensichtlich Werke des alten Kirchenstils, die aber, gerade im Falle Scarlattis, wahrlich nicht einfach zu singen waren.

Die ausgesprochen in die Vergangenheit gerichtete Haltung spiegelt sich auch im Briefwechsel, dessen wohl grösster Teil der historischen Forschung gewidmet ist. Der Kreis seiner Briefpartner war riesig und prominent, seine Verbindungen zu anderen Klöstern bildeten eines jener für die Aufklärungszeit typischen Netzwerke – eine eigentliche Forschungscommunity, die den Vergleich mit anderen Fachzirkeln nicht zu scheuen brauchte, ja mit diesen durch vielfältige Kanäle ‹verlinkt› war –, und die auch wissenschaftsgeschichtlich von hohem Interesse sein könnte. Zu erwähnen wären etwa Johann Georg Schlosser, Jurist, Historiker, Staatsmann, politischer und philosophischer Schriftsteller der Aufklärung und Schwager von Goethe; August Ludwig von Schlözer, Staatsrechtler, Publizist, Philologe, Statistiker und Historiker, als erster Verfasser einer Universalgeschichte einer der Gründungsväter der Geschichtswissenschaft, der in einem systematisierenden Vernunftblick «die Weltbegebenheiten im Zusammenhange durchdenken» wollte;⁷⁴

---

72 Nicolai, *Beschreibung einer Reise* (wie Anm. 1), S. 77.
73 Vgl. Domenico Scarlatti, *Messa breve «La stella» à 4 voci con ripieno ed organo*, hrsg. von Hans-Jörg Jans, Partitur, [Stuttgart] Carus 40.698, bes. das Vorwort (1988).
74 August Ludwig Schlözer, *Vorstellung seiner Universal-Historie (1772/73)*. Mit Beilagen, neu hrsg., eingel. und komm. von Horst Walter Blanke (= Wissen und Kritik. Texte und Beiträge zur Methodologie des historischen und theologischen Denkens seit der Aufklärung 11), Waltrop 1979. Das Hauptproblem lag in der Methodisierung der narrativen Synthese der quellenkritisch ermittelten Sachverhalte, vgl. S. 44 f.: «Einzelne Facta oder Begebenheiten sind in der Geschichtswissenschaft, was die kleinen farbigen Steinchen in der mosaischen Malerei. Der Künstler durch geschickte Austheilung vermischt und ordnet sie, schliesst sie genau an einander, und bringt dadurch dem Auge ein fertiges Gemählde auf einer schnurgleichen und ununterbrochnen Fläche entgegen. Die Kritik gräbt diese Facta aus Annalen und Denkmälern einzeln aus, (die Voltaires machen sie selbst, oder färben sie wenigstens): die Zusammenstellung ist das Werk des Geschichtsschreibers. Wenn Einheit in dem ganzen Plane der Zusammenstellung herrscht, so gewinnt die Universalhistorie ein wissenschaftliches Ansehen, so wird sie zur Würde der Epopee erhoben. Die besondere Art dieser Zusammenstellung macht die Methode der Universalhistorie aus. Diejenige Weltgeschichte ist die beste, die die

Johannes von Müller, befreundet mit Herder, Schweizer Geschichtsschreiber, Hofbibliothekar in Mainz und Anreger der *Monumenta Germaniae Historica*;[75] Johann Caspar Lavater in Zürich, Theologe, Verfasser der *Physiognomischen Fragmente, zur Beförderung der Menschenkenntnis und Menschenliebe* (1775–78); oder Kardinal Giuseppe Garampi, als Historiker Präfekt der päpstlichen Archive und ab 1776 Nuntius am Kaiserhof in Wien; und *last but not least* Papst Pius VI., der die antiken Schätze des Vatikans erstmals dem Publikum zugänglich machte, derselbe notabene, der 1782 als erster Papst nach Wien reiste, um dem aus seiner Sicht etwas zu sehr vom Geist der Aufklärung und der Idee des Staatskirchentums angekränkelten Kaiser Joseph II. ins Gewissen zu reden, und der sein Leben als schwerkranker Gefangener Napoleons 1799 in Frankreich beschloss.[76] Nichts könnte den dramatischen Machtverlust der katholischen Kirche besser illustrieren als die Absetzung des Papstes als Staatsoberhaupt und die Besetzung der Ewigen Stadt durch französische Truppen im Jahre 1798.[77] Doch noch vor diesem historisch so bedeutsamen Einschnitt namens ‹Revolution›[78] mit ihrem innovativen Trend hatten Denker und Forscher im Zeichen der Spätaufklärung in verschiedensten Gebieten die systematischen Grundlagen einer neuen Wissenschaftlichkeit gelegt, das heisst – wie im Falle des Fachs Geschichte – Wissenschaft im modernen Sinne als eines Erkenntnisprozesses, basierend auf den Regeln empirischer Forschung und auf

---

  meisten zweckmässig gewählten Facta enthält. Diejenige Methode der Weltgeschichte ist die beste, die den Lernenden die Einsicht in den Zusammenhang aller dieser Factorum am leichtesten macht; die ihm, mit dem mindesten Aufwande von Gedächtnißkraft, den allgemeinen Blick verschaffet, der das ganze umfaßt.»

75 Er dankt am 6. August 1785 aus Bern für die Aufnahme in St. Blasien, vgl. Brief Nr. 254, in: *Briefe und Akten* II (wie Anm. 30), S. 192 ff.
76 Auf dessen Spuren wandelte noch der heutige Papst Benedikt XVI., als er im September 2007 Wien besuchte, wo ihm ein Zeremonialprotokoll zum Besuch von Papst Pius VI. vorgelegt wurde. Dieser war in der Hofburg in den Gemächern der verstorbenen Kaiserin Maria Theresia untergebracht, wo sich heute der Amtssitz des österreichischen Bundespräsidenten befindet. Am Ankunftstage (22.3.1782) wohnte er einem von der Hofmusik abgesungenen Te Deum bei. Vgl. http://www.oesta.gv.at/site/cob_24668/5164/default.aspx.
77 Zu Pius VI. vgl. Reinhard Barth; Friedemann Bedürftig, *Päpste*, München 2000, S. 270 f.
78 Der Begriff wird als Grundbegriff der Moderne erst seit der französischen Revolution in seiner Komplexität zusammengefasst und damit üblich, vgl. das Kap. «Revolution als Begriff und Metapher. Zur Semantik eines einst emphatischen Worts» bei Reinhart Koselleck, *Begriffsgeschichten. Studien zur Semantik und Pragmatik der politischen und sozialen Sprache*, Frankfurt a.M. 2006, S. 240 ff.

diskursiver, rationaler Argumentation, überhaupt erst begründet,[79] die das Menschenbild tiefgreifend verändern sollten. Und es waren diese illustren Namen, mit denen Gerbert direkt brieflich oder indirekt über die Forschungsliteratur verbunden war.

Nicht allein, sondern gemeinsam mit Bischof Würdtwein aus Worms hatte Gerbert in Anlehnung an die *Gallia Christiana* in Frankreich das weitgespannte Projekt der *Germania sacra* initiiert (am 27. November 1780 ist es in einem Brief des Marschalls von Zurlauben erstmals erwähnt),[80] das die Erforschung der Geschichte der Klöster in den einzelnen Kirchenprovinzen zum Ziel hatte und dessen Plan offenbar in einem *prospectus* festgehalten war.[81] Vorgesehen waren verschiedene Bearbeiter, für eine Klostergeschichte der Schweiz engagierte er Pater Mauritz van der Meer aus dem Kloster Rheinau.[82] Dieses Gemeinschaftsprojekt begründete er damit, dass man auf eine perfektere Geschichte hoffen könne, als wenn ein einziger das ganze Unternehmen zu tragen hätte – «on pourrait espérer une histoire parfaite qu'on ne peut pas espérer, si un seul entreprend l'entier»:[83] eine weise Entscheidung angesichts der noch unübersehbaren Fülle an Originaldokumenten. Die Quellensammlung mit ihren durchaus patriotischen Implikationen wurde von katholischer Seite damit begründet, dass aus vielen einzelnen Stücken «endlich jener ganze historische Körper unseres Vaterlandes entstünde», jenes «heilige Deutschland»,[84] das dann im Zuge der

---

79 Zum Verwissenschaftlichungsprozess des historischen Denkens vgl. Jörg Rüsen, *Konfigurationen des Historismus. Studien zur deutschen Wissenschaftskultur*, Frankfurt a.M. 1993.
80 Nr. 1121, in: *Korrespondenz* II (wie Anm. 30), S. 539.
81 Vgl. Brief Nr. 143 von Zurlauben, *Briefe und Akten* II (wie Anm. 30), S. 112, der auch die Unterschiede zum französischen Projekt hervorhebt: «Je vois par le ‹prospectus› que vous m'envoyés que les auteurs qui travaillent à la *Germania sacra*, connoissent les secours qu'ils peuvent tirer de Msgr. Garampi. J'envoy ce prospectus a. M. l'abbé de Leger, à qui surement il fera plaisir. C'est un des plus habiles bibliographes que nous ayons, et il est charmé de contribuer à tous les travaux litteraires utiles. La *Germania sacra* me parait concus sur un des plans bien plus etendu que la *Gallia Christiana*, qui, à dire vrai, n'est autre chose que le catalogue chronologique des evêques et des abbés, sans détails suffisans sur leurs vie, dont on ne rapporte les faits, qu'autant qu'ils sont appuiés sur des titres qui en fournissent la date. Il résulte de-là, qu'il y a souvent des faits importans passés sous silence, et que les deveppemens manquent par tout.» Zusammenhänge herzustellen war ihnen offensichtlich wichtig.
82 Brief Nr. 1127, in: *Korrespondenz* II (wie Anm. 30), S. 544.
83 Brief an Zurlauben, *Korrespondenz* II (wie Anm. 30), Nr. 1127, S. 544.
84 Vgl. die Rezension des 1. Bandes von *Historia nigrae silvae* (1783) in der Banzer Zeitschrift 6. 2 [1785], zit. nach Raggenbass, «*Harmonie und schwesterliche Einheit*» (wie Anm. 19), S. 147: «Nur ein kleiner Behuf und Beytrag zu jenem gros-

Abwehr der Napoleonischen Kriege zu Beginn des 19. Jahrhunderts im Rückgriff auf alles Alt-Deutsche und der Verklärung von mittelalterlicher Geschichte Konturen gewinnen und in den *Monumenta Germaniae Historica* die Grundlagen einer deutschen Nationalgeschichte erhalten sollte, nun jedoch bearbeitet durch eine institutionalisierte Geschichtsforschung unter der Obhut eines säkularen, sich auch politisch formierenden Staates.[85] Beide Unternehmen waren echte Langzeitprojekte, die Generationen von Historikern bis in die Gegenwart beschäftigen sollten. *Germania sacra* existiert nach den ersten, bis 1803 erschienenen vier Bänden wieder seit 1917 (mit acht Bänden Alte Folge) bzw. seit 1956 als Serie von Handbüchern über das gesamte gedruckte und ungedruckte Quellenmaterial und die Literatur der deutschen Bistümer, Domkapitel, Kirchen und Klöster des Alten Reiches (bis 1803/06); 2007 erschien der 50. Band der Neuen Folge, welcher den Bistümern der Kirchenprovinz Köln gewidmet ist.[86] Aus der notwendigen Koordination der Teilprojekte resultierte ein intensiver Briefverkehr um mittelalterliche Archivalien und Handschriften, aus der die erstaunliche Reichweite und Tiefenschärfe der immer wieder diskutierten Erkenntnisse, aber auch die Schwierigkeiten abzulesen sind, die einem solchen Mammutunternehmen innewohnen.

Der an vorderster Front in die Arbeiten an der *Germania sacra* miteinbezogene, aufgrund seiner historisch-bibliophilen Interessen wie seiner Glaubensüberzeugung dem Geschichtsforscher und Menschen Gerbert denn auch am nächsten stehende Korrespondenzpartner war ein eigenwilliger, standesbewusster Alteidgenosse: Marschall Beat Fidel von Zurlauben aus Zug, der letzte seines adeligen Geschlechts, Söldnergeneral und Büchernarr,[87] den er erstmals nach dem Klosterbrand 1770 in Paris wegen eines Sakramentars von Solothurn anschrieb und mit dem der enge briefliche wie persönliche Kontakt bis 1791 nicht mehr

---

sen und weitschichtigen Werk: Das heilige Deutschland. Es könnte vielleicht dies kleinere Werk manchen unserer gelehrten Patrioten zur Aufmunterung dienen, dass jede Geschichte seines Landstriches, in dem er wohnt, so bearbeitet, und sodann aus vielen einzeln Stücken endlich jener ganze historische Körper unseres Vaterlandes entstünde. Dies ist ein Wunsch; aber wir glauben mit Zuversicht, das er nicht leer und fruchtlos seyn werde.»

85 Vgl. Annette Kreutziger-Herr, *Ein Traum vom Mittelalter. Die Wiederentdeckung mittelalterlicher Musik in der Neuzeit*, Köln/Weimar/Wien 2003, S. 39, bzw. kritisch aus Sicht der Wissenschaftsgeschichte speziell zu den MGH Valentin Groebner, *Das Mittelalter hört nicht auf. Über historisches Erzählen*, München 2008, S. 68–72.
86 Vgl. die Homepages http://www.mgh.de/ bzw. www.germania-sacra.mpg.de/.
87 Vgl. u. a. die Biographie von Ursula Pia Jauch, *Beat Fidel Zurlauben 1720–1799. Söldnergeneral & Büchernarr*, Zürich 1999.

abreissen sollte, der letzte Brief Zurlaubens ist vom 20. Januar 1791 datiert.[88] Dessen in den Pariser Jahren aufgebaute und nach der Rückkehr in die Schweiz vermehrte Privatbibliothek von schliesslich rund 10'000 Bänden (darunter die *Acta Helvetica* mit etwa 35'000 Dokumenten), die er eigentlich dem Kloster St. Blasien vermacht hatte, wurde nach seinem Tod 1799 als wertvolles Kulturgut von der neuen Helvetischen Republik sequestriert, kam auf Umwegen nach Aarau und bildet seit 1803 den Grundstock der Aargauer Kantonsbibliothek. 1807 wurde aber auch das Kloster St. Blasien aufgehoben, seine Bibliotheksbestände konnten immerhin zu einem schönen Teil nach St. Paul im Lavanttal in Kärnten gerettet werden, wo sie sich noch heute befinden.[89] Im Kloster hielten zunächst eine Gewehrfabrik und Baumwollspinnerei Einzug, 1874 brannte die Kirche wiederum ab, die Kuppel stürzte ein und wurde erst 1910 wieder eingebaut, 1983 war die Renovation des von Gerbert erdachten Ideenkunstwerks schliesslich abgeschlossen, das heute noch dasselbe Erstaunen wie nach seiner Errichtung auslöst. Was wäre, wenn – eine an sich müssige Frage in der Geschichtswissenschaft, die sich hier indes aufdrängt – wenn die beiden, die nicht über ihren eigenen geschichtlichen Horizont blicken konnten, dies alles gewusst hätten? Geahnt haben sie sie, «die Schatten der Zukunft»![90] Ihre Welt – eine Welt der ständisch gegliederten Ordnung, der religiösen Gewissheiten, der Liebe zu den Künsten und Wissenschaften – brach in der Revolutionszeit endgültig zusammen, der Pessimismus auch Gerberts war abgrundtief:

> Das Ansehen und Macht der Kirche ist so weit herabgesunken, daß der ehemalige Lehrsatz von den 2 voneinander unabhängigen Mächten (der Kirche nämlich und dem Staat) bereits nicht mehr wahr ist und die erste dem letzten beinahe wie eine Dienstmagd unterworfen wird, und daß das katholische Kirchen-System bereits umgestürzt zu sein scheint. [...] Bei diesen ohnehin aeusserst kritisch- und gefahrvollen Zeiten, wo der Unglaub, die Freidenkerei, die Zügellosigkeit öffentlich auftreten, wo sich dieselbe selbst bei öffentlichen Lehranstalten und Universitäten einschleichen, waren die meisten Klöster beinahe noch die

---

88 *Briefe und Akten* II (wie Anm. 30), Nr. 497, S. 388, in welchem er ihm eine Anekdote zu Voltaire berichtet. Am Schluss schreibt er: «Je continue a lire a la lueur de la lampe d'Epictete [einem Stoiker, um 50 – um 130], mais d'Epictete chretien. Je ne regrette pas mes années; mais je regrette infiniment de n'être pas dans une plus grande proximité de saint Blaise.»

89 Eine Parallele gibt es in dieser Hinsicht bei Padre Martini: Ein Jahrzehnt nach seinem Tode wurde Bologna von den Franzosen besetzt, die Angehörigen seiner Ordensgemeinschaft mussten Kirche und Kloster von S. Francesco verlassen. Die wichtigsten Bestände wurden dadurch gerettet, dass Martinis Schüler Stanislao Mattei, den er zu seinem Nachfolger und Erben erklärt hatte, die kostbarsten Bände mit sich nahm. Vgl. Stadelmann, *Fortunatissime Cantilene!* (wie Anm. 21), S. 4f.

einzige Zufluchtstätte, sowohl der Unschuld als der wahren Religion, wenn aber auch diese durch einen schlecht gebildeten und verderbten Nachwuchs verunstaltet, oder wie zu besorgen, gar unterdrücket werden, welche traurige Aussichten breiten sich über die Zukunft aus?[91]

Gerbert hatte angesichts des Niedergangs der christlichen Religion – für ihn ging ihr Tausendjähriges Reich zu Ende – bereits vor seinem Schlaganfall am 11. November 1784 den Plan gefasst, in einem letzten Werk die Summe seines theologischen Denkens zu ziehen, wozu er mit einem anderen Schweizer, dem Zürcher Antistes Johann Jakob Hess, Kontakt aufnahm.[92] Er bat ihn, dessen *Versuch von dem Reiche Gottes* (1774) er kannte, um Rat und um Literaturvorschläge. Hess empfahl

---

90   Zurlauben in einem Brief vom 5. Jan. 1790 (*Briefe und Akten* II, Nr. 467, S. 367 f.): «[...] Grand Dieu! Quelle année 1790! Quest ce quelle amenera! Je voudrais bien lire son horoscope. Il me semble, que je vois le combat entre Goa et Magog, ou (dans un style moins prophétique) le combat entre despotisme et l'anarchie. – Quelles revolutions extraordinaires et subites. Il n'y a pas quatre ou cinq ans, que toutes les gazettes et tous les journaux crierent: ‹Le siecle n'est pas favorable aux républiques; le siecle les verra toutes ecrasées›. Et tout d'un coup c'est tout le contraire. – Tout d'un coup c'est le tour des thrones pour trembler! [...] Je tire le rideau sur mes autres reflexions. Je les soumets d'avance respectueusement à V. A. et à sa profonde pénétrations. Votre excellent traité, Ecclesia militans, perce *les Tenebres de l'avenir*. Ma philosophie est presqu'en deroute, et pour etre etayée elle auroit grandement besoin de l'energie morale des conseils de V. A.» [Hervorhebung durch die Autorin].

91   Gerbert an den Fürstbischof Maximilian Christoph von Rodt von Konstanz am 3. März 1792, in: *Briefe und Akten* I (wie Anm. 30), Nr. 217, S. 267 f. Noch drastischer äussert er sich gegenüber Baron von Sumerau, Präsident der Regierung in Freiburg, am 1. Januar 1793 (Nr. 233, S. 281): «Der unbefangene Religionseifer, der E. Exc. beseelet, ist mir Bürge dafür, dass Selbe den notwendig folgenden Umsturz dieser Stiftungen [es ging um die Sicherung des Prälatenstandes] mit ganz anderen Augen als die heutige so zahlreiche und für diesen Zerfall so geschäftige Philosophenschaar betrachten. Die Erfahrung überzeugt Selbe, dass die Stifter und Klöster bei der heutigen unglaubensvollen Zeit beinahe die einige Stützen der Religion, folglich auch der Staaten seien, da ohne Religion kein Staat bestehen kann, wie leider das schauderhafte Beispiel Frankreichs nur zu laut beweiset, aus welchem sich die Absichten dieser Afterphilosophen ohne Widerrede zum warnenden Beispiele an Tage leget.»

92   Vgl. Brief Nr. 60 vom Nov./Dez. 1782 bzw. Brief Nr. 305 an Zurlauben, Ende Dezember 1786, in: *Briefe und Akten* II (wie Anm. 30), S. 51 und 241. Zu Hess bzw. Gerberts chiliastischer Haltung vgl. Friedhelm Ackva, *Johann Jakob Hess (1741–1828) und seine Biblische Geschichte. Leben, Werk und Wirkung des Züricher Antistes* (= Basler und Berner Studien zur historischen und systematischen Theologie 63), Bern etc. 1992, bes. S. 23 ff. bzw. 260–265. Hess hatte Klopstock als zehnjähriger kennengelernt, als dieser 1750/51 Bodmer und seinen Erzieher Pfarrer Gossweiler in Zürich besuchte, und war von den ersten Gesängen der Messiade so begeistert, dass er selbst zu dichten anfing.

ihm neben theologisch-exegetischer Fachliteratur Sulzers *Theorie der schönen Künste* und die «Poeten» wie Milton oder Klopstock, die «das Sublime in den Evangelien noch besser scheinen gefühlt und benutzt zu haben als die Ausleger».[93] *De Sublimi in Evangelio Christi juxta divinam Verbi incarnati oeconomiam* war das dreibändige Werk mit 1200 Seiten betitelt, das posthum erschien,[94] und es stellt den Versuch dar, auf der Basis der vieldiskutierten Schrift über das Erhabene des Pseudo-Longinus (wohl um 25–40 n. Chr.) sowie der auch auf theologischer Seite geführten Debatte um die bereits über hundert Jahre alte sog. *Querelle du Fiat lux* zwischen Boileau und Huet um dieses berühmte Genesis-Zitat (Gen 1,3), das Longin als jüdisches Zeugnis für die Macht des Göttlichen erwähnt,[95] zu zeigen, dass sich die vielfach verborgene göttliche Majestät in der Niedrigkeit Christi, d. h. im Mensch gewordenen Wort manifestiert. «Was gibt es Erhabeneres, was Göttlicheres als diese Herrlichkeit, die gerade in seiner Niedrigkeit und seinen Schwachheiten aufleuchtet, welche das fleischgewordene Wort unseretwegen auf sich genommen hat, die den Status der Niedrigkeit keinesfalls gemildert oder verdunkelt, im Gegenteil uns offenkundig gemacht hat.»[96] Für Gerbert, für den die Offenbarung über aller Vernunft steht, theologische Erkenntnis jedoch nur *cum ratione* zu gewinnen ist, ging es um eine strukturelle Hinordnung des menschlichen Geistes auf die Transzendenz, darum, die Grösse der Güte Gottes und die Erhabenheit und Liebe Christi in seiner grössten Niedrigkeit zu suchen und zu finden, die alle Erkenntnis übersteigen.[97] Es handelt sich bei dieser von Augustin beeinflussten Schrift, die klar gegen Voltaire, Helvetius, Rousseau, Diderot und d'Alembert[98] und deren Negierung der Gottessohnschaft

---

93   Brief Nr. 407 vom 1. Nov. 1788, in: *Briefe und Akten* II, S. 323. Zu weiteren Empfehlungen von Hess vgl. auch die spezielle Ausgabe des lateinisch geführten Briefwechsels, der die Konzepte von Hess in der Zentralbibliothek Zürich enthält: Arthur Allgeier, «Der Briefwechsel von J. J. Hess mit Martin Gerbert», in: *Zeitschrift für die Geschichte des Oberrheins* N. F. 56 (1943), S. 504–549, bes. S. 508 f., Zitat S. 509.
94   Martin Gerbert, *De Sublimi in Evangelio Christi juxta divinam Verbi incarnati oeconomiam*, 3 Bde., St. Blasien 1793 (z. B. Stiftsbibliothek St. Gallen, Sign. 22362).
95   Longinus, *Vom Erhabenen* (wie Anm. 8), S. 24/25 f.; zur ‹querelle du Fiat lux› vgl. Till, *Das doppelte Erhabene* (wie Anm. 11), bes. S. 193 ff.
96   Nemann, *Die Christologie Martin Gerberts* (wie Anm. 27), S. 245.
97   Ebd., bes. S. 39–44, 245–259.
98   Er erwähnt diese Protagonisten der religionskritisch radikalen Aufklärung in Frankreich namentlich in Bd. III, S. 143. In Bezug auf die Musik zitiert Gerbert d'Alembert mehrfach, so aus den *Elementa musicae theoricae et practicae* und nennt auch «l'article fondamentale de Mr. D'Alembert *dans l'Encyclopédie sur les principes de l'harmonie*». Vgl. *Korrespondenz* II (wie Anm. 30), Nr. 712, S. 102, Anm. 2. Marpurg hat die *Eléments de musique théorique et pratique* übersetzt

Christi gerichtet ist, um einen Gegenentwurf aus katholischer Sicht zur in der Aufklärung zentralen Frage des Sublimen, das in jener Grösse der Denk- und Imaginationskraft gründet, mit welcher die unsterbliche Seele des Menschen ausgestattet ist, die sich über alles Vergängliche hinaus zum Göttlichen zu erheben vermag.[99] Eine wichtige Rolle spielt in diesem Zusammenhang auch die Metaphorik des Lichts bzw. der Erleuchtung, die er unter Berufung auf die Heilige Schrift in den Blick nimmt.[100] Dass er sich dabei in vielem mit protestantischen Theologen wie Hess (der sich wiederum auf Herders Schriften berief) einig wusste, zeigt die komplexe Gemengelage der Diskursebenen der vor allem im Deutschen Reich weithin christlich geprägten Aufklärung. Aus heutiger Sicht sind es gerade diese Argumentationslinien in einer für das europäische Selbstverständnis so grundlegenden Zeit, die im Zeichen der neu aufgebrochenen Dichotomie zwischen Glaube und Vernunft interessieren könnten.[101]

Diese philosophisch-theologischen Dispute, die im Kontext der Ästhetisierung der Religionstheologie und der Sakralisierung der Kunst weitgehend auch die Auffassung einer «wahren» Kirchenmusik bestimmten, eröffnen eine umfassendere Perspektive, die nicht aus den Augen verloren werden sollte.[102] Neben der Quellenforschung und der analy-

---

(*Systematische Einleitung in die musicalische Setzkunst nach den Lehrsätzen des Herrn Rameau*, 1757), vgl. Lütteken, Art. «Marpurg» (wie Anm. 40), Sp. 1127. Gerbert war durch Zurlauben auch mit Rousseau bekannt (vgl. ebd., Nr. 715, S. 105), von dem er den *Dictionnaire de musique* besass (vgl. *Korrespondenz* I, Nr. 326, S. 325).

99 Vgl. Bd. I (wie Anm. 94), S. IV: «Ac si in illa magnitudine animi statuat sublime, qua immortali anima praeditus homo, atque ad divina natus ultra res creatas, ac caducas animo sese effert.» Vgl. dazu auch oben, Anm. 10, zu Kant.

100 So z.B. in Bd. II, S. 72, «Lux mundi Apostoli»: «Est vero hoc, quod Joann. V. 35 ipse Christus de eo dicit: *Jlle erat ardens et lucens*. Sic erant apostoli lucerna ardens et lucens a Christo, qui erat lux vera, quae illuminat omnem hominem venientem in hunc mundum, lucens accipiens, ac succensa super candelabrum, ut luceat omnibus, qui in domo sunt.»

101 Vgl. z.B. Benedikt XVI., *Glaube und Vernunft. Die Regensburger Vorlesung*. Kommentiert von Gesine Schwan, Adel Theodor Khoury, Karl Kardinal Lehmann, Freiburg i.Br. 2006, bzw. die Repliken in: Knut Wenzel (Hrsg.), *Die Religionen und die Vernunft. Die Debatte um die Regensburger Vorlesung des Papstes*, Freiburg i.Br. 2007.

102 Vgl. dazu Markus Buntfuss, *Die Erscheinungsform des Christentums. Zur ästhetischen Neugestaltung der Religionstheologie bei Herder, Wackenroder und De Wette* (= Arbeiten zur Kirchengeschichte 89), Berlin/New York 2004, Ernst Müller, *Ästhetische Religiosität und Kunstreligion. In den Philosophien der Aufklärung bis zum Ausgang des deutschen Idealismus*, Berlin 2004, oder Bernd Auerochs, *Die Entstehung der Kunstreligion* (= Palestra. Untersuchungen aus der deutschen und skandinavischen Philologie 323), Göttingen 2006.

tischen Auseinandersetzung mit der Musik ist in der Musikgeschichtsschreibung dieser erweiterte kulturgeschichtliche Ansatz aufzunehmen, um auch den katholischen Strang der Kirchenmusikpflege angemessen beurteilen zu können. Dies gilt umso mehr, als die Forschung zum komplexem Phänomen der katholischen Aufklärung, die erst in der zweiten Hälfte des 18. Jahrhunderts mit dem Reformkatholizismus, dem Episkopalismus, der Aufnahme neuer philosophischer Strömungen und der Absage an den Barockscholastizismus einsetzte, trotz aller begrifflicher Schwierigkeiten seit dem von Harm Klueting edierten Kongressbericht von 1993 mittlerweile beachtliche Ergebnisse gebracht hat, auf denen sich aufbauen liesse.[103] Eine der Hauptschwierigkeiten scheint darin zu liegen, dass sich das übersichtliche Gegeneinander Katholiken contra Aufklärer verflüchtigt, je weiter man in der historischen Erkenntnis dieser Epoche vordringt, was stets neue Differenzierungen erfordert. Martin Gerbert, dessen Kontakte mit Aufklärern das Denken auf beiden Seiten beeinflusste, ist dafür eine paradigmatische Erscheinung. In seinem Reisebericht, in welchem er explizite diejenigen Gelehrten erwähnt, mit denen er vertraulichen Umgang pflege, fordert er zum Schluss ausdrücklich zur wissenschaftlichen Zusammenarbeit auf, indem er die «Unsrigen» aufmuntert, dass sie

> [...] mit gleichem Fleiß und einer geschickten Auswahl sich guten und nützlichen Künsten und Wissenschaften ergeben, aus ihrem Schlummer erwachen, den Schulstaub von sich schütteln, die Kleinigkeiten der vergangenen Zeiten verlassen, und den Zänkereyen Abschied geben möchten, aus welchen niemals ein erwünschter Fortgang der Wissenschaften zu hoffen stehet. Es ist ja weder der Kirche, noch dem Staat an deren Erörterung etwas gelegen.[104]

Die aufgeklärte Musikhistoriographie nach quellenkritischer Methode, die vor allem in den Klöstern mit all den in ihren Bibliotheken aufbewahrten Schätzen einsetzte, brachte eine neue Qualität der Wahrnehmung der eigenen Vergangenheit, der im Mittelalter wurzelnden Anfänge der abendländischen Musik und ihrer chronologischen Entwicklung hervor, eine Sichtweise, die weit in die Zukunft strahlte. Als ‹modern› auf diesem Gebiet erweisen sich in der Rückschau die tief in der katholischen Glaubens- und Geisteswelt verankerten Forscher Martini und Gerbert, die manche nach heutigen, immer noch gerne ‹fortschrittlich› mit ‹aufgeklärt-säkular› gleichsetzenden Denkschemata als reaktionär-antiquierte Nicht-Aufgeklärte einzustufen geneigt sind. Sie

---

103 Harm Klueting (Hrsg.), *Katholische Aufklärung – Aufklärung im katholischen Deutschland* (= Studien zum achtzehnten Jahrhundert 15), Hamburg 1993.
104 Vgl. seinen Reisebericht (wie Anm. 28), S. 450.

sollten jedenfalls nicht länger als Musikhistoriker *avant la lettre* betrachtet werden, denn Verbindungslinien zur protestantischen Musikforschung, die schliesslich in die institutionelle Musikwissenschaft als einer Hochschuldisziplin mündete, lassen sich trotz des Problems der unterschiedlichen Wissenschaftssprachen ziehen. So berichtet Christian Gottlob Schmidt am 17. Juli 1789 aus Leipzig an Martin Gerbert, dass «unser würdiger Kantor und Musikdirektor [Johann Friedrich] Doles allhier [...] wegen seines Alters mit Pension in Ruhestand versetzt und [Johann Adam] Hiller sein Nachfolger» geworden sei. «Aus dem beiliegenden Prolog Hillers bei seiner ersten Kirchenmusik [*Was ist wahre Kirchenmusik?*] werden Sie sehen, daß unter ihm die heilige Musik gewiß noch mehr gewinnen wird.»[105] Angeregt durch enthusiastische Zeitungsberichte von Charles Burney über die monumentalen Konzerte mit Händels *Messias* in der Londoner Westminster-Kathedrale, hatte Hiller in Berlin anlässlich eines Händel-Festes auf Betreiben von Nicolai dessen erste auf Massenwirkung ausgerichtete Aufführung mit über 300 Mitwirkenden vorbereitet, die am 19. Mai 1786 stattfand und mit ihrem gossen Erfolg zu einem Meilenstein in der Rezeption von Händels Werk werden sollte.[106] Nach seiner Aussage war es das «vielleicht grösste und erhabenste Werk der Musik», mit ihm verband er in den neuartigen, selbst verfassten Einführungstexten Wertkriterien wie Wahrhaftigkeit, Expressivität, Natürlichkeit und Simplizität.[107] Als Thomaskantor in Leipzig konnte er mit Arien aus Oratorien von Hasse und Händel, 1796 mit dem Requiem von Mozart seine Sicht der Dinge einbringen, die er in seinen Schriften und früheren Konzerten entwickelt hatte.

Nicht nur mit Hillers Kunstanschauung hätte sich Gerbert wohl weitgehend anzufreunden vermocht, noch viel tiefer hätte ihn das gemeinsame musikhistorische Interesse mit dem um eine Generation jüngeren Johann Nikolaus Forkel (1749–1818), dem Verfasser der 1788 erschienenen ersten deutschsprachigen *Allgemeinen Geschichte der Mu-*

---

105 Brief Nr. 441, in: *Briefe und Akten* II (wie Anm. 30), S. 345–347.
106 Vgl. Kerstin Sieblist, «Ein ‹hochgelehrter, in seiner Kunst einzigartig erfahrener Mann›. Johann Adam Hiller als Kirchenmusiker und Thomaskantor», in: *Johann Adam Hiller: Kapellmeister und Kantor, Komponist und Kritiker* (= Beiträge zur Musikgeschichte Leipzigs), hrsg. von Claudius Böhm, Altenburg 2005, S. 73–82, bzw. Gudrun Busch, «Die deutsche Händel-Rezeption in der zweiten Hälfte des 18. Jahrhunderts», in: *Händel unter Deutschen, Musik-Konzepte* N. F. 131 (2006), S. 7–22. Weitere Aufführungen des *Messias* folgten in Leipzig am 3. November 1786 und am 11. Mai 1787.
107 Vgl. Hartmut Grimm; Hans-Günter Ottenberg, Art. «Hiller», in: *MGG2*, Personenteil, Bd. 8, Sp. 1561–1579.

sik, verbinden können, wenn sich eine Zusammenarbeit ergeben hätte.[108] Forkel hatte ihn am 12. Dezember 1784 angeschrieben, um von ihm, da die bereits angekündigten *Scriptores* noch nicht erschienen waren, für seine Musikgeschichte Schriften mittelalterlicher Theoretiker in Manuskriptform zu erbitten; die Auswahl der Werke überlasse er ihm, da er selbst am besten wüsste, «welche über die Geschichte der Kunst des Mittelalters das meiste Licht verbreiten» könnten.[109] Von Gerbert ist keine Antwort überliefert, doch hat Forkel zumindest *De cantu* in seinem 1. Band einige Male, im 2. Band von 1801 Gerberts Werke sogar ausgesprochen häufig zitiert – er war demnach der lateinischen Sprache mächtig. Was Gerberts Briefpartner Johann Friedrich Christmann (1752–1817) über Padre Martinis *Storia della musica* und ihren Einfluss auf Forkel sagt, kann demnach genauso für Gerbert gelten:

> Ich finde in der Geschichte des Herrn Martini so viele schätzbare Nachrichten, daß ich es nicht nur der Mühe wert halte, sie zu meinen gegenwärtigen Absichten zu excerpiren, sondern selbst einige Dissertationen ganz zu übersetzen und die gründliche Arbeit dieses großen Tongelehrten auch in Deutschland mehr bekannt zu machen. Forkels Geschichte ist zwar mit vielem philosophischen Scharfsinn geschrieben; aber bei einer genauen Vergleichung dieser beeden Werke fand ich, daß Professor Forkel ohne diesen großen Vorgänger dasjenige nicht würde geleistet haben, was er wirklich geleistet hat.[110]

Einige Jahre später ging trotzdem einer der letzten Briefe Gerberts an Forkel, dem er für die Widmung seiner *Allgemeinen Literattur der Musik* (der ersten Fachbibliographie von 1792) dankt: «Aus welchem ich vor allem dieses gelernet, wie groß meine Unwissenheit in diesem Fach seie, und wie sehr Denenselben alle Philomusiquer verbunden, ich besonders, der ich wünsche, Gelegenheit zu haben, meine Verbindlichkeit und Hochschätzung erzeigen zu können.» (St. Blasien, den 8. Juli 1792)[111] Die Fortentwicklung der musikgeschichtlichen Forschungen

---

108 Vgl. Johann Nikolaus Forkel, *Allgemeine Geschichte der Musik*, hrsg. und mit Registern versehen von Othmar Wessely (= Die grossen Darstellungen der Musikgeschichte in Barock und Aufklärung 8), 2 Bde. 1788/1801, Graz 1967.
109 Brief Nr. 214, in: *Briefe und Akten* II (wie Anm. 30), S. 161.
110 Brief Nr. 402 vom 25. Oktober 1788, in: *Briefe und Akten* II (wie Anm. 30), S. 319. Ein Entwurf mit der Disposition zu einem allgemeinen Musikalischen Lexikon, den er Gerbert geschickt haben dürfte, ist in St. Paul erhalten geblieben, vgl. *Briefe und Akten* II, S. 295, Anm. 1 zu Brief Nr. 375. Christmann war Pfarrer in Heutingsheim und Komponist von Kirchenliedern und Kammermusikwerken; mit Justus Heinrich Knecht gab er eine Sammlung teils neu komponierter, teils verbesserter vierstimmiger Choralmelodien für das Württembergische Landesgesangbuch heraus (1799). 1782 war sein *Elementarbuch der Tonkunst* erschienen.
111 Brief Nr. 550, in: *Briefe und Akten* II (wie Anm. 30), S. 426.

hat ihn offensichtlich gefreut, bescheiden nimmt er seine eigenen Verdienste um die Pionierarbeiten zum Verständnis des Mittelalters zurück, ohne die Forkel die frühe Geschichte der Musik nicht hätte schreiben können. Ihm selbst war weitere Zeit für musikhistorisches Arbeiten nicht mehr vergönnt, er starb am 13. Mai 1793 im Alter von 72 Jahren. Forkels Quintessenz aus seinem Überblick über die abendländische Musikgeschichte im zweiten Band von 1801 ist wohl letztlich Martinis und Gerberts Einsichten zu verdanken:

> Den ersten Schritt zur Cultur aller Art, und zur Entwickelung aller ihrer natürlichen Anlagen haben die Deutschen erst durch Annahme der christlichen Religion gethan. Dieser Religion hat auch die Musik alles zu danken, was sie unter ihnen nach und nach geworden ist. Ohne sie würde sie eben so wenig wie andere Wissenschaften und Künste auf den Weg gerathen seyn, auf welchem sie der weiteren Ausbildung fähig wurde, welche zwar eine ganze Reihe von Jahrhunderten erfordert hat, aber doch endlich erreicht worden ist.[112]

In der Beschäftigung mit der frühen Musikhistoriographie wird einmal mehr bewusst, in welch hohem Masse jede Forschung auf den Arbeiten der Vorläufer beruht und wie bedeutsam die Wahrnehmung der Rezeptionsprozesse innerhalb der Geschichtsforschung für den Standort der modernen Wissenschaft ist. Gerberts Werke haben die Zeiten überdauert, wie Zurlauben es vorhergesagt hatte: «Tant d'ouvrages immortels feront passer son nom et sa vaste erudition aux siecles les plus éloignés».[113] Nehmen wir sie wieder zur Hand, die Aufforderung Friedrich Schillers ernst nehmend, die er in seiner Antrittsvorlesung am 26. Mai 1789 an der Universität Jena den angehenden Historikern ans Herz legte:

> Ein edles Verlangen muß in uns entglühen, zu dem reichen Vermächtniß von Wahrheit, Sittlichkeit und Freyheit, das wir von der Vorwelt überkamen und reich vermehrt an die Folgewelt wieder abgeben müssen, auch aus unsern Mitteln einen Beytrag zu legen, und an dieser unvergänglichen Kette, die durch alle Menschengeschlechter sich windet, unser fliehendes Daseyn zu befestigen.[114]

---

112 Forkel, *Allgemeine Geschichte der Musik* (wie Anm. 108), Bd. 2, S. 121. Das Zitat verrät ein teleologisch ausgerichtetes Geschichtskonzept, welches das Vergangene als Vorstufe des Eigenen in einem Entwicklungskontinuum ansieht, das sich im Sinne des Fortschrittsprinzips in der Gegenwart vollendet.
113 Brief Nr. 933, in: *Korrespondenz* II (wie Anm. 30), S. 336.
114 Vgl. Friedrich Schiller, *Was heißt und zu welchem Ende studiert man Universalgeschichte?*, Reprint des Erstdrucks der Jenaer Antrittsrede aus dem Jahre 1789, hrsg. von Volker Wahl, Jena 1996, S. 135.

«Theaterstyl» und «Kirchenstyl»
Zur Kontrafakturpraxis in den kirchenmusikalischen Zentren der Innerschweiz

Gabriella Hanke Knaus (Bern)

«Es ist eine üble und gar nicht taugende Gewohnheit unserer Zeiten, dass man den Theaterstyl so stark in die Kirche, sowohl im Figural als Choralgesange eingeführt hat. Der Theaterstyl hat an sich allemal seine Verdienste, nur aber in die Kirche gehört er so wenig als der Kirchenstyl sich auf der Schaubühne schicket».[1] Was der Fuldaer Benediktinerkonventuale P. Odo Staab 1779 in seiner Schrift *Anweisung zum einstimmigen Choralgesange, aus der Lehre der besten Meistern* anprangerte, gehört heute zu den herausragenden Schätzen in den Musikalienbeständen der kirchenmusikalischen Zentren der Innerschweiz: Es ist die musikalische Praxis der Kontrafaktur, die sich nicht nur im süddeutschen-österreichischen Raum und somit in den grossen katholischen Gebieten Mitteleuropas grosser Beliebtheit erfreute, sondern ebenso in den Benediktinerklöstern der Innerschweiz, den Benediktinerabteien von Einsiedeln und Engelberg, dem mit ihnen musikgeschichtlich «verwandten» Chorherrenstift St. Michael in Beromünster und der Benediktinerinnen-Abtei St. Andreas in Sarnen. Die Verbreitung des «Theaterstyls» im Repertoire der kirchlichen Zentren der Innerschweiz, die das Stundengebet pflegten und bis heute pflegen, ist ein liturgisches und musikgeschichtliches Phänomen, das bis heute einer vertieften wissenschaftlichen Auseinandersetzung harrt. Sie setzt eine umfassende Quellendokumentation voraus, die nur für den Bestand des Chorherrenstifts St. Michael Beromünster bisher erreicht wurde. Für die Bestände aus Einsiedeln, Engelberg und Sarnen ist diese Dokumentation noch zu leisten, bzw. die Dokumentation aus den 70er Jahren des letzten Jahrhunderts ist den neuesten dokumentarischen und wissenschaftlichen Erfassungskriterien anzugleichen. In den nachfolgenden Überlegungen zur Kontrafakturpraxis bilden die unlängst erschlossenen

---

[1] P. Odo Staab (OSB), *Anweisung zum einstimmigen Choralgesange, aus der Lehre der besten Meistern*, Fulda, 1779, S. 9.

Quellen die Grundlage für neue Fragestellungen, die den bisherigen Forschungsstand ergänzen.

So kann heute die Einschätzung von Nicole Schwindt-Gross von 1988, die in ihrer Studie *Parodie um 1800*[2] anmerkt, dass von einer «Quellenlage» nur mit Einschränkungen zu sprechen ist, relativiert werden. Der Nachweis, dass in den genannten Innerschweizer Zentren ein Fülle von Opernarien für kirchenmusikalische Zwecke, insbesondere für Teile des Proprium missae und für das Offizium verwendet wurden und dass diese Tradition bis in die 60er Jahre des 19. Jahrhunderts gepflegt wurde, ist erbracht; er lässt sich an einem Beispiel verdeutlichen: Die bisherige Dokumentation der Contrafacta der Musikbibliothek der Benediktinerinnen-Abtei St. Andreas Sarnen im Rahmen des Répertoire International des Sources Musicales weist für den Handschriftenbestand 16 Kontrafakturen aus. Die Rekonstruktion der Musikbibliothek 2007[3] brachte jedoch 74 Kontrafakturen zu Tage, die in Kürze in der Dokumentation von RISM Eingang finden werden. Als «work in progress» wird RISM mit grosser Wahrscheinlichkeit dazu beitragen, dass die Zahl von 74 nachweisbaren Kontrafakturen nicht für alle Zeiten Gültigkeit besitzt.

Die Kenntnis des umfangreichen Korpus der Contrafacta aus dem Chorherrenstift St. Michael in Beromünster[4] und der bereits identifizierten Werke aus der Musikbibliothek des Klosters Einsiedeln korrigieren das Bild, Kontrafakturen seien lediglich das Produkt einer eiligst angefertigten Umarbeitung von Arien, Duetten und Ensembles aus der Oper – die Oper als Ausgangpunkt für eine arbeitsökonomische «Schnell-

---

2   Nicole Schwindt-Gross, «Parodie um 1800», in: *Die Musikforschung* 41/1988, S. 16–45.
3   Die Musikbibliothek der Benediktinerinnen-Abtei St. Andreas Sarnen wurde im Sommer 2005 vollständig überflutet. Dank professioneller Rettungsmassnahmen konnte der Bestand gerettet werden; er wird nun sowohl bibliographisch wie auch konservatorisch aufgearbeitet. Die Rekonstruktion der Musikbibliothek und die Zuordnung bisher unbekannter Contrafacta ist durch den Vergleich mit dokumentierten Parallelquellen aus den anderen Innerschweizer Musikzentren aber auch aus dem süddeutsch-österreichischen Raum möglich geworden.
4   In der Musikbibliothek des Stifts St. Michael in Beromünster (CH-BM) sind 40 nachgewiesene Kontrafakturen überliefert, in der Musikbibliothek des Klosters Einsiedeln (CH-E) bisher deren 17. Diese Zahl entspricht mit grosser Wahrscheinlichkeit nicht der eigentlichen Überlieferung: Die Zahl der Contrafacta in der Musikbibliothek des Klosters dürfte um ein Mehrfaches grösser sein. Die spärlich anmutende Dokumentation ist in erster Linie die Folge nicht ausreichend definierter Erfassungsrichtlinien zu Contrafacta in der früheren Quellendokumentation.

produktion», der jeglich künstlerische Qualität von vornherein abgesprochen wird. Die ästhetischen und qualitativen Kriterien sind vielschichtiger und die Grenzen zwischen unbeholfener, dilettantischer Umarbeitung und kreativer Umformung zu einem eigenständigen, künstlerisch vollgültigen Werk, wie sie durch die Eigenbearbeitungen von Johann Sebastian Bach mustergültig repräsentiert werden, sind fliessender. Obwohl das Offizium des Benediktinerordens vorab an Festtagen eine Vielzahl festlicher liturgischer Vokalwerke erfordert und mit diesem Bedürfnis dem «Theaterstyl in der Kirche» den Boden bereitet, ist nicht die Quantität möglicher Vorlagen, sondern die Qualität des einzelnen Werkes massgeblich, das umgeformt wird. Die Kontrafakturen der Werke von Johann Christian Bach in der Einsiedler Musikbibliothek zeigen dies exemplarisch auf. Die 29 Kontrakfakturen gehen auf 8 kirchenmusikalische Werke zurück, 21 Werke – Arien und Duette – stammen aus den Opern *Temistocle* (14 Werke), der Serenata *Endimione* (4 Werke) sowie den Opern *Catone in Utica*, *Alessandro nell'Indie* und den Einlagen zu Glucks *Orfeo ed Euridice*, die Johann Christian Bach für die Aufführung der Gluck'schen *Azione teatrale* im King's Theatre in London 1770 komponierte.[5] Die unbestrittene Qualität der Musik Johann Christian Bachs, dessen Werke die Einsiedler Mönche über ihr Filialkloster in Bellinzona, also südlich der Alpen und in räumlicher Nähe zu Milano liegend, kennenlernten, war der entscheidende Antrieb zur Herstellung der Kontrafaktur durch die Benediktinerkonventualen von Einsiedeln, die weit über ein blosses Unterlegen eines geistlichen Textes unter eine bereits vorhandene musikalische Vorlage hinausgeht. In der Kontrafaktur der Arie «Chi'io speri» aus der 1772 für Mannheim komponierten Oper *Temistocle* zum Psalm für die feierliche Vesper «Beatus vir qui timet Dominum» (Psalm 112) («Wohl dem Mann, der den Herrn fürchtet und ehrt und sich herzlich freut an seinen Geboten») benutzt der nicht bekannte klösterliche Bearbeiter die Dal-Segno-Form zu einer individuellen Deutung des biblischen Textes:

---

5   Vgl. hierzu Peter Ross – Andreas Traub, «Die Kirchenmusik von Johann Christian Bach im Kloster Einsiedeln», in: *Fontes artis musicae* 32/2 April-Juni 1985, S. 92–102.

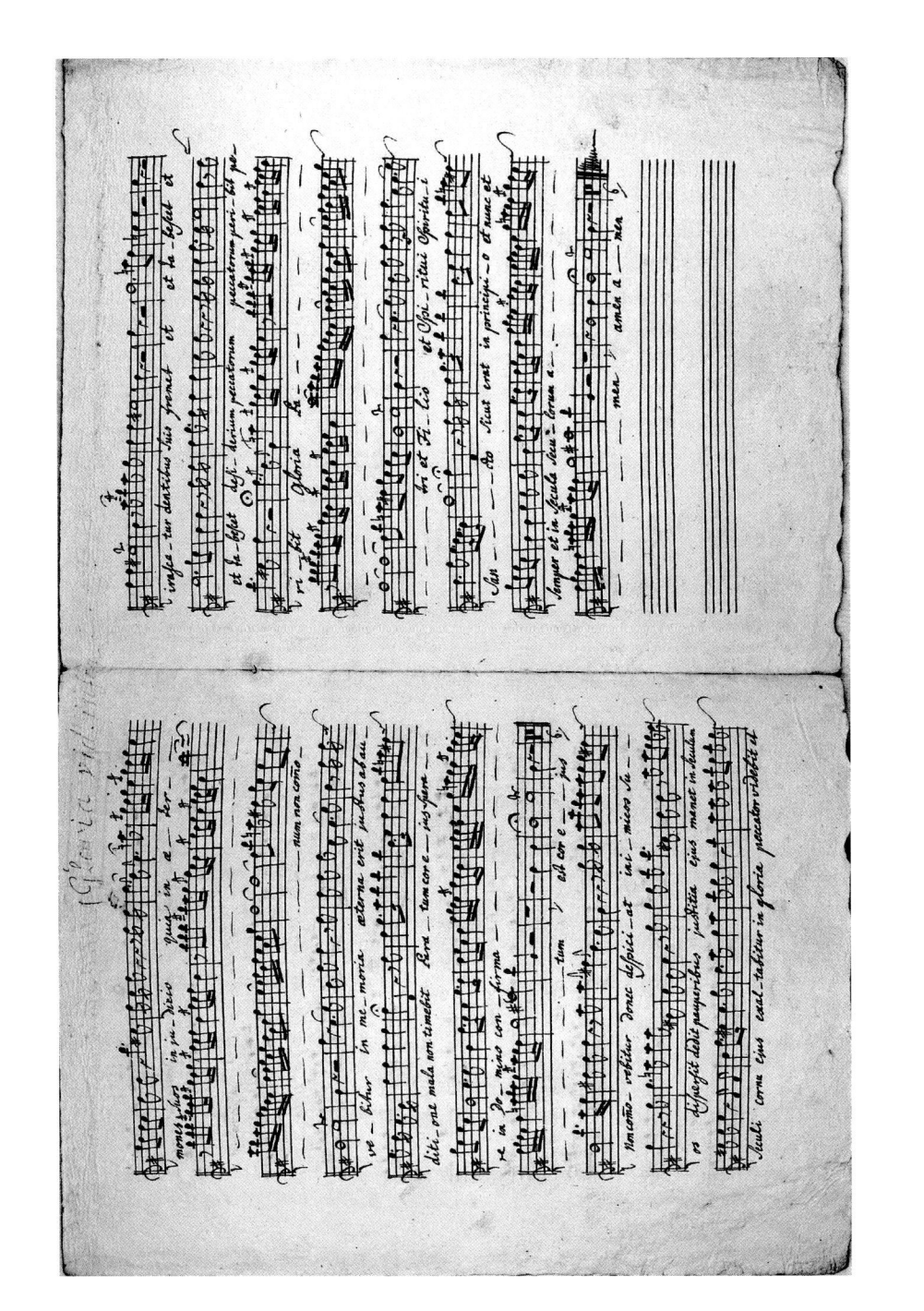

Der Beginn der Doxologie «Gloria Patri et Filio» ist auch der Einsatz des Dal-Segno, das aber nicht auf den Textanfang Bezug nimmt, sondern auf die Psalmverse «quia in aeternum non commovebitur, in memoria aeterna erit iustus ab auditione mala» und somit musikalisch unzweideutig den Segen des gottesfürchtigen Handels auf Erden mit der nachmaligen himmlischen Erhebung («Paratum cor ejus sperare in Domino confirmatum») in Einklang bringt. Eine solche intellektuelle Umsetzung setzte theologisches und musikalisches Wissen voraus und widerspricht der Vorstellung einer eiligst angefertigten Bearbeitung einer Opernarie für den kirchlichen Gebrauch. Darauf deutet auch die Quellenüberlieferung hin, in welcher die im Querformat überlieferten Instrumentalstimmen aus der Hand eines Schreibers wohl zum ursprünglichen Notenmaterial gehören. Die Kontrafaktur im Hochformat aus der Hand des Bearbeiters ist ohne Korrekturen und Fehler niedergeschrieben und somit das Resultat eines reflektierten Umformungsprozesses, der mit der Kontrafaktur eine Neuschöpfung intendierte und den Bezug zum Original bewusst in den Hintergrund rückte. Die Tatsache, dass in den Einsiedler Johann Christian Bach-Kontrafakturen sämtliche originalen Singstimmen fehlen – eine für die Kontrafakturpraxis in den innerschweizer Klöstern atypische Quellenlage[6] – ist ein deutliches Indiz für die Intention der Neuschöpfung für einen kirchlichen Ort, dessen Strukturen nicht weniger monarchistisch geprägt waren als der «weltliche» Ort seiner Ursprungskomposition: Die höfische Gattung der Oper oder der Serenata wurde in Einsiedeln[7] in der Fürstabtei rezipiert, einem absolutistisch-monarchistischen Umfeld und mit ausübenden Konventualen, die in ihrer musikalischen Kunstfertigkeit den Vergleich mit einer weltlichen Hofkapelle nicht zu scheuen brauchten.

Interpretatorische Qualitäten herausragender Art müssen auch in der Kapelle des Chorherrenstiftes St. Michael in Beromünster vorhanden gewesen sein. Das zeigt der Druck der 1798 bei Johann Jakob Lotter in Augsburg erschienenen *XXVIII. Ariae selectissimae praeclarorum virorum [...] ad promovendum cultum divinum latinis textibus adornatae* – eine Sammlung von 18 erwiesenen Kontrafakturen und 10 Werken, deren Zuordnung als Kontrafakturen bisher nicht belegt werden

---

6 In den Beständen von Beromünster und Sarnen ist die Überlieferung der originalen Vokalstimmen die Regel.

7 Unter den zahlreichen Klöstern der Alten Eidgenossenschaft (bis 1798) sind Einsiedeln und St. Gallen die einzigen Fürstabteien. Einsiedeln hatte seit 947 das Recht der freien Abtwahl und die Reichsunmittelbarkeit. Nachweisbar seit 1274 erhielten die Äbte des Klosters Einsiedeln die Reichsfürstenwürde; dieser Titel wurde ihnen erst 1803 entzogen.

konnte.[8] Das Exemplar aus dem Stift Beromünster weist so starke Gebrauchsspuren auf, dass Aufführungen von Ausschnitten dieser Sammlung mit grosser Wahrscheinlichkeit stattgefunden haben. Der Duktus der Vokalstimmen dieser einzigartigen Sammlung lässt zudem unschwer

---

8   Der Inhalt der Sammlung und ihre Aufschlüsselung:
    1. Kontrafaktur aus Wolfgang Amadeus Mozart, *La clemenza di Tito* («Deh per questo istante solo» KV621/19)
    2. Arie von Karl Ditters von Dittersdorf: «Non possum nec volo»
    3. Fragliche Zuschreibung der Arie an Wolfgang Amadeus Mozart «Ah sponse mi dilecte veni» KV C3.14
    4. Kontrafaktur des Duetts «Felice chi vi mira» von Pavel Vranický
    5. Kontrafaktur aus Giovanni Paisiello, *Amor vendicato* («Ho perduto il bel sembiante»)
    6. Kontrafaktur aus Ignace Pleyel, *Ifigenia in Aulide*, («Pia suspiria»)
    7. Arie von Sebastiano Nasolini: «Si consistant adversum»
    8. Möglicherweise Kontrafaktur aus Pasquale Anfossi, *Artaserse* («La ragion d'un infedele»)
    9. Arie von Gaetano Andreozzi: «Jesu dulcis memoria»
    10. Kontrafaktur aus Vicente Martin y Soler, *L'arbore di Diana* («Sereno raggio di bella calma»)
    11. Kontrafaktur aus Karl Ditters von Dittersdorf, *Betrug durch Aberglauben* («Ja du hast den Sieg gesiegt»)
    12. Kontrafaktur aus Vicente Martin y Soler, *L'arbore di Diana* («Sento che dea son io»)
    13. Kontrafaktur aus Domenico Cimarosa, *Il matrimonio segreto* («Cara non dubitar»)
    14. Kontrafaktur aus Antonio Salieri, *La Cifra* («Sola e mesta fra tormenti»)
    15. Motette von Eugen Pausch: «Lauda Sion»
    16. Motette von Eugen Pausch: «In hac mensa novi regis»
    17. Motette von Eugen Pausch: «Quod non capis»
    18. Motette von Eugen Pausch: «Ecce panis angelorum»
    19. Kontrafaktur der Arie von Wolfgang Amadeus Mozart «Per pietà non ricercate» KV B.420
    20. Arie von Andrea (18. Jhd.): «Caeli stellae rutilate»
    21. Kontrafaktur aus Pavel Vranický, *Oberon König der Elfen* («Dem ich Hohn gesprochen habe»)
    22. Kontrafaktur aus Domenico Cimarosa, *L'Olimpiade* («Superbo di me stesso»)
    23. Kontrafaktur der Arie «Sì domerò l'orgoglio» von Antonio Sacchini
    24. Kontrafaktur aus Karl Ditters von Dittersdorf, *Betrug durch Aberglauben* («Ach ich kenne wohl die Liebe»)
    25. Kontrafaktur aus Vicente Martin y Soler, *Una cosa rara* («Ah perchè formar non lice»)
    26. Kontrafaktur aus Vicente Martin y Soler, *Una cosa rara* («Pur che tu m'ami»)
    27. Kontrafaktur aus Karl Ditters von Dittersdorf, *Betrug durch Aberglauben* («Liebe machet nur beherzt»)
    28. Motette von Joseph Anton Laucher: «Haec templa»

erkennen, dass nur ein bestens geschultes Sängerensemble in der Lage war, den «Theaterstyl in der Kirche» adäquat zu interpretieren. Das zeigt sich insbesondere in der Kontrafaktur «Coeli rores spargunt flores», dessen Vorlage die Arie «Sereno raggio di bella calma» aus der Oper *L'arbore di Diana* von Vicente Matin y Soler (1754–1806) bildet:

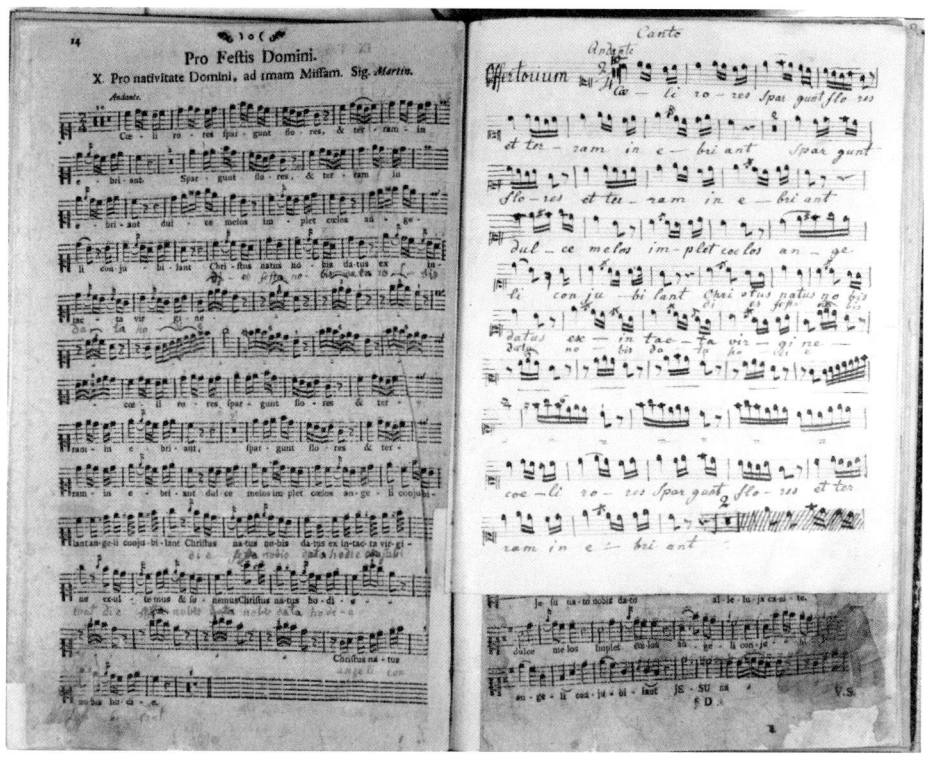

Die Kontrafakturen der Werke von Johann Christian Bach in der Musikbibliothek des Klosters Einsiedeln weisen auf die geographische Herkunft der in den Innerschweizer Klöstern rezipierten Werke. In der handschriftlichen Überlieferung sind es fast ausschliesslich Werke der italienischen Opera seria und Opera buffa, die als Arien und Duette in verschiedener liturgischer Funktion eine neue Verwendung finden. Dies unterscheidet die Kontrafaktur-Praxis in den Innerschweizer-Klöstern von analogen musikalischen Praktiken in den Klöstern des süddeutschen Raumes, in denen – wie Nicole Schwindt-Gross darlegte – geistliche Parodien von Werken Joseph Haydns und Wolfgang Amadeus Mozarts sehr viel mehr Verbreitung fanden.[9] Pasquale Anfossi (1727–1797),

---

9   Schwindt-Gross, «Parodie um 1800», S. 25–35.

Giovanni Paisiello (1740–1816), Antonio Salieri (1750–1825), Domenico Cimarosa (1749–1801) und Baldassarre Galuppi (1706–1785) sind in kirchenmusikalischen Zentren der Innerschweiz die am häufigsten vorkommenden Namen italienischer Provenienz. Zu ihnen gesellen sich Seria-Opern des in Italien, Dresden und Stockholm tätigen Johann Gottlieb Naumann (1741–1801).

Diese Namen stehen nicht nur für die geographische Herkunft der Komponisten, sondern sie repräsentieren auch die Bandbreite der Definition der Kontrafaktur als der regulären Kontrafaktur, die das musikalische Material unverändert übernimmt, zur irregulären Kontrafaktur, d. h. der leichten Abwandlung der rhythmischen, melodischen und klanglichen Gestalt ohne nachhaltige Eingriffe in die kompositorische Struktur über die Initialkontrafaktur, in welcher nur der Beginn der originalen Komposition übernommen wird bis hin zur so genannten Grundlagenkontrafaktur, in welcher die Vorlage grundlegend neu strukturiert wird.[10]

Reguläre Kontrafakturen sind in der bisherigen Auswertung der dokumentierten Quellen nur in einem Beispiel[11] greifbar. Der weitaus grösste Teil der erschlossenen Quellen sind so genannte «irreguläre» Kontrafakturen, wie beispielsweise die Arie des Timante «Sperai vicino il lido» aus der 4. Szene des 1. Aktes des 1773 für das Teatro Argentina in Rom komponierten Dramma per musica *Demofoonte* von Pasquale Anfossi (1727–1797), die sich im Bestand der Musikbibliothek des Chorherrenstifts St. Michael in Beromünster befindet.[12] Der in den 1840er Jahren tätige Regens chori des Chorherrenstifts, Dominik Herzog (gestorben 1877), kann in seiner Bearbeitung der Dal-Segno-Arie auf das vollständig überlieferte Original der Arie im Notenbestand des Stifts zurückgreifen. Er lehnt sich in seiner Bearbeitung musikalisch eng an das Original an; Abweichungen vom originalen Notentext der Singstimme sind vorab aufgrund der Unterschiede in der Silbenverteilung zwischen dem italienischen Originaltext von Pietro Metastasio und dem vermutlich von Herzog neu geschriebenen lateinischen Text festzuhalten:

---

10 Die Klassifizierung des Kontrafakturbegriffes erfolgt nach Friedrich Gennrich, *Die Kontrafaktur im Liedschaffen des Mittelalters*, Langen 1965.
11 s. das Beispiel des «Duetto von Münster».
12 Pasquale Anfossi, «No. Offert. Arr.p. D. Herzog / Aria ital. Del Sigr. Anfossi», CH-BM, Mus Ms 3.

Die Koloratur «fra le tempeste ancor» überführt Dominik Herzog mit der lateinischen Textunterlegung in einen syllabischen Sprechfluss und wandelt die Abtaktigkeit in Auftaktigkeit um. Die Affinität zum Metastasianischen Original ist durch die zentrale Bedeutung des Begriffes «Spes» bzw. «Spem» gegeben. Im neuen lateinischen Text kann der Rechtschaffene auf Gottes Erhöhung und auf Beständigkeit hoffen; in der Opernarie ist die Hoffnung ein Trugbild für ein Dasein in Unsicherheit, versinnbildlicht im Schiffbrüchigen, der das sichere Ufer nicht erreichte. «Tempesta» und «Fiducia» werden in demselben musikalischen Satz dargestellt – das Sinnbild des Sturmes für die nicht gefestigte Existenz permutiert zur christlichen Heilserwartung und Heilserfüllung. Auch in diesem Beispiel greift die Vorstellung einer eilig angefertigten Bearbeitung aus arbeitsökonomischen Gründen zu kurz. Das Vorhandensein der originalen Singstimme scheint vielmehr als Anregung zu einem Offertorium gedient zu haben, dessen musikalische Struktur weitestgehend mit derjenigen des Originals übereinstimmt, dessen textlicher Gehalt sich davon weit entfernt hat. Der beliebige Einsatz desselben musikalischen Satzes zu kontrastierenden Texten lässt den Werkbegriff, wie er die ästhetischen Vorstellungen ab der Mitte des 19. Jahrhunderts prägte, obsolet werden.[13]

Eine analoge Struktur liegt auch im Duett «Prendi la destra in pegno cara temer non dei» aus der 1773 für das Teatro San Benedetto

---

13 Die Überlieferung des kompletten originalen Notensatzes (also mit erhaltener originaler Singstimme) und der neu geschaffenen vokalen Bearbeitung findet sich in den kirchenmusikalischen Zentren der Innerschweiz vorab dort, wo Oper und Singspiel in Form des stiftseigenen Theaters auch zum musikalischen Alltag von Klöstern und Stiften gehörte. Diese Feststellung gilt nicht für Einsiedeln, dessen Theatertradition erst im 19. Jahrhundert zum Blühen kam. Das Stift Beromünster verfügte über eine für das 18. Jahrhundert beachtliche Theaterinfrastruktur, die es durchaus als wahrscheinlich erscheinen lässt, dass Ausschnitte aus Bühnenwerken im Theater zur Aufführung kamen.

in Venedig komponierten Opera seria *Solimano* von Johann Gottlieb Naumann vor. Es gehört zum Bestand der Musikbibliothek der Benediktinerinnen-Abtei St. Andreas Sarnen, wurde aber im Stift Beromünster niedergeschrieben; darauf verweist der Titel des Umschlags «Duetto von Münster».[14] Die Neutextierung des Liebesduetts der mit dem Tode bedrohten Protagonisten der Opera seria zum «Dialogus amorosus» im Sinne von «Dialogus inter Christum et fidelem animam» ist eine reguläre Kontrafaktur: Der Notentext des Duetts und derjenige des «Dialogus amorosus» sind identisch. Der neue Text gleicht sich aber nicht nur in seiner metrischen Gliederung vollständig der dramatischen Textvorlage an, vielmehr übernimmt er auch die Struktur der Textwiederholungen, wobei der unbekannte Autor der Kontrafaktur akribisch auf eine Übereinstimmung von Wortakzent und betonter bzw. unbetonter Taktzeit achtet.

Dem dreifachen «tenero, tenero tenero (cor)» des Originals entspricht die dreifache Wiederholung von «Amore, amore amore» in der lateinischen Neudichtung, die aber im Gegensatz zum originalen Text auftaktig angelegt ist. Einen solchen Grad an Übereinstimmung ist in den bisher bekannten Quellen zur Kontrafakturpraxis in den kirchenmusikalischen Zentren der Innerschweiz die Ausnahme. Der Blick auf das vollständige Quellenmaterial zeigt einerseits vier Vokalstimmen (Opernduett und Kontrafaktur), die von derselben Hand in einer schönen Reinschrift überliefert sind, währenddessen die Instrumentalstimmen von einer anderen Hand schnell und flüchtig niedergeschrieben wurden; die Schriftqualität lässt von der ersten Violine bis zur Violone stetig nach:

---

14 [Johann Gottlieb Naumann], «Duetto von Münster / Duetto à 2CC pro omni tempore», CH-SAf, Mus.SAf.Ms.943.

Die Vermutung liegt nahe, dass nicht nur die Kontrafaktur, sondern auch die Vokalstimmen des Duetts aus der Oper nicht dem ursprünglichen Quellenmaterial angehörten. Insofern ist es durchaus denkbar, dass die aufgrund des in Sarnen überlieferten Materials vollzogene Definition als «reguläre» Kontrafaktur bei weiteren Quellenfunden korrigiert werden muss.

Mit dieser Unsicherheit ist das Beispiel einer so genannten Grundlagenkontrafaktur, die vollständige Neustrukturierung der Vorlage, nicht belastet – die Kompilation aus Wolfgang Amadeus Mozarts *Le Nozze di Figaro*, die der Einsiedler Benediktinerpater Anselm Schubiger (1815–1888) noch als junger Frater 1834 zur Vertonung der neutestamentlichen Cantica des *Magnificat* herstellte. Der Anlass für die Bearbeitung von Teilen aus dem vierten Akt von Wolfgang Amadeus Mozarts «Commedia per musica tratta dal francese» ist ebenso wenig bekannt wie auch die Vorlage, auf die sich Schubiger stützte. Mit grosser Wahrscheinlichkeit war es ein Klavierauszug und nicht eine vollständige Partitur, denn die Besetzung mit zwei Sopranstimmen, zwei Tenorstimmen, zwei Bassstimmen und konzertierender Orgel stimmt mit der auf Singstimmen und Tasteninstrument reduzierten Form der Originalbesetzung überein. In der Bewahrung des musikalischen Satzes folgt Schubigers Kompilation eng dem originalen Notentext von Mozart; Abweichungen sind primär aufgrund der neuen Textunterlegung entstanden, die aber oftmals dem Duktus der Vokalmelodie widerspricht. Exemplarisch zeigt sich dies bei der Unterlegung des «Contessa perdono» mit dem Beginn der Doxologie des Magnificats, in welcher die Auftaktigkeit des musikalischen Satzes dem Wortakzent des «Gloria» auf der ersten Silbe widerspricht:

Neustrukturiert ist Mozarts Vorlage insofern, als der junge Benediktinerfrater weder das Handlungskontinuum des vierten Aktes von *Le nozze di Figaro* beibehält, sondern im Stile einer willkürlichen Zusammenstellung folgende Teile des 4. Aktes von Mozarts Oper zu einem verkürzten fünfteiligen Magnificat umformt:

«Magnificat anima mea Dominum.	Das Ritornell des Beginns des Finales des 4. Aktes, bzw. «Prendi intanto – o ciel il conte»
Et exsultavit spiritus meus in Deo salutari meo. Quia respexit humilitatem amcillae suae: ecce enim ex hoc beatam me dicent omnes generationes. Quia fecit mihi magna qui potens est: et sanctum nomen eius.	Das die Oper abschliessende Ensemble «Questo giorno di tormenti»
Esurientes implevit bonis: Et divites dimisit inanes. Suscepit Israel puerum suum, Recordatus misericordiae suae. Sicut locutus est ad patres nostros, Abraham et semini ejus in saecula.	Arie der Marcellina: (1.Teil der Arie) «Il capro e la capretta Son sempre in amistà; L'agnello all'agnelletta La guerra mai non fa Le più feroci belve Per selve e per campagne Lascian le lor compagne In pace e libertà»
Gloria Patri, et Filio, et Spiritui Sancto.	Finale des 4. Aktes: Il Conte: «Contessa perdono» La Contessa: «Più docile io sono»
Sicut erat in principio, et nunc et semper, Et in saecula saeculorum. Amen»	Das die Oper abschliessende Ensemble «Questo giorno di tormenti»

Mit der Auswahl des Schlussensembles «Questo giorno di tormenti» für die Verse «Et exsultavit spiritus meus in Deo salutari meo» und «Sicut erat in principio, et nunc et semper» setzt Schubiger eine Klammer zwischen Anfang und Schluss des Lobgesangs von Maria, deren visionäres Gottesbild ihm aber weitestgehend verschlossen blieb. Das zeigt sich in besonderer Weise in der Wahl des ersten Teils der Vorlagearie «Il capro e la capretta», in welcher Marcellina einen *locus amoenus* besingt, während im Magnificat-Text das wohltätige Handeln Gottes an Maria nunmehr in einen grösseren Kontext gestellt wird, dessen «politischer Sprengstoff» bis heute Anlass zu vielfältigen theologischen Disputationen gibt. Anselm Schubiger hatte keine Bedenken, diesen Text einer Komposition zu unterlegen, deren originaler Text keinen Bezug zum Gehalt seiner Textunterlegung aufweist. In seinem Verständnis steht Mozarts geniale Komposition im Vordergrund, die er sich für den Gebrauch in der Kirche nutzbar machte. Ästhetische Qualität im Sinne von kompositorischer Meisterschaft und Ästhetik im Sinne der Integrität eines Kunstwerkes stehen in unverrückbarem Gegensatz zueinander.

Anselm Schubiger steht somit zeitlich am Ende der Kontrafakturpraxis in klösterlich geprägten Musikzentren der Innerschweiz und am Ende einer historischen Entwicklung, die Kirchenmusik primär im Kontext ihrer liturgischen Funktion und nicht im Kontext eines ästhetischen definierten Kunstwerkes verstand.

Zur Musikkultur österreichischer Klöster in der Neuzeit

Stand und Perspektiven eines Forschungsfeldes

Thomas Hochradner (Salzburg)

Abb. 1 und 2: Karte der österreichischen Stifte nach Floridus Röhrig, *Alte Stifte in Österreich*, 2 Bände, Wien – München 1966 bzw. 1967. Nicht berücksichtigt sind darin beschickte Priorate und Propsteien, z. B. das zum Benediktinerkloster St. Lambrecht gehörige Priorat Mariazell, wo sich eine reiche Musikpflege entfaltete, ferner die Franziskanerklöster, deren spezifische Kirchenmusik sich teils bis in das 17. Jahrhundert zurückverfolgen lässt, und auch die (vielen) im späten 18. und frühen 19. Jahrhundert aufgehobenen Klöster werden nicht verzeichnet.

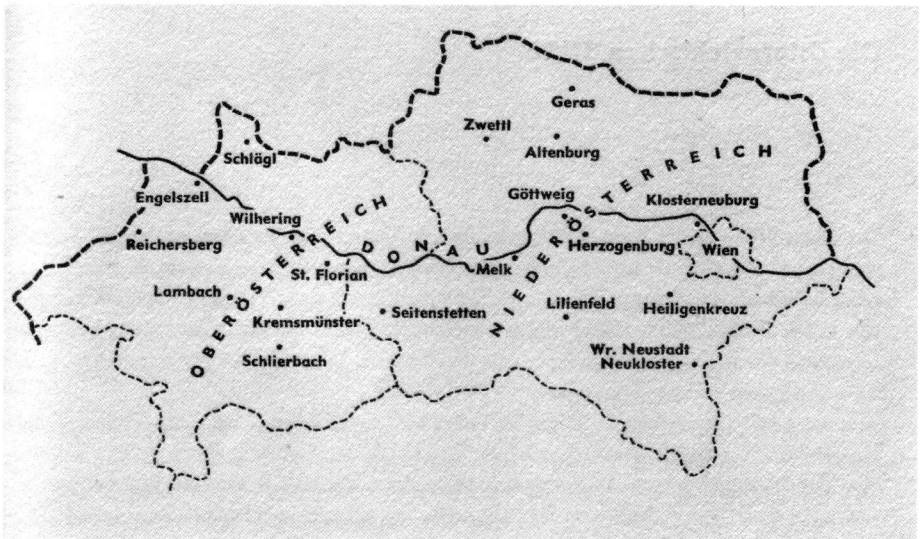

Abb. 1

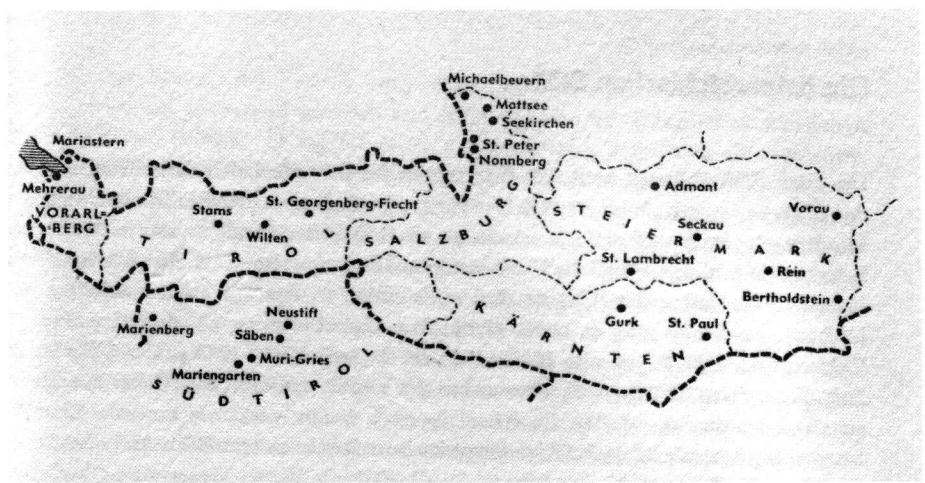

Abb. 2

I. Zum Stand der Forschung

Wem es ein Anliegen ist, durch Überblick zum Vergleich vorzustoßen, den erwartet in der Erforschung von Musikalienbeständen aus klösterlichem Besitz aus mehrfacher Sicht eine ungünstige Ausgangsposition. Zum einen sind die Unterschiede zwischen den einzelnen Klöstern extrem groß: Sie gehören verschiedenen Geistlichen Orden mit durchaus divergierender Einstellung zur Musikpflege an – die oft einstimmigen, bei den Franziskanern gebräuchlichen Eigenkompositionen bilden nur die Spitze des Eisbergs[1] –, sie befinden sich an unterschiedlichen Standorten – manche in der Stadt, andere an abgelegenen Orten –, sie besitzen eine je spezifische – einmal traditionsreiche, andermal kurzlebigere – Geschichte, deren Relief von mehr und weniger musikverständigen

---

1 Siehe dazu diverse Veröffentlichungen von Ladislav Kačic, unter anderem «Missa franciscana der Marianischen Provinz im 17. und 18. Jahrhundert», in: *Studia musicologica* 23 (1991), S. 5–107; «Figuralmusik der Franziskaner in Mitteleuropa – Repertoire und Aufführungspraxis», in: *Musik der geistlichen Orden in Mitteleuropa zwischen Tridentinum und Josephinismus. Konferenzbericht Trnava, 16.–19.10.1996*, hrsg. v. L. Kačic, Bratislava 1997, S. 163–174; ders. (Hrsg.), «*Plaude turba paupercula*». *Franziskanischer Geist in Musik, Literatur und Kunst. Konferenzbericht*, Bratislava 2005; ferner Wolfgang Hoffmann, «Zur Werküberlieferung franziskanischer Komponisten im 17. und 18. Jahrhundert in der Provinz Tirol», in: *Musik der geistlichen Orden in Mitteleuropa zwischen Tridentinum und Josephinismus*, S. 111–136.

Äbten gefeilt wurde, differenzieren sich aufgrund ihrer Besitztümer und ihrer Wirtschaftskraft und sind daher nicht einfach über einen Leisten zu schlagen.[2] Zum anderen ist die Erfassung klösterlicher Musikalienbestände bis heute zwar ansehnlich gediehen, aber längst nicht abgeschlossen und wird – bedenkt man den Verlust der Notenbestände aufgehobener Klöster – niemals abgeschlossen werden können, sodass Grauzonen nicht zu vermeiden sind. Doch stellt sich die Frage, ob über alle diese Divergenzen hinweg nicht doch gemeinsame Tendenzen festzustellen sind, denen die Musikpflege österreichischer Klöster unterlag.

Zunächst galt es daher sich eine Übersicht zu schaffen, die sich aus dokumentierten Quellenbeständen und der Lektüre einschlägiger Schriften ergeben sollte. Das Untersuchungsfeld beschränkte ich auf Österreich östlich Tirols. Hierzu ist festzuhalten, dass sich das Tätigkeitsfeld der RISM-Landesleitung Österreich[-Ost] mit Sitz in Wien im Wesentlichen auf die Bundesländer Ober- und Niederösterreich sowie die Hauptstadt Wien beschränkt hat und immer noch beschränkt.[3] Die Aufarbeitung klösterlicher Musikalienbestände in der Steiermark bzw. in Salzburg wurde (anzunehmen in gegenseitigen Absprachen) in die Agenda der an den Universitäten Graz bzw. Salzburg eingerichteten musikwissenschaftlichen Institute gelegt. Daraus resultierten unterschiedliche Forschungsstrategien und Tempi in der archivalischen Erschließung. In der Steiermark wurde auf Betreiben des damaligen Professors für Musikwissenschaft Hellmut Federhofer schon in den sechziger Jahren des vergangenen Jahrhunderts begonnen, Bestände soweit möglich im Diözesanarchiv Graz zu konzentrieren. Mit Federhofers Wechsel an die Universität Mainz kamen die Aktivitäten jedoch weitgehend zum Er-

---

2   Eine parallele Ausgangslage, wenngleich im Gegensatz zu diesem Beitrag nicht auf das Repertoire fokussiert, begegnet bei Friedrich Wilhelm Riedel, «Die Bedeutung der Musikpflege in den österreichischen Stiften zur Zeit von Joseph und Michael Haydn», in: *Kirchenmusikalisches Jahrbuch* 71 (1987), S. 55–63. Eine informative Bündelung verschiedener Fallstudien präsentiert der Tagungsbericht *Musik der geistlichen Orden in Mitteleuropa zwischen Tridentinum und Josephinismus.*
3   Zur Landesleitung Wien (seit 1981 tätig) s. Leopold M. Kantner, «Zehn Jahre Landesleiter des RISM-Österreich. Ein Rückblick», in: *Mitteilungen der Österreichischen Gesellschaft für Musikwissenschaft* Heft 23 (1991), S. 59–62, zur Landesleitung Innsbruck (fußend auf einschlägigen Vorarbeiten seit 1996 tätig) s. unter anderem www.musikland-tirol.at (download 2. Jänner 2008, die Seite wird des Öfteren aktualisiert) und Hildegard Herrmann-Schneider, «Zur Dokumentation von Musikhandschriften im Tiroler Musikkataster / RISM Westösterreich», in: *Info RISM* 8 (1997), http://rism.stub.uni-frankfurt.de/inforism (download 2. Jänner 2008).

liegen. In Salzburg widmete man sich vordringlich den ‹städtischen› Klöstern St. Peter und Nonnberg, gelangte jedoch lange Zeit über provisorische oder aber Teilkataloge nicht hinaus. Der Musikalienbestand des Franziskanerklosters wurde erst in den letzten Jahren katalogisch verbessert erschlossen[4], die Musikarchive der Klöster in Michaelbeuern und Seekirchen harren noch der umfassenden Quellenaufnahme. Punktualität setzt sich fort, wenn man die mir freundlicherweise vom Leiter des RISM Österreich, Dr. Michael Jahn, zur Verfügung gestellte Liste der von der Wiener Zentrale aus aufgearbeiteten klösterlichen Musikalienbestände betrachtet (wohin im Übrigen die steirischen und Salzburger Quellenaufnahmen gemeldet wurden):

Sigel	Ort, Name der Bibliothek	Reihe A der Veröffentlichungen des rism-österreich	Orden
A GE	Geras, Stiftsarchiv		OPraem
A HE	Heiligenkreuz, Stiftsarchiv		OCist
A KN	Klosterneuburg, Stiftsbibliothek		CanReg
A KR	Kremsmünster, Stiftsarchiv		OSB
A M	Melk, Stiftsbibliothek		OSB
A MS	Mattsee, Stiftsarchiv		Kollegiatstift
A R	Rein, Stiftsbibliothek		OCist
A RB	Reichersberg, Stiftsarchiv		CanReg
A Ssp	Salzburg, St. Peter, Musikarchiv		OSB
A SCH	Schlägl, Stiftsbibliothek		OPraem
A SEI	Seitenstetten, Stiftsarchiv		OSB
A SF	St. Florian, Chorherrenstift, Bibliothek und Archiv	A/2a-b	CanReg
A SL	St. Lambrecht, Benediktiner-Abtei, Stiftsarchiv		OSB
A SPL	St. Paul, Stiftsbibliothek		OSB
A VOR	Vorau, Stiftsarchiv		CanReg
A Wbb	Wien, Klosterkirche der Barmherzigen Brüder	A/7	OH
A Wdp	Wien, Dominikaner, Musikarchiv		OP
A Wm	Wien, Minoritenkonvent, Klosterbibliothek und Archiv		OFM Conv
A Ws	Wien, Schottenstift, Bibliothek		OSB
A WIL	Wilhering, Zisterzienserstift, Bibliothek und Archiv		OCist
A Z	Zwettl, Zisterzienserstift, Bibliothek und Archiv		OCist

Zu den in der Reihe *Veröffentlichungen des rism-österreich* dokumentierten Beständen gesellen sich einige ältere Veröffentlichungen, meist in den *Tabulae Musicae Austriacae* erschienen:

---

4 Siehe dazu P. Oliver Ruggenthaler OFM, «Der Musikalienbestand des Franziskanerklosters Salzburg: Relikte aus dem 18. Jahrhundert», in: *Mitteilungen der Gesellschaft für Salzburger Landeskunde* 147 (2007), S. 367–384. Vgl. auch die Studie des Verf., «Tradition und Wandel in Quellen: Franziskaner-Musikhandschriften in Salzburg als Beispiel», in: «Plaude turba paupercula», S. 109–134. Eine Aufnahme der musikalischen Quellen im Salzburger Franziskanerkloster nach den Kriterien des RISM ist derzeit im Laufen.

Benedikt, Erich / Jahn, Michael: *Die Musikhandschriften der Klosterkirche der Barmherzigen Brüder in Wien* (= Veröffentlichungen des rism-österreich A/7), Wien 2007.
Flotzinger, Rudolf: *Die Lautentabulaturen des Stiftes Kremsmünster* (= Tabulae Musicae Austriacae 2), Wien 1965.
Lang, Gerda: *Zur Geschichte und Pflege der Musik in der Benediktiner-Abtei zu Lambach. Mit einem Katalog zu den Beständen des Musikarchivs*, 3 Bände, Diss. Salzburg (Universität Salzburg) 1978.
Lindner, Andreas / Jahn, Michael: *Die Musikhandschriften des Augustiner-Chorherrenstifts St. Florian*, Bd. I: *Die weltlichen Werke*, Wien 2005, Bd. II: *Die geistlichen Werke* (= Veröffentlichungen des rism-österreich A/2a-b), Wien 2007.
Mitterschiffthaler, Karl: *Das Musikarchiv des Stiftes Vorau: Die Handschriften (18.–20. Jahrhundert)* (= Tabulae Musicae Austriacae 15), Wien 2006.
Mitterschiffthaler, Karl: *Das Notenarchiv der Musiksammlung im Zisterzienserstift Wilhering* (= Tabulae Musicae Austriacae 9), Wien 1979.
Riedel, Friedrich Wilhelm: *Der Göttweiger Thematische Katalog von 1830* (= Studien zur Landes- und Sozialgeschichte der Musik 2/3), 2 Bände [Edition und Kommentar], München – Salzburg 1979.
Weinmann, Alexander: *Handschriftliche Thematische Kataloge aus dem Benediktinerstift Melk* (= Tabulae Musicae Austriacae 10), Wien 1984.

In den österreichischen Erbländern lagen die Klöster in vorjosephinischer Zeit im Schnitt ca. 25 Kilometer voneinander entfernt[5], warfen also ein dichtes Netz über das Land und seine Bevölkerung. Zahlreiche Klöster sind unter Joseph II. (reg. 1780–1790, als Deutscher Kaiser bereits ab 1765) ab 1783 aufgehoben worden. Die heute noch möglichen Erfassungen sind mithin regional viel zu punktuell gelagert, als dass ein Vergleich der nachgewiesenen Überlieferungen zu einem verbindlichen Resultat führen würde. Allerdings mündete ein solches Unterfangen auch allzu leicht in unergiebige Erbsenzählerei. Anhand des Benediktinerstiftes Göttweig bzw. des unweit davon gelegenen Augustiner-Chorherrenstiftes Herzogenburg, die beide im 18. Jahrhundert eine reiche Musikpflege entfalteten, lässt sich mit den jeweils vorhandenen Werken des Ersten kaiserlichen Hofkapellmeisters Johann Joseph Fux (ca. 1660–1741) belegen, wie erstaunlich gering sich die Konkordanz in benachbarten Klöstern belaufen kann.[6]

---

[5] Johann Trummer, «Sepolcro-Kompositionen und ihre frömmigkeitsgeschichtliche Bedeutung», in: *Fux-Forschung. Standpunkte und Perspektiven. Bericht des wissenschaftlichen Symposions auf Schloss Seggau anlässlich des Jubiläums «50 Jahre Johann-Joseph-Fux-Gesellschaft», 14.–16. Oktober 2005*, hrsg. v. Th. Hochradner u. S. Janes im Auftrag der Johann-Joseph-Fux-Gesellschaft, Tutzing 2008, S. 117–128: 121.

[6] Thomas Hochradner, «Das Schaffen von Johann Joseph Fux in klösterlicher Musiziertradition. Eine komparative Untersuchung und ihre möglichen Schlußfolgerungen», in: *Musik der geistlichen Orden in Mitteleuropa zwischen Tridentinum und Josephinismus*, S. 275–284. Die folgenden Tabellen entstammen dieser Studie, daraus übernommene Textteile wurden dem Thema dieses Beitrags entsprechend angepasst.

A-	GÖ	H
K 1 (Fehlzuschreibung)	x	
K 7		x
K 8		x
K 11	x	*
K 14		x
K 16	x	
K 17		x
K 18		x
K 22		x
K 23		x
K 25 = 50		x
K 28		x
K 30		*
K 32	x	
K 35	*	x
K 36	x	
K 37	x	
K 41	*	x
K 43		x
K 44		*
K 48		*
K 49		*
L 6	*	
L 7	*	
L 16	*	
E 5		x
E 71		*
E 72		*
E 73		*
E 74		*
N 36	*	
N 98	*	
NZ 109	*	
NZ 110	*	
NZ 111	*	
NZ 112	*	
NZ 113	*	
NZ 114	*	
NZ 115	*	
NZ 116	*	

Legende zu den verwendeten Kürzeln:

K Werknummern nach: Ludwig Ritter von Köchel, *Johann Josef Fux. Hofcompositor und Hofkapellmeister der Kaiser Leopold I., Josef I. und Karl VI. von 1698 bis 1740*, Wien 1872, Nachdruck Hildesheim und New York 1974, ²1988, Beilage X: Thematisches Verzeichniss der Compositionen von Johann Josef Fux

L Werknummern nach: Andreas Liess, *Johann Joseph Fux, ein steirischer Meister des Barock, nebst Verzeichnis neuer Werkfunde*, Wien 1947

E Werknummern nach: Hellmut Federhofer, «Unbekannte Kirchenmusik von Johann Joseph Fux», in: *KmJb* 43 (1959), S. 113–154; Hellmut Federhofer und Friedrich Wilhelm Riedel, «Quellenkundliche Beiträge zur Johann Joseph Fux-Forschung», in: *AfMw* 21 (1964), S. 111–140, 253 f.

N Werknummern nach: Thomas Hochradner, «‹Donata al Calcante›. Neue Quellenfunde sowie Nachrichten über verschollene Bestände zu Werken von Johann Joseph Fux», in: *StMw* 44 (1995), S. 47–82

NZ unter «Fux» geführtes, aber mangels weiterer Kennzeichnung nicht näher zu bestimmendes Werk

Von insgesamt vierzig Werken sind lediglich zu dreien Notenbestände in beiden Klöstern nachzuweisen (auf die Bedeutung der grauen Balken und Sternchen wird später eingegangen). Das Ergebnis ist m. E. durchaus aussagekräftig. Fux – als oberste Instanz der Musik in einer Monarchie zu sehen, deren dynastisches Selbstverständnis sich nach den gewonnenen Türkenschlachten neu aufgebaut hatte – darf als weitgehend neutral gehandelter Komponist gelten. Der eine oder andere komponierende Konventuale, vulgo ‹Klosterkomponist›, konnte sich zwar zu dieser Zeit innerhalb seines Ordens oder in geographischer Reichweite des Stammklosters eine größere Präsenz sichern; doch blieben dies Vorgänge von geringer musikgeschichtlicher Strahlkraft, die zudem innerhalb des Gesamtrepertoires der klösterlichen Musikpflege nur einen Bruchteil ausmachten.

Dieses Repertoire zeichnet sich nämlich bis in das letzte Drittel des 18. Jahrhunderts durch eine hohe Diskontinuität aus. Eine zweite Übersicht zu Werken von Johann Joseph Fux in klösterlicher Überlieferung, diesmal die in österreichischen Klöstern erhaltenen Abschriften seiner Messvertonungen betreffend (siehe S. 92), verdeutlicht es.

Unter den insgesamt 43 in Klöstern im heutigen Österreich erhaltenen Messvertonungen Fux' befinden sich 30 unikate Werküberlieferungen, neun zweifach und vier vierfach überlieferte Kompositionen. Von den Mehrfachüberlieferungen lassen sich vier innerhalb eines Ordens, jedes Mal des Benediktinerordens, nachweisen. Das entspricht der führenden Rolle, die Benediktinerklöster damals in der klösterlichen Musikpflege einnahmen. Zweimal liegt ein und dasselbe Werk in den Musikarchiven des Wiener Schottenstiftes und des Stiftes Seitenstetten, je einmal im Schottenstift und in Göttweig bzw. in Kremsmünster und Seitenstetten. Das dreimalige Auftreten des Wiener Schottenstiftes in dieser Reihe ist sicher nicht zufällig, sondern dürfte mit dem Umstand zu erklären sein, dass das Kloster gleichsam eine ‹Schaltstelle› zwischen der Hauptstadt und auswärtigen Klöstern bildete. Zu Gast weilende Konventualen dürften gelegentlich im Schottenstift Musikbestände kopiert und in das Heimatkloster mitgenommen haben. Andererseits unterhielten die reichen österreichischen Stifte in Wien eigene Niederlassungen, sog. ‹Höfe› (z. B. der «Kremsmünsterer Hof», «Melker Hof», «Seitenstettner Hof»). Konventualen konnten sich also durchaus ohne Vermittlung des Schottenstiftes mit Musikalien und Musikhandschriften versorgen. Dass dies meistenteils auch geschah, belegen im Allgemeinen eine hohe Zahl von in klösterlichem Besitz nachweisbaren Musikdrucken und nicht zuletzt die aus der obigen Tabelle hervorgehende große Breite verschiedener Messvertonungen Fux' bei gleichzeitiger äußerst geringer Dichte an Quellen pro musikalischem Werk.

Eine Weitergabe von Musikhandschriften mit fuxschen Werken außerhalb Wiens kam offenbar relativ selten vor, denn die regionale Agglomeration einer mehrfachen Überlieferung tritt kaum je auf. Man muss jenseits der heutigen Landesgrenzen Österreichs suchen, um ein Beispiel zu finden. Zu belegen ist sie in Böhmen, an Fux' Motette *Surgat auster*, die in den Inventaren des Klosters Raigern 1725 und der vom Orden der Kreuzherren mit dem Roten Stern aufgekauften Musiksammlung des Kapellmeisters von St. Veit in Prag, Christoph Gayer, angelegt 1737/38, genannt wird (beide Quellen sind verloren). Wieder andere Kompositionen sind dagegen trotz punktueller Quellen über weite Strecken verteilt. Ein *Regina coeli* Fux' ist im Bestand der Prager Kreuzherren und der Kathedrale von Pécs (Fünfkirchen) überliefert, aber weder in Wien noch andernorts in den österreichischen Erbländern.

Fux	A-KR	A-H	A-SEI	A-GÖ	A-Ws	A-Wm	A-Wp	A-LA	A-M	A-HE	A-KN	A-L
K 1 (F)				x								
K 4					x							
K 6	x											
K 7		x										
K 8		x										
K 11			x									
K 12	x											
K 13				x	x							
K 14	x	x								x		
K 16				x	x							
K 17		x										
K 18		x										
K 19	x											
K 20	x											
K 22	x	x										
K 23	x	x										
K 25 = 50	x	x					x (V)					x
K 27	x											
K 28	x	x						x	x (V)			
K 30						x						
K 31			x									
K 32	x			x	x			x				
K 35			x									
K 36					x			x				
K 37 (F)				x	x							
K 38				x	x							
K 39	x											
K 41		x										
K 42			x									
K 43	x	x										
K 46	x											
K 49	x			x								
L 6				x								
L 7				x								
L 19 (F)							x					
E 1		x										
E 2		x										
E 3		x										
E 4									x			
E 5		x										
E 12											x	
E 113							x					
Z 4				x								

Legende zu den verwendeten Kürzeln:

F Fehlzuschreibung

K Werknummern nach: Ludwig Ritter von Köchel, *Johann Josef Fux. Hofcompositor und Hofkapellmeister der Kaiser Leopold I., Josef I. und Karl VI. von 1698 bis 1740*, Wien 1872, Nachdruck Hildesheim und New York 1974, ²1988, Beilage X: Thematisches Verzeichniss der Compositionen von Johann Josef Fux

L Werknummern nach: Andreas Liess, *Johann Joseph Fux, ein steirischer Meister des Barock, nebst Verzeichnis neuer Werkfunde*, Wien 1947

E Werknummern nach: Hellmut Federhofer, «Unbekannte Kirchenmusik von Johann Joseph Fux», in: *KmJb* 43 (1959), S. 113–154; Hellmut Federhofer und Friedrich Wilhelm Riedel, «Quellenkundliche Beiträge zur Johann Joseph Fux-Forschung», in: *AfMw* 21 (1964), S. 111–140, 253 f.

V verlorengegangener, aber durch ein erhaltenes Titelblatt oder frühere Quellenaufnahme nachzuweisender Bestand

Z Werknummern nach: Hellmut Federhofer, «Unbekannte Kirchenmusik von Johann Joseph Fux», in: *KmJb* 43 (1959), S. 113–154; Hellmut Federhofer und Friedrich Wilhelm Riedel, «Quellenkundliche Beiträge zur Johann Joseph Fux-Forschung», in: *AfMw* 21 (1964), S. 111–140, 253 f.

die übrigen Sigel nach RISM

Auch ordensspezifische Tradierung außerhalb Wiens ist nicht häufig. Es bedurfte eines außergewöhnlichen Anlasses: Beispielsweise hat das Neukloster Wiener Neustadt dem Stift Lilienfeld (beides sind Zisterzienserklöster) nach einem Verlust – vermutlich durch Brand – Musikalien zugestellt, wie das Auftreten eines Neukloster-Kopisten im einzigen in Lilienfeld überlieferten Fux-Werkbestand (*Missa Precum*, K 25 = 50) bestätigt.[7] Andererseits gibt es keinen Hinweis auf den Austausch resp. die Translokation von Musikhandschriften zwischen dem Neukloster Wiener Neustadt und dem Stift Heiligenkreuz, dessen Priorat das Neukloster ja bildet, und auch nicht zwischen Heiligenkreuz und der Pfarre Mönchhof im Burgenland, die ebenfalls vom Stift aus versehen war.

Die Resultate früherer Untersuchungen habe ich hier zusammengefasst, weil zu solchem Unterfangen bei anderen Komponisten die Voraussetzungen schlicht nicht gegeben sind. Sofern sich angesichts eingetretener Quellenverluste zu einem bestimmten Komponisten überhaupt ein aussagekräftiges Ergebnis gewinnen lässt, ist die RISM-Quellenerfassung nach wie vor nicht vollständig genug, um anhand der verfügbaren Titelaufnahmen komparatistisch vorzugehen.[8] Abhilfe schaffen könnten hier Thematische Werkkataloge, die eine umfassende Dokumentation der Quellenlage bieten. Das ist indes selten genug der Fall. Das Werkverzeichnis zu Johann Michael Haydn beispielsweise, einem Komponisten, dessen Werke weit verstreut wurden und eine ‹neue Stufe› der überregionalen Gemeinsamkeit im kirchenmusikalischen Repertoire einleiten, bringt zwar eine entsprechende Rubrik zu Quellen, nennt aber darin nur ausgesuchte Überlieferungen.[9]

Über die klösterliche Musikpflege publizierte Literatur stellt ein parallel einzuschlagendes Gleis für vergleichende Studien dar. Hier ist mit Altman Kellners *Musikgeschichte des Stiftes Kremsmünster* bereits 1956 ein akribisch erarbeitetes, exemplarisches Buch vorgelegt worden, das auf 800 eng bedruckten Seiten die Musikgeschichte des Klosters eingehend beschreibt – zugegeben mit einem gewissen Hang zu den im Stifts-

---

7   Herrn Bernhard Hanak (Lilienfeld) danke ich für die Verifizierung des Sachverhaltes.
8   Solange bei RISM die Quellenerfassung im Wesentlichen nur über Werkverträge vorangetrieben werden kann, wird sich an dieser Situation mittelfristig nichts ändern.
9   Vgl. Charles H. Sherman / T. Donley Thomas, *Johann Michael Haydn (1737–1806). A Chronological Thematic Catalogue of His Works* (= Thematic Catalogues 17), Stuyvesant NY 1993. Zur Problematik siehe auch Herbert Seifert, «Musik im Stift Klosterneuburg», in: *Musik der geistlichen Orden in Mitteleuropa zwischen Tridentinum und Josephinismus*, S. 43–50: 46.

theater aufgeführten Benediktinerdramen.[10] Kellners Darstellung offenbart aber zugleich ein Kernproblem im Nachvollzug klösterlicher Musikgeschichte. Unter einer Unzahl von Namen und Dokumenten, über die teils en detail berichtet wird, schwindet der Blick auf Zusammenhänge. Lokale Geschichte bemäntelt so die Einsicht in musikhistorische Kontexte. Doch nicht daran, sondern an der Mühsamkeit der Recherche und den oft nicht ausreichend vorhandenen Quellen liegt es, dass Kellners Buch (mit Ausnahme einiger ungedruckter Dissertationen[11]) in über fünfzig Jahren kaum Zuwachs erhalten hat. Zu nennen sind an erster Stelle Robert N. Freemans Studie über das Musikleben im Stift Melk und Friedrich Wilhelm Riedels zahlreiche Publikationen über die Musikpflege im Stift Göttweig, die in ihrer Summe eine der Darstellung Kellners vergleichbare Einsicht ermöglichen.[12] Darüber hinaus ist zwar eine Reihe von einschlägigen Beiträgen publiziert worden, doch immer weit geringeren Umfangs, häufig in einesteils schwer zugänglichen, andernteils programmatisch zur Lokalgeschichte hin ausgerichteten Veröffentlichungen wie z. B. Ausstellungskatalogen oder Festschriften. Umso mehr neigen Autoren dann dazu, eine Fülle von Namen und Daten aufzulisten, Bezüge über den jeweiligen Ort hinaus jedoch nicht aufzudecken.

---

10 P. Altman Kellner OSB, *Musikgeschichte des Stiftes Kremsmünster*, Kassel – Basel 1956.

11 Z. B. Bernhard Hanak, *Musikgeschichte des Stiftes Lilienfeld*, Diss. Wien (Universität für Musik und darstellende Kunst) 2003; Klaus Hubmann, *Materialien zur Musikpflege im Zisterzienserstift Rein und in seinen Pfarren*, 2 Bände, Diss. Graz (Universität Graz) 1991; Karl Mitterschiffthaler, *Die Musikpflege im Zisterzienserstift Wilhering unter besonderer Berücksichtigung der Choralpflege*, Diss. Wien (Universität Wien) 1995.

12 Robert N. Freeman, *The Practice of Music at Melk Abbey. Based upon the Documents, 1681–1826* (= Veröffentlichungen der Kommission für Musikforschung der Österreichischen Akademie der Wissenschaften 23), Wien 1989. – Unter anderem Friedrich Wilhelm Riedel, «Die Kirchenmusik im Benediktinerstift Göttweig», in: *Singende Kirche* 13 (1966), S. 196–202; «Die Libretto-Sammlung im Benediktinerstift Göttweig», in: *FAM* 13 (1966), S. 105–111; «Musikpflege im Stift Göttweig unter Abt Gottfried Bessel», in: *Gottfried Bessel (1672–1749), Diplomat in Kurmainz – Abt von Göttweig. Wissenschafter und Kunstmäzen* (= Quellen und Abhandlungen zur mittelrheinischen Kirchengeschichte 16), Mainz 1972, S. 141–172; *Der Göttweiger Thematische Katalog von 1830* (= Studien zur Landes- und Sozialgeschichte der Musik 2/3), 2 Bände [Edition und Kommentar], München – Salzburg 1979; «Das Benediktinerstift Göttweig (Niederösterreich) als Zentrum der Musikpflege im Zeitalter zwischen katholischen und josephinischen Reformen», in: *Musik der geistlichen Orden in Mitteleuropa zwischen Tridentinum und Josephinismus*, S. 35–42.

II. Überlegungen zu gemeinsamen Grundzügen klösterlicher Musikkultur

Im Kontext der Musikgeschichte

Versucht man eine musikhistorische Verortung im konfessionell-politischen Kontext (und beides lässt sich voneinander bis zum Ende des römisch-deutschen Kaisertums nicht lösen), wurde die klösterliche Musikkultur der Frühen Neuzeit dreimal von einer grundlegenden Neuorientierung erfasst: von der Gegenreformation, von der Entfaltung barocker Pracht im dynastischen Selbstverständnis des wieder erstarkten Kaisertums und von den Restriktionen der kirchlichen Aufklärung, die in Österreich, da von Seiten der Habsburger wesentlich unterstützt, gemeinhin ‹Josephinismus› genannt wird. Jedem dieser Bereiche wäre gesondert nachzugehen, um zu einer fundierten Gesamtdarstellung zu gelangen. Im Folgenden können nur einige übergreifende ‹Tangenten› vorgestellt werden, die auszureizen zugleich mögliche Wege weiterer Forschungen bietet. Die latente Gefahr einer unwillkommenen Pauschalisierung muss unter den gegebenen Umständen allerdings unumwunden zugegeben werden.

Aus den vorhandenen Studien lässt sich zumindest ablesen, dass es allenthalben nach 1600 zu einer vorerst bescheidenen Aufwertung der Figuralmusik (zunächst vor allem a cappella oder alternatim mit Falsobordone) kam (Kellner 1956, S. 199; Wonisch 1924, S. 17; Flotzinger 1997, S. 178). Doch obgleich aus dieser Zeit die ersten Erwähnungen von ‹Chorregenten› stammen (z. B. Kellner 1956, S. 187; Hintermaier 1985, S. 241; zu den Pflichten siehe Hug 2007, S. 109), fehlt es den Hinweisen über musikalische Aufführungen doch sehr an Dichte. Dagegen geben Rechnungsbücher preis, dass zu kirchlichen Hochfesten manchmal Musiker von auswärts angeheuert und die örtlichen Schulmeister mit einbezogen wurden (Kellner 1956, S. 323; Hintermaier 1996, S. 470, 483). Zudem haben sich die Aktivitäten der Gegenreformation in Sonderheit auf die Volksfrömmigkeit bezogen und kamen daher im außerliturgischen Bereich (bei Wallfahrten und Prozessionen, in Volksschauspielen) zum Tragen. In der Tat waren österreichischen Benediktinerklöstern, anders als sonst im Reichsgebiet, häufig Wallfahrtskirchen inkorporiert (Riedel 1982: Musikkultur, S. 264). Im späteren 17. Jahrhundert wächst die Bedeutung aufwändiger Kirchenmusik kontinuierlich an, die Beschäftigung auswärtiger Musiker zu besonderen Anlässen bleibt erhalten. Im Stift Rein wird damals zwischen

Komponisten, Chorregenten und Organisten unterschieden (Hubmann 1991, S. 74–77), anderwärts kamen Choralisten hinzu (Kellner 1956, S. 186; Hintermaier 1997, S. 71). Dieser Umbruch in der Musikpflege wird durch die Aufwertung des Organisten gegenüber dem Kantor unterstrichen (Flotzinger 1997, S. 178). Doch erst die Zeit des ‹Imperialstils›, die Regentschaften Leopolds I., Josephs I. und Karls VI. umfassend, ließ figurale Kirchenmusik zu einem selbstverständlichen Standard sonn- und feiertäglicher Liturgie werden (zu den kunstgeschichtlichen Aspekten s. Matsche 1981; Matsche 1996). Symptomatisch dafür mag stehen, dass im Stift Rein um 1700 Trompeten und Pauken angeschafft wurden (Hubmann 1991, S. 73). Allenthalben entwickelte sich eine reiche figurale Musikpflege sowohl im liturgischen als auch im außerliturgischen Rahmen. Anlassspezifisch wird nach Kirchenfesten verschiedenen Ranges klassifiziert und analog zu den Zelebranten Besetzung, Dauer und Anlage der Kompositionen eingerichtet. Als die Wiener Residenz unter Maria Theresia infolge der politischen Ereignisse, aber auch mentalitätsgeschichtlichen Veränderungen an Führungskraft verlor, entfaltete sich das Musikleben der österreichischen Stifte ebenso wie jenes der Adelshäuser zur vollsten Blüte. Selbst Äbte, die Figuralmusik nicht schätzten, hatten ihre angestammte Präsenz in der Liturgie zu respektieren. Umso einschneidender wirkten sich sodann die Maßnahmen des Josephinismus aus, die nicht nur durch die Aufhebung zahlreicher Klöster, sondern im Weiteren durch die Untersagung figuraler Musik bei Vespern und Votivmessen, die Abriegelung des Chorgebetes, die Reduzierung der Ausgaben und das Verbot der Aufnahme von Novizen – die ja potenzielle Träger der klösterlichen Kirchenmusik waren – nachhaltig griffen (Riedel 1982: Liturgie und Kirchenmusik, S. 122–125). Abgesichert wurde das Reform-Modell durch die Verlautbarung neuer Gottesdienstordnungen. Der Einschnitt wirkte tiefer, als man es infolge der bereits 1790 erfolgten Rücknahme etlicher Bestimmungen vermuten möchte: Denn überlieferte Kirchenmusik unterstand mit einem Mal neuen Paradigmen. So fand beispielsweise das Aufführungsmaterial zu Kirchensonaten bei Musikalischen Akademien eine neue Zweckbestimmung (Riedel 1987, S. 62f.).

Inwieweit sich alle diese Entwicklungen auf das Repertoire auswirkten, ist anhand der erhaltenen Notenbestände – ausgesiebt durch Verluste infolge von Bränden, durch den Ersatz eines bestehenden Fundus mit Werken, die einem veränderten Geschmack entsprachen – nicht ausreichend nachzuvollziehen. Deutlicher lässt sich die jeweilige Repertoirebreite in Musikinventaren belegen; die Relevanz des Sachverhalts lässt sich z. B. anhand der klösterlichen Überlieferung der Werke von Johann Joseph Fux erkennen. Die in der Tabelle auf S. 90 grau unterlegten und durch Sternchen ausgewiesenen Bestände sind verloren gegangen und nur mehr in Musikinventaren nachzuweisen. Musikinventare bestätigen überdies den umfassenden und kontinuierlichen Wandel des an den Stiftschören vorrätigen Notenmaterials. Überraschend ist die Aufgabe einer anfänglich italienischen Orientierung (anhand eines Inventars von 1612 s. für Göttweig Riedel 1997, S. 35). Gegen Ende des 17. Jahrhunderts sind nur ausnahmsweise Komponisten vertreten, die nicht in unmittelbarer Nähe des Klosters und seines Einzugsbereiches wirkten. Ein 1685 datiertes Musikinventar aus St. Paul in Kärnten nennt nur je ein Werk von Giovanni Rovetta (Venedig) und Maurizio Cazzati (Bologna) (Federhofer 1951, S. 104). Dann jedoch weitet sich der Radius durch gedruckte Musikalien; Messen von Valentin Rathgeber und Marian Königsperger erreichen große Wirkungsbreite. Geprägt aber wird das Repertoire nach wie vor einesteils durch ansässige, lokale Komponisten, andernteils durch Kontakte der Klöster mit diversen Residenzen (Federhofer 1951; Hintermaier 1996, S. 478). Der ‹Fluchtpunkt› Wien steht im Zentrum dieser Ausweitung[13], aber auch die geistlichen Residenzen Salzburg und Passau fungieren als Nabel. In Kremsmünster vereinen sich Kontakte zu allen drei Städten mit Beziehungen nach Böhmen, wie Kellner in seiner Studie mehrfach nachweist (Kellner 1956, unter anderem S. 181, 287 ff.). Für Neuanschaffungen gesorgt haben allenthalben vorwiegend jene Patres, die mit der Leitung der Stiftsmusik betraut waren (vgl. Hug 2007, S. 109). Oft waren sie eine Zeit lang als Professoren der Theologie an Universitäten tätig (Kellner 1956, S. 216, 272), eine günstige Position, um für Notenzuwachs zu sorgen. Ferner wechselte Notenmaterial bei Besuchen auswärtiger Komponisten den Besitzer, und auch einzelne Musiker lieferten gegen Entgelt neue Bestände ans Kloster (vgl. Kellner 1956, S. 216, 238; zur umfangreichen Sammlung, die P. Franz Sparry während seiner Italienreise zwischen 1740 und 1743 zusammentrug S. 363–366, 373; bzw. Kellner 1956, S. 183, 278, 298; Hintermaier 1996, S. 478). Dabei wurden nach einem Verlust des Notenbestands, wie etwa in Göttweig nach dem großen Stiftsbrand 1718, umfangreiche Beschaffungen notwendig, die diesfalls P. Maurus Brunnmayr tätigte (Riedel 1972, S. 143, 145).

Stets war für die Breite der klösterlichen Musikpflege die Präsenz (mindestens) eines musikkundigen Konventualen entscheidend. P. Edmund Sengmillner aus der Benediktinerabtei Michaelbeuern besaß bei seinem Tod 1714 eine umfassende Notensammlung von etwa 650 Wer-

---

13 Da das Repertoire der Kaiserlichen Hofmusikkapelle bis zum Tode Karls VI. offenbar nur schwer angezapft werden konnte, muss man Bestände anderer Wiener Kirchen als hauptsächlichen Faktor der Distribution vermuten.

ken mit typischer Streuung: Neben vielen Eigenkompositionen befanden sich darunter Werke Salzburger, Passauer und Wiener Komponisten, außerdem – wenn auch vereinzelt – anderer süddeutscher Provenienz sowie eine Reihe corellischer Sonaten (Federhofer 1962). Auf eine großräumigere Tradierung binnen Klöstern oder Orden deutet auch hier kaum etwas hin. Doch Mitte des 18. Jahrhunderts verdichtet sich insgesamt die Werkbreite, da infolge der in den Klöstern stark auflebenden Figuralmusik ein erhöhter Bedarf an Kompositionen eintrat. Die Zugänge kamen nun vermehrt im direkten Austausch der Chorregenten zu Stande (Riedel 1989, S. 108; Seifert 1997, S. 44f.; Hug 2007, S. 147f.) – anders ist das unsystematisch vorliegende Netzwerk an Kompositionen nicht zu erklären.[14] Doch konnten sich einzelne Komponisten mit ihrem kirchenmusikalischen Schaffen bereits großräumiger etablieren, beispielsweise Antonio Caldara und Franz Joseph Aumann.[15] Darüber hinaus sind es vereinzelte Besuche oder auch langfristige Bekanntschaften, die einen kasuellen Schwerpunkt im Bestand ergeben, wie etwa die Freundschaft zwischen P. Werigand Rettensteiner aus der Abtei Michaelbeuern und Johann Michael Haydn (Hintermaier 1985, S. 242), der auch zu den Stiften Kremsmünster und Lambach Kontakte unterhielt (Riedel 1982: Musikkultur, S. 266). Das Benediktinerstift Kremsmünster stand in Verbindung zu Antonio Salieri, Johann Georg Albrechtsberger, sowie Zeit seines Lebens zum ehemaligen Schüler Franz Xaver Süßmayr (vgl. Kellner 1956, S. 497, 498 und 499–506). Nahm ein Stiftsmusiker Unterricht bei einem anerkannten Lehrmeister wie z. B. der Herzogenburger Georg Donberger bei Antonio Caldara (Hug 2007, S. 147) oder der Göttweiger Virgil Fleischmann bei Johann Michael Haydn (Riedel 1982: Musikkultur, S. 266), trug auch dies nahezu zwangsläufig nebenher zu einem Ausbau des klösterlichen Musikbestandes bei (vgl. Riedel 1997, S. 37).

Gegen Ende des 18. Jahrhunderts übernahmen einesteils abschriftlich kursierende Kompositionen der Wiener Klassik (also Werke von

---

14 Dass im habsburgischen Gebiet vergleichsweise weniger Patres als Komponisten tätig waren als im sonstigen katholischen Reichsgebiet, erklärt Friedrich Wilhelm Riedel mit dem Hinweis auf einen größeren Aufgabenbereich, insbesondere in der Pfarrseelsorge. – Friedrich Wilhelm Riedel, «Österreichische Klosterkomponisten des 18. Jahrhunderts», in: *Musik und Geschichte. Gesammelte Aufsätze und Vorträge zur musikalischen Landeskunde* (= Studien zur Landes- und Sozialgeschichte der Musik 10), München – Salzburg 1989, S. 107–117: 109.

15 Zu Caldara liegt derweil keine einschlägige Studie vor; passim s. Brian W. Pritchard (Hrsg.), *Antonio Caldara. Essays on his life and times*, Aldershot 1987. Zu Aumann s. Peter Dormann, *Franz Joseph Aumann (1728–1797). Ein Meister in St. Florian vor Anton Bruckner. Mit thematischem Katalog der Werke* (= Studien zur Landes- und Sozialgeschichte der Musik 6), München – Salzburg 1985.

Joseph und Michael Haydn, aber auch von Johann Baptist Vanhal, Carl Ditters von Dittersdorf, Johann Georg Albrechtsberger usf.), anderntteils wiederum gedruckte Sammlungen (z. B. von Johann Melchior Dreyer oder später Franz Bühler) eine das Repertoire vereinheitlichende Funktion, die sich im Laufe des 19. Jahrhunderts noch verstärken sollte. Unterstützt wurde dieser Prozess von einer durch die aufklärerischen Reformen herbeigeführten Konzentration auf die Messvertonung, wobei die Gesänge des Propriums zumeist in Neuvertonungen (besonders Johann Michael Haydns) erklangen (Riedel 1982: Liturgie und Kirchenmusik, S. 129; vgl. z. B. die Notenbestände des Benediktinerstiftes Kremsmünster anhand der Notizen bei Kellner 1956, S. 347 f. sowie S. 449 f.). Nun unterscheidet sich das Repertoire an Klosterkirchen nicht mehr von demjenigen an größeren Pfarrkirchen. Ein deutliches Indiz für eine lokal spezifisch gelagerte Kirchenmusik ist jedoch überall weiterhin gegeben: Handschriftliche Überlieferungen überwiegen gedruckte bis nach 1850 bei weitem. Im Stift Rein befanden sich um 1820/30 ca. 100 Messen, 25 Requien, 90 Offertorien und Gradualien, 8 Vespern, 12 Litaneien und 25 Tantum ergo im Bestand (Hubmann 1991, S. 101), bis 1860 erweiterte sich der Bestand auf 173 Messen (+ 73), 43 Requien (+ 18), 206 Offertorien und Gradualien (+ 116), während dann für das cäcilianistische Repertoire vorwiegend Drucke angekauft wurden (Hubmann 1991, S. 134). Andere Inventare aus dieser Zeit, beispielsweise die für die Pfarrkirche Hallein bei Salzburg von Franz Xaver Gruber 1848 und 1861 angelegten, zeigen dieselbe Tendenz.

Im Kontext des Konvents

Wesentlich für die Standards klösterlicher Musikpflege war die Existenz und Größe einer Schule, aus der sich die Singknaben des Chores rekrutierten. Die Unterschiede sind beträchtlich und wirkten sich vor allem in der Besetzung musikalischer Aufführungen aus. Während z. B. die Stifte Kremsmünster, Lambach, Melk, Seitenstetten und St. Lambrecht über Gymnasien verfügten[16], was Personal auch für die Orchester

---

16 In Kremsmünster unter Maria Theresia zur adeligen Ritterakademie erhoben, was die Theaterkultur nochmals nachhaltig belebte, mit dem Niedergang des Schuldramas (verboten 1768) allerdings in eine Pflege von Singspielen und italienischen Opern mündete (daneben wurden auch Musikalische Akademien, Oratorien und lateinische Applausus gegeben). – Siehe dazu Friedrich Wilhelm Riedel, «Die Bedeutung der Musikpflege in den österreichischen Stiften zur Zeit von Joseph und Michael Haydn», in: *KmJb* 71 (1987), S. 55–63: 57 f.

stellte und die Entfaltung eines regen Theaterlebens nach sich zog (Kellner 1956, S. 183f., 185, 209, und weiter zur wechselvollen Geschichte des Stiftstheaters unter anderem S. 209, 293, 302, 446, 451f., 455, 459, 481; Freeman 1989, S. 233–286; Wonisch 1924, S. 17), sorgten anderwärts, beispielsweise in Lambach und Seitenstetten, die Konventualen selbst für Theatervorstellungen. Zur Sicherstellung der mehrstimmigen Kirchenmusik gab es in Göttweig und Melk seit dem 16. Jahrhundert eigens versorgte Singknaben (Riedel 1972, S. 144; Freeman 1989, S. 63), in Michaelbeuern seit etwa Mitte des 17. Jahrhunderts ein «Singknaben-Institut» (Hintermaier 1985, S. 244f.), ebenso hielten es andere Klöster (für Herzogenburg vgl. Hug 2007, S. 131, für St. Peter in Salzburg, wo neben den Singknaben in der Kirchenmusik vielfach Studenten der Benediktineruniversität beschäftigt waren, vgl. Eder 1991, S. 96–98; Eder 1997, S. 17). Überall dort blieben die theatralischen Aktivitäten vergleichsweise bescheiden. Schauspiele und auch Applausus-Kantaten waren selten (Riedel 1982: Musikkultur, S. 265).

Die personellen Ressourcen eines Klosters konnten noch geringer ausfallen als eben angedeutet. Das Stift Rein war – nachdem über die vorige Praxis nichts bekannt ist[17] – auf die Zusammenarbeit mit dem örtlichen Schullehrer angewiesen, was nebenher auch den Musikalienbestand beeinflusste. Erst die Gründung einer Normalschule im Ort führte zur Anstellung des Lehrers Sebastian Rauchleitner, der «unermüdet im Schul= und Musikunterrichte» Abschriften für die Musikpflege im Stift anfertigte, darunter auch deutsche Kirchenlieder, wovon er einige selbst komponiert hat (Hubmann 1991, S. 89–91; ähnlich in Herzogenburg, vgl. Hug 2007, S. 133).

Als sich die klösterliche Musikkultur im zweiten Drittel des 18. Jahrhunderts zur Blüte entfaltete (vgl. unter anderem Riedel 1997, S. 39), stellte man neben Singknaben noch weitere weltliche Sänger (Choralisten) und Musiker regulär an (Riedel 1982: Musikkultur, S. 265; Riedel 1989, S. 108; Eder 1991, S. 104, 113–120; Eder 1997, S. 20; Riedel 1997, S. 41). Diese Stiftsmusiker genossen Vorteile der sozialen Absicherung, erhielten oft Zulagen und freie Wohnung, hatten sich aber in ihrem Lebenswandel untadelig zu verhalten und wurden durch das Naheverhältnis zum Dienstgeber indirekt überwacht (vgl. Lindner,

---

17 Durchaus konnten die Oberstimmen in Einzelfällen auch von Frauen übernommen werden. Siehe dazu P. Petrus Eder, «Die Sankt-Petrischen Musikanten», in: *Das Benediktinerstift St. Peter in Salzburg zur Zeit Mozarts*, hrsg. v. der Erzabtei St. Peter, red. v. P. P. Eder OSB u. G. Walterskirchen, Salzburg 1991, S. 95–125: 105; ders., «Die Organisation und Finanzierung des Musikpersonals an den Stiften der alten Orden», in: *Musik der geistlichen Orden in Mitteleuropa zwischen Tridentinum und Josephinismus*, S. 15–23: 20f.

S. 113 f.). Die Klöster selbst übernahmen – im Gegensatz zu den Gemeinden bei Thurnermeistern – die Ausstattung mit Musikinstrumenten und scheuten darin größere Ausgaben nicht. Auffällig ist der im 18. Jahrhundert stets breit vorhandene Instrumentenbestand (Riedel 1966, S. 197; Eder 1991, S. 120; Hubmann 1991, S. 127; Hintermaier 1996, S. 482; Hintermaier 1997, S. 72 f.; Seifert 1997, S. 44; Hug 2007, S. 138 f.) (*Abb. 3*). Hinzu kommt eine beständige Sorge um funktionstüchtige und intonatorisch überzeugende Orgeln (z.B. Kellner 1956, unter anderem S. 191 f., 232, 260, 267, 282, 308, 319, 322, 329, 359; Hubmann 1991, S. 81, 97; Niemetz 1994, S. 106–108; Hintermaier 1996, S. 479–482, weist für Seekirchen 23 Reparaturvorgänge bzw. Ankäufe im Zeitraum von 1633–1884 nach).

9 Violinen
4 Violen
2 Vio[lon]zello [sic]
2 Violons
2 B Clarinetto./neu/
2 B Clarinett/alt./
2 C Clarinetto/neu/[1]839 angeschafft. 50 fl CM
2 C Clarinetto/alt./sind schon unbrauchbar
3 [später ausgebessert: 2] Fagotto
2 Corno ange[schafft].[1]830
5 Clarin angeschafft 1830: einfach [später wieder durchgestrichen]
2 Clarin mit Klappen [1]830 [später wieder durchgestrichen]
2 Clarin mit Maschin [1]839 angeschafft. 60 fl CM [späterer Zusatz:]/3 Tr. neue 1858.
1 Flügelhorn mit Maschin [1]839 angeschafft 30 fl CM [späterer Zusatz:] 1 Fl[ü]g[el]h[orn].-
1 Trompette [durchgestrichen] diese hat Hw Pralat [sic] dem Schulle[rer]/Kollman[n] geschenkt /den 8.November [1]843 eine Baßposaune/angeschafft mit alt Maschine um 30 fl CM
2 Oboen
2 Pauken
1 Guittar [durchgestrichen]
1 Violin angeschafft [1]840/:Steinerin:/ 80 fl CM
2 Violen [1]841 angeschafft 1 Bogen 75 fl CM
1 Violin von Hochw[ürden]. P. Friedrich [Calisto]. 3 Bogen/[durchgestrichen: nicht] hier
1 C Picolo v[on Hochwürden P. Friedrich Calisto]
1 Flöte mit 3 Mittelstücke. alt u[nd] schlecht
1 As Clarinetto [1]842 angeschafft. 3 fl CM
1 Flöte mit Zug u[nd] 4 Klappen [1]842 8 fl CM

Abb. 3: Inventarium der Musikinstrumente im Zisterzienserstift Rein

Alle Instrumente waren in erster Linie zum Gebrauch in der Kirche gedacht. Tafelmusik wurde generell nur zu wenigen Anlässen (z. B. bei hohem Besuch, am Namenstag des Abtes – wenn er das Refektorium aufsuchte –, im Fasching, an Kirchweih, bei Professen, Primizen und Priesterweihen) gemacht (Riedel 1982: Musikkultur, S. 267; Riedel 1987, S. 57; Riedel 1997, S. 40f.). Dass davon des öfteren berichtet wird, deutet meines Erachtens auf die Außergewöhnlichkeit solcher Ereignisse hin (vgl. Kellner 1956, S. 313–315; Kantner 1997).

Die Verflechtung zwischen Ausbildung und Kloster wurde oft dadurch untermauert, dass der Schulmeister zugleich als Kantor oder Organist wirkte (Kellner 1956, S. 184, 196; Eder 1997, S. 17). Gleich ihm unterwiesen auch ältere Stiftsmusiker die Singknaben, während Konventualen dies manchenorts lange Zeit versagt blieb. Die vielleicht einzig positive Konsequenz der josephinischen Reformen für die Musikpflege der Klöster bestand in solchen Fällen darin, dass die Klausurbestimmungen gelockert wurden und den Konventualen Instrumentalunterricht zu nehmen bzw. zu geben und in der persönlichen Freizeit (Rekreation) nun auch zu singen und zu musizieren ermöglichten (Riedel 1987, S. 58; Riedel 1997, S. 41); in anderen Klöstern war aber den Konventualen das private Musizieren grundsätzlich erlaubt worden, z. B. in St. Peter in Salzburg (vgl. Kellner 1956, S. 304; Eder 2005, S. 345).

Einziger Ort einer ordensspezifischen Musikpflege blieb der Choralgesang (zusammenfassend und zugleich grundlegend Flotzinger 1997), der zwar in der Missa von Figuralmusik zurückgedrängt worden war, im Offizium aber meistenteils nur zur Vesper, Komplet, an Weihnachten und in der Karwoche auch zur Matutin figural ersetzt wurde (Kantner 1993, S. 242; Flotzinger 1997, passim). Der Reformwille des Tridentinums (sprich die «Editio Medicaea») wurde allerdings zaghaft umgesetzt, wozu das späte Erscheinen des *Graduale Romanum* (1614/15) ebenso beitrug wie die modischen Alternativen figuralen Gesanges (Flotzinger 1997, S. 176f.). Außerdem hatten einzelne Ordensgemeinschaften (Benediktiner, Dominikaner, Zisterzienser...) gewisse Sonderrechte behalten (Kantner 1993, S. 241; vgl. Kellner 1956, S. 199f.; Hanak 2003, S. 20–24), die noch dazu von Kloster zu Kloster unterschiedlich gehandhabt wurden. Im Stift Rein wurde der reformierte Zisterzienser-Choral vor 1747 eingeführt (Hubmann 1991, S. 63f.) und bis zur Mitte des 19. Jahrhunderts gesungen (also folglich die ordenseigene Choralreform von 1668 lange Zeit ignoriert, vgl. Flotzinger 1997, S. 186), ehe die Trappisten ein neues Antiphonale, Psalterium und Graduale herausgaben (Hubmann 1991, S. 102). Ordensübergreifend wurde das Chorgebet wochentags choraliter gehalten, an Sonn- und Feiertagen teils figuraliter; die Kleinen Horen hat man zuweilen verbunden,

Matutin und Laudes manchmal antizipiert (um 5 Uhr nachmittags, siehe Hug 2007, S. 113). Die josephinistischen Maßnahmen machten indes auch vor dem Offizium nicht halt. Ab 1783 wurde es eingeschränkt, indem Lesungen den Choral ersetzten (vgl. Freeman 1989, S. 161–163), 1787 kam es – mit dem seltsamen Argument, dies sei gesundheitsgefährdend – sogar zur Abschaffung des Choralgesangs (Lindner 2007, S. 126). Im Vormärz fand vielfach kein gemeinsames Chorgebet mehr statt (Riedel 1987, S. 59). In Lilienfeld betete man noch Prim und Komplet mitsammen, alle übrigen Horen jedoch privat (Hanak 2003, S. 26). Erst nach dem Revolutionsjahr 1848, das mit dem Ende der Grundherrschaft eine Neuorientierung der Stifte auslöste, kehrte das reguläre monastische Leben wieder ein (Riedel 1987, S. 63).

Fazit

Die spezifische Stellung der erbländischen Stifte ergab sich daraus, dass sie nicht reichsunmittelbar waren, sondern dem Kaiser als Landesherrn unterstellt. Davon zeugen die sog. «Kaisersäle» bzw. «Kaiserappartements», deren Existenz sich der seit dem Mittelalter nachzuweisenden Beherbergungspflicht der Klöster verdankt und deren ikonographisches Programm sich im habsburgischen Territorium von denjenigen im übrigen Reichsgebiet deutlich unterscheidet (Matsche 1997, bes. S. 324f., 327, 330f.[18]). Die Orientierung auch des musikalischen Repertoires analog zur Praxis am Wiener Hof ist eine logische Folge – auch wenn nicht Werke im Einzelnen, sondern deren Anlage und stilistische Ausprägung maßgeblich wurden. Doch erst die Aufgabe eines kulturzentralistischen Denkens nach dem Tod Karls VI. setzte eine Intensität der klösterlichen Musikkultur frei. Dass der entscheidende Vorstoß zur Aufgabe eines ‹schwelgerischen› Musiklebens wiederum vom Kaiserhaus getragen wurde, katalysierte allerdings deren Zusammenbruch. Eine Erholung folgte zwar auf dem Fuß, konnte aber ein eigenständiges ‹monastisches› Profil nicht mehr entfalten.

---

18 Matsche spricht (S. 330) von «der Gruppe der sogenannten Kaisersäle, die sich auf ehemals habsburgisch-österreichischem Territorium befinden und die durchwegs nur Zyklen habsburgischer Kaiser aufweisen und nur diesen bzw. dieser Dynastie als ihrem Landesherren huldigen. Das herrschaftliche Bezugsmoment ist also nicht das Reich, sondern die habsburgische Landesherrschaft.»

Literatur

Klöster und Stifte in Österreich

Angerer, Joachim: *Klösterreich. Die Stifte und Klöster in Bayern, Österreich und der Schweiz*, Wien u. a. 1978.
Röhrig, Floridus: *Alte Stifte in Österreich* (Schroll Kulturführer), 2 Bände, Wien – München 1966 bzw. 1967.
Schaffran, Emerich, u. a.: *Reise ABC Stifte in Österreich*, Linz 1962.

Klösterliche Musikgeschichte

Biba, Otto: «Barockmusik im Donautal», in: *Mitteleuropäische Kontexte der Barockmusik. Bericht über die Internationale musikwissenschaftliche Konferenz Bratislava 1994* (= Historia Musicae Europae Centralis. Congressus Internationales Musicologici Bratislavenses II) hrsg. v. P. Polák, Bratislava 1997, S. 47–53.
Eder, P. Petrus OSB: «*Deo pLaCet MVsICa.*» Die Musik in den Klöstern Salzburgs nach 1600, in: *Salzburger Musikgeschichte. Vom Mittelalter bis ins 21. Jahrhundert*, hrsg. v. J. Stenzl, E. Hintermaier u. G. Walterskirchen, Salzburg – München 2005, S. 332–349.
Eder, P. Petrus OSB: «Die Organisation und Finanzierung des Musikpersonals an den Stiften der alten Orden», in: *Musik der geistlichen Orden in Mitteleuropa zwischen Tridentinum und Josephinismus. Konferenzbericht Trnava, 16.–19.10.1996*, hrsg. v. L. Kačic, Bratislava 1997, S. 15–23.
Eder, P. Petrus OSB: «Die Sankt-Petrischen Musikanten», in: *Das Benediktinerstift St. Peter in Salzburg zur Zeit Mozarts*, hrsg. v. der Erzabtei St. Peter, red. v. P. P. Eder OSB u. G. Walterskirchen, Salzburg 1991, S. 95–125.
Federhofer, Hellmut: «Alte Musikalien-Inventare der Klöster St. Paul (Kärnten) und Göß (Steiermark)», in: *KmJb* 35 (1951), S. 97–112.
Federhofer, Hellmut: «Zur Musikpflege im Benediktinerstift Michaelbeuern (Salzburg)», in: *Festschrift Karl Gustav Fellerer zum sechzigsten Geburtstag*, hrsg. v. H. Hüschen, Regensburg 1962, S. 106–127.
Federhofer-Königs, Renate: «Zur Musikpflege in der Wallfahrtskirche von Mariazell (Steiermark)», in: *KmJb* 41 (1957), S. 117–135.
Flotzinger, Rudolf: «Zur Pflege des Chorals in Österreich vom Tridentinum bis Josephinismus», in: *Musik der geistlichen Orden in Mitteleuropa zwischen Tridentinum und Josephinismus. Konferenzbericht Trnava, 16.–19.10.1996*, hrsg. v. L. Kačic, Bratislava 1997, S. 175–188.
Freeman, Robert N.: *The Practice of Music at Melk Abbey. Based upon the Documents, 1681–1826* (= Veröffentlichungen der Kommission für Musikforschung der Österreichischen Akademie der Wissenschaften 23), Wien 1989.
Grasemann, Friederike: *Die franziskanische Messenkomposition im 17. und 18. Jahrhundert. Gezeigt an dem Notenbestand des Maria Enzensdorfer Klosterarchivs*, Diss. Wien (Universität Wien) 1963.
Hanak, Bernhard: *Musikgeschichte des Stiftes Lilienfeld*, Diss. Wien (Universität für Musik und darstellende Kunst) 2003.

Hintermaier, Ernst: «Heinrich Ignaz Biber von Bibern (1644–1704) und das Benediktinen-Frauenstift Nonnberg. Musikpflege und Musikkultur eines adeligen Frauenstiftes im hoch- und spätbarocken Salzburg», in: *Deus Caritas. Festgabe Jakob Mayr*, hrsg. v. H. Paarhammer, Thaur o. J., S. 207–231.

Hintermaier, Ernst: «Materialien zur Musik und Musikpflege im Benediktinerstift Michaelbeuern im 17., 18. und 19. Jahrhundert», in: *Dokumentation Benediktinerabtei Michaelbeuern*, hrsg. v. der Benediktinerabtei Michaelbeuern, Salzburg 1985, S. 237–248.

Hintermaier, Ernst: «Musik und Musikpflege in Seekirchen», in: *1300 Jahre Seekirchen. Geschichte und Kultur einer Salzburger Marktgemeinde*, hrsg. v. H. und E. Dopsch, Seekirchen 1996, S. 470–484, 945–950.

Hintermaier, Ernst: «Musikpflege und Musizierpraxis an Kollegiatstiften des Erzbistums Salzburg im 17., 18. und 19. Jahrhundert», in: *Musik der geistlichen Orden in Mitteleuropa zwischen Tridentinum und Josephinismus. Konferenzbericht Trnava, 16.–19.10.1996*, hrsg. v. L. Kačic, Bratislava 1997, S. 67–79.

Hochradner, Thomas: «Das Schaffen von Johann Joseph Fux in klösterlicher Musiziertradition. Eine komparative Untersuchung und ihre möglichen Schlußfolgerungen», in: *Musik der geistlichen Orden in Mitteleuropa zwischen Tridentinum und Josephinismus. Konferenzbericht Trnava, 16.–19.10.1996*, hrsg. v. L. Kačic, Bratislava 1997, S. 275–284.

Hörsch, Markus / Oy-Marra, Elisabeth (Hrsg.): *Kunst – Politik – Religion. Studien zur Kunst in Süddeutschland, Österreich, Tschechien und der Slowakei. Festschrift für Franz Matsche zum 60. Geburtstag*, Petersberg 2000.

Hoffmann, Wolfgang: «Zur Werküberlieferung franziskanischer Komponisten im 17. und 18. Jahrhundert in der Provinz Tirol», in: *Musik der geistlichen Orden in Mitteleuropa zwischen Tridentinum und Josephinismus. Konferenzbericht Trnava, 16.–19.10.1996*, hrsg. v. L. Kačic, Bratislava 1997, S. 111–136.

Hubmann, Klaus: *Materialien zur Musikpflege im Zisterzienserstift Rein und in seinen Pfarren*, 2 Bände, Diss. Graz (Universität Graz) 1991.

Hug, Raimund: *Georg Donberger (1709–1768) und die Musikpflege im Augustiner-Chorherrenstift Herzogenburg, 2 Teile: Textdarstellung und Werkverzeichnis* (= Kirchenmusikalische Studien 5), Sinzig 2007.

Kačic, Ladislav: «Figuralmusik der Franziskaner in Mitteleuropa – Repertoire und Aufführungspraxis», in: *Musik der geistlichen Orden in Mitteleuropa zwischen Tridentinum und Josephinismus. Konferenzbericht Trnava, 16.–19.10.1996*, hrsg. v. L. Kačic, Bratislava 1997, S. 163–174.

Kačic, Ladislav: «Missa franciscana der Marianischen Provinz im 17. und 18. Jahrhundert», in: *Studia musicologica* 23 (1991), S. 5–107.

Kačic, Ladislav (Hrsg.): *Musik der geistlichen Orden in Mitteleuropa zwischen Tridentinum und Josephinismus. Konferenzbericht Trnava, 16.–19.10.1996*, Bratislava 1997.

Kantner, Leopold M.: «Liturgische Gesetzgebung und liturgisches Gewohnheitsrecht in der Barockzeit», in: *Musik des 17. Jahrhunderts und Pavel Vejvanovský, Bericht des Symposiums Kremsier 1993*, hrsg. v. J. Sehnal, Brno 1994, S. 241–247.

Kantner, Leopold M.: «Rekreations- und Refektoriumsmusik in österreichischen Stiften», in: *Musik der geistlichen Orden in Mitteleuropa zwischen Tridentinum und Josephinismus. Konferenzbericht Trnava, 16.–19.10.1996*, hrsg. v. L. Kačic, Bratislava 1997, S. 269–273.

Kellner, P. Altman OSB: *Musikgeschichte des Stiftes Kremsmünster*, Kassel – Basel 1956.

Kollbacher, Adolf: *Musikpflege in Mariazell. Drei Generationen der Familie Widerhofer 1756 bis 1876. Mit einem Thematischen Katalog ihrer Werke* (= Stichwort Musikwissenschaft), Wien 1995.

Lindner, Andreas: «Gesundheitliche Probleme im musikalischen Alltag: Darstellungen am Beispiel oberösterreichischer Stiftskapellen», in: *Streifzüge 1. Beiträge zur oberösterreichischen Musikgeschichte* (= Oberösterreichische Schriften zur Volksmusik 5), hrsg. v. Oberösterreichischen Volksliedwerk / Volksliedarchiv durch Kl. Petermayr u. E. W. Partsch, Linz 2007, S. 113–126.

Lindner, Andreas: *Musikpflege in den oberösterreichischen Stiften. Aufbau, Organisation und Personal*, Wien 2008 (= Veröffentlichungen des RISM Österreich A/9).

Matsche, Franz: «Die inhaltliche Konzeption der Werke des Kaiserstils unter Karl VI.», in: *Johann Joseph Fux und seine Zeit. Kultur, Kunst und Musik im Spätbarock* (= Publikationen der Hochschule für Musik und Theater Hannover 7), hrsg. v. A. Edler u. Fr. W. Riedel, Laaber 1996, S. 35–74.

Matsche, Franz: *Die Kunst im Dienst der Staatsidee Kaiser Karl VI.* (= Beiträge zur Kunstgeschichte 16/1), 2 Teile, Berlin – New York 1981.

Matsche, Franz: «Kaisersäle – Reichssäle. Ihre bildlichen Ausstattungsprogramme und politischen Intentionen», in: *Bilder des Reiches* (= Irrseer Schriften 4), hrsg. v. R. A. Müller, Simaringen 1997, S. 323–355.

Mitterschiffthaler, Karl: *Die Musikpflege im Zisterzienserstift Wilhering unter besonderer Berücksichtigung der Choralpflege*, Diss. Wien (Universität Wien) 1995.

Münster, Robert: «Wiener Kirchenmusik im Reichskloster Ottobeuren zur Zeit Karl VI.», in: *Mitteleuropäische Kontexte der Barockmusik. Bericht über die Internationale musikwissenschaftliche Konferenz Bratislava 1994* (= Historia Musicae Europae Centralis. Congressus Internationales Musicologici Bratislavenses II), hrsg. v. P. Polák, Bratislava 1997, S. 185–191.

Niemetz, Alois: «Musikpflege in der ehemaligen Abtei Neukloster in Wiener Neustadt», in: *Stift Neukloster 1444–1994*, hrsg. v. G. Auer u. W. Sengstschmid, ohne Ort [Wiener Neustadt] 1994, S. 106–114.

Riedel, Friedrich W.: «Das Benediktinerstift Göttweig (Niederösterreich) als Zentrum der Musikpflege im Zeitalter zwischen katholischen und josephinischen Reformen», in: *Musik der geistlichen Orden in Mitteleuropa zwischen Tridentinum und Josephinismus. Konferenzbericht Trnava, 16.–19.10.1996*, hrsg. v. L. Kačic, Bratislava 1997, S. 35–42.

Riedel, Friedrich W.: «Die Bedeutung der Musikpflege in den österreichischen Stiften zur Zeit von Joseph und Michael Haydn», in: *KmJb* 71 (1987), S. 55–63.

Riedel, Friedrich W.: «Die Kirchenmusik im Benediktinerstift Göttweig», in: *Singende Kirche* 13 (1966), S. 196–202.

Riedel, Friedrich W.: «Die Libretto-Sammlung im Benediktinerstift Göttweig», in: *FAM* 13 (1966), S. 105–111.

Riedel, Friedrich W.: «Die Musikkultur der österreichischen Stifte», in: *Joseph Haydn in seiner Zeit*, Ausstellungskatalog Eisenstadt 1982, S. 142–151.

Riedel, Friedrich W.: «Die Wiener Minoriten und ihre Musikpflege», in: *Musik und Geschichte. Gesammelte Aufsätze und Vorträge zur musikalischen Landeskunde* (= Studien zur Landes- und Sozialgeschichte der Musik 10), München – Salzburg 1989, S. 100–106.

Riedel, Friedrich W.: «Liturgie und Kirchenmusik», in: *Joseph Haydn in seiner Zeit*, Ausstellungskatalog Eisenstadt 1982, S. 121–133.

Riedel, Friedrich W.: «Musikpflege im Stift Göttweig unter Abt Gottfried Bessel», in: *Gottfried Bessel (1672-1749), Diplomat in Kurmainz – Abt von Göttweig. Wissenschafter und Kunstmäzen* (= Quellen und Abhandlungen zur mittelrheinischen Kirchengeschichte 16), Mainz 1972, S. 141–172.

Riedel, Friedrich W.: «Österreichische Klosterkomponisten des 18. Jahrhunderts», in: *Singende Kirche* 34 (1987), S. 101–107. Ebenso in: *Musik und Geschichte. Gesammelte Aufsätze und Vorträge zur musikalischen Landeskunde* (= Studien zur Landes- und Sozialgeschichte der Musik 10), München – Salzburg 1989, S. 107–117.

Ruhland, Konrad: «Unterhaltungsmusik am Benediktinerinnen-Frauenstift Nonnberg oder Musik zur Recreation und Recollectio?», in: *Auf eigenem Terrain. Beiträge zur Salzburger Musikgeschichte. Festschrift Gerhard Walterskirchen zum 65. Geburtstag*, hrsg. v. A. Lindmayr-Brandl u. Th. Hochradner, Salzburg 2004, S. 41–86.

Ruhland, Konrad: «Zur Geschichte der Pastorella in Salzburg», in: *«Stille Nacht! Heilige Nacht!» zwischen Nostalgie und Realität. Joseph Mohr – Franz Xaver Gruber – Ihre Zeit* (= Salzburg Studien. Forschungen zu Geschichte, Kunst und Kultur 4), hrsg. und eingeleitet v. Thomas Hochradner, unter Mitarbeit von Silvia Steiner-Span, Salzburg 2002, S. 115–127.

Seifert, Herbert: «Musik im Stift Klosterneuburg», in: *Musik der geistlichen Orden in Mitteleuropa zwischen Tridentinum und Josephinismus. Konferenzbericht Trnava, 16.–19.10.1996*, hrsg. v. L. Kačic, Bratislava 1997, S. 43–50.

Walterskirchen, Gerhard: «‹... lange mit keinem Parnaß umgeben›. Salzburg und die Jesuiten», in: *«Aurora musas nutris». Die Jesuiten und die Kultur Mitteleuropas im 16.–18. Jahrhundert*, hrsg. v. L. Kačic, Bratislava 2008, S. 175–182.

Walterskirchen, Gerhard: «*Musica figuralis est in bono statu*. Musik im Benediktinen-Frauenstift Nonnberg in Salzburg», in: *Musik der geistlichen Orden in Mitteleuropa zwischen Tridentinum und Josephinismus. Konferenzbericht Trnava, 16.–19.10.1996*, hrsg. v. L. Kačic, Bratislava 1997, S. 25–33.

Weiß, P. Franz M. OSM: «Zur Musikgeschichte des *Versperrten Klosters* der Servitinnen in Innsbruck im 17. und 18. Jahrhundert», in: *Musik der geistlichen Orden in Mitteleuropa zwischen Tridentinum und Josephinismus. Konferenzbericht Trnava, 16.–19.10.1996*, hrsg. v. L. Kačic, Bratislava 1997, S. 81–86.

Wonisch, Othmar: «Musikpflege im Stift St. Lambrecht», in: *Aus dem Musikleben des Steirerlandes*, hrsg. v. K. Hafner, Graz 1924, S. 15–21.

Wonisch, Othmar: *Die Theaterkultur des Stiftes St. Lambrecht* (= Zeitschrift des Historischen Vereines für Steiermark, Sonderband 2), Graz 1957.

Inventare und Bestand

Benedikt, Erich / Jahn, Michael: *Die Musikhandschriften der Klosterkirche der Barmherzigen Brüder in Wien* (= Veröffentlichungen des RISM Österreich A/7), Wien 2007.

Flotzinger, Rudolf: *Die Lautentabulaturen des Stiftes Kremsmünster* (= Tabulae Musicae Austriacae 2), Wien 1965.

Herrmann-Schneider, Hildegard: *Die Musikhandschriften der Pfarrkirche und der Musikkapelle Vils. Thematischer Katalog* (= Beiträge zur Musikforschung in Tirol 2), Innsbruck 1993.

Herrmann-Schneider, Hildegard: *Die Musikhandschriften des Dominikanerinnenklosters Lienz im Tiroler Landesmuseum Ferdinandeum. Thematischer Katalog* (= Beiträge zur Musikforschung in Tirol 1), Innsbruck 1984.

Lang, Gerda: *Zur Geschichte und Pflege der Musik in der Benediktiner-Abtei zu Lambach. Mit einem Katalog zu den Beständen des Musikarchivs*, 3 Bände, Diss. Salzburg (Universität Salzburg) 1978.

Lindner, Andreas / Jahn, Michael: *Die Musikhandschriften des Augustiner-Chorherrenstifts St. Florian* (= Veröffentlichungen des RISM Österreich A/2a–b), Bd. I: Die weltlichen Werke, Wien 2005, Bd. II: Die geistlichen Werke, Wien 2007.

Mitterschiffthaler, Karl: *Das Musikarchiv des Stiftes Vorau: Die Handschriften (18.–20. Jahrhundert)* (= Tabulae Musicae Austriacae 15), Wien 2006.

Mitterschiffthaler, Karl: *Das Notenarchiv der Musiksammlung im Zisterzienserstift Wilhering* (= Tabulae Musicae Austriacae 9), Wien 1979.

Riedel, Friedrich Wilhelm: *Der Göttweiger Thematische Katalog von 1830* (= Studien zur Landes- und Sozialgeschichte der Musik 2/3), 2 Bände [Edition und Kommentar], München – Salzburg 1979.

Weinmann, Alexander: *Handschriftliche Thematische Kataloge aus dem Benediktinerstift Melk* (= Tabulae Musicae Austriacae 10), Wien 1984.

Zum Choralgesang mit Generalbass-Begleitung in Tiroler Klöstern des 18. Jahrhunderts

HILDEGARD HERRMANN-SCHNEIDER (Innsbruck)

Die Chororgel der Zisterzienser-Stiftskirche Stams in Tirol zählt zu den bedeutendsten historischen Orgeln Österreichs. Sie ist unmittelbar an das Chorgestühl angebaut, ihr faszinierender Klang vermag die große Basilika voll auszufüllen. Die Kartusche über dem Mittelfeld ihres Prospekts gibt Zeugnis von ihrer Entstehung, sie zeigt die Jahreszahl «1757» und das Wappen des Stamser Abtes Rogerius Sailer (1694 Telfs/Tirol – Stams 1766), unter dessen Regentschaft sie erbaut wurde (Abb. 1). Alfred Reichling hat das anonyme Instrument als Werk des renommierten Allgäuer Orgelbauers Andreas Jäger (1704 Roßhaupten – Füssen 1773) identifiziert.[1]

Die primäre Funktion einer – zumeist in Klosterkirchen vorzufindenden – Chororgel liegt darin, in Messe und Officium den liturgischen Sängerchor zu stützen, zu begleiten oder mit ihm zu alternieren. Die in der Regel zusätzlich vorhandene große Hauptorgel auf der Empore hingegen kommt vor allem zur Begleitung von Gemeindegesang bzw. für figurale Kirchenmusik zum Einsatz. In Stams liegt nun der seltene Glücksfall vor, dass ein Musikinstrument und Notenmaterial im Original zusammengehörig und idealtypisch am selben Ort überkommen sind. Das heißt: In Stams haben sich die Chororgel aus dem Jahr 1757 und ein handschriftliches Choralbuch aus der Zeit um 1770/80 erhalten, das sich durch einen Kopftitel in seinem Anhang zweifelsfrei als ein mit eben dieser Chororgel gebrauchtes Kompendium zu erkennen gibt.

---

1 Jäger unterhielt nachweislich ab 1733 seine Werkstatt in Füssen. Von 1734 bis etwa 1770 errichtete er allein in Nord- und Südtirol über ein Dutzend Orgeln, vom Positiv mit drei Registern (Elbigenalp, ohne Datierung) bis zum Instrument mit zwei Manualen und 36 Registern (Pfarrkirche Bozen, 1764/66). Auch die Pfarrkirche Stams stattete er aus (um 1757, 10 Register). Jägers Chororgel der Stiftskirche Stams wurde mehrmals überholt: 1853 von Johann Strobl, 1880 von Franz Weber, 1951/52 von der Werkstatt Karl Reinisch's Erben (vgl. Alfred und Matthias Reichling, Orgellandschaft Tirol, im Internet unter www.musiklandtirol.at). Eine weitere exzellente Chororgel Jägers (ca. 1750) steht im Mönchschor der ehemaligen Klosterkirche St. Mang zu Füssen (vgl. zuletzt Alfred Reichling, «Jäger», in: MGG2, Personenteil 9 (2003), Sp. 847 f.). – Alle hier zitierten Websites beziehen sich auf deren Stand vom 20. Nov. 2007 bzw. Sept. 2010.

Abb. 1

Somit wird es erstmals möglich, einen relativ konkreten Einblick in einen Teilbereich liturgischer Musikpraxis in diesem Zisterzienserstift zu gewinnen, nämlich den Choralgesang mit Generalbass-Begleitung während der zweiten Hälfte des 18. und noch ersten Hälfte des 19. Jahrhunderts. Hierzu sei im Folgenden einiges in Auswahl skizziert, weniger vom Standpunkt eines Choralforschers aus als unter der Perspektive einer Komponente zur Musikgeschichte dieses Klosters und ähnlicher Institutionen im allgemeinen. Zum einen soll in diesem Beitrag eine annähernde Vorstellung von einer besonderen Art der Choralpflege in Stams um 1770/80 vermittelt, zum anderen einigen repräsentativen Fragen nachgegangen werden, etwa: Worauf fußt diese Tradition? Ist sie eine lokal oder regional gebundene, ist sie vielleicht eine ordenseigene? Ist sie eine vorübergehende Einzelerscheinung oder Repräsentantin bzw. Variante eines üblichen Zeitstils?

In den dreißiger Jahren des 20. Jahrhunderts haben Leo Söhner und Karl Gustav Fellerer dem Thema Choralgesang mit Orgelbegleitung Studien gewidmet, seither war es kaum mehr Gegenstand musikhistorischer Forschung.[2] 2005 publizierte Franz Karl Praßl einen Auf-

---

2 Leo Söhner OSB, *Die Geschichte der Begleitung des gregorianischen Chorals in Deutschland vornehmlich im 18. Jahrhundert* (= Veröffentlichungen der gregorianischen Akademie zu Freiburg i[n] d[er] Schweiz, H. 16), Augsburg 1931; ders.,

satz «Choralquellen in der Grazer Bibliothek der Franziskaner», der insbesondere eine Auflistung von Quellen bringt, einschließlich solcher aus dem 18. Jahrhundert mit «im Generalbaßstil ausharmonisierten gregorianischen Gesängen» und versteht ihn als Impuls für weiterführende Untersuchungen.[3] Die einzigartige Stamser Konstellation einer verschiedenartigen und doch gleichzeitig geschlossenen Quellenüberlieferung bietet sich also geradezu prädestiniert an für einen Gewinn aktueller Erkenntnisse. Diese kommen nicht nur der Musikgeschichtsschreibung von Stams zugute, sondern ebenso zum Beispiel der des Zisterzienserordens, zunächst in Österreich: Karl Mitterschiffthaler hat in seiner Wiener Dissertation 1995 *Die Musikpflege im Zisterzienserstift Wilhering [Oberösterreich] unter besonderer Berücksichtigung der Choralpflege* in seinen Ausführungen zum 18. Jahrhundert darlegt, dass laut einem Beschluss des Vikariatskapitels im niederösterreichischen Zisterzienserkloster Lilienfeld von 1731 beim Officium der Choral keinesfalls mit Orgelbegleitung, sondern allenfalls mit Alternatim-Spiel der Orgel zu singen war, ferner, dass diese Verordnung durch die Äbteversammlung von 1766 im Zisterzienserstift Zwettl, ebenfalls in Niederösterreich, ihre Bestätigung erfuhr.[4] Dies steht im Gegensatz zum Befund über die Verhältnisse in Stams. Derselbe Autor macht in seinem Artikel «Zisterzienser» in der *MGG* 1998 in den Ausführungen zur «ordenseigenen Choraltradition» einen Sprung vom Ende des 17. in das 19. Jahrhundert.[5] Das 18. Jahrhundert ist dabei komplett ein Desideratum.

Die Orgelbegleitung zum gregorianischen Gesang (= Kirchenmusikalische Reihe, H. 2), Regensburg 1936; ders., *Kurze Anleitung zur Begleitung des gregorianischen Gesangs*, Regensburg o. J.; Karl Gustav Fellerer, *Der gregorianische Choral im Wandel der Jahrhunderte* (= Kirchenmusikalische Reihe, H. 3), Regensburg 1936; vgl. Friedrich Wilhelm Riedel, «Der Choral im Spiegel der Mehrstimmigkeit», in: *Choral und Mehrstimmigkeit. [3.] Symposion 1990 der Brixner Initiative Musik und Kirche*, Brixen 1991, S. 76.

3   In: «*Plaude turba paupercula*». *Franziskanischer Geist in Musik, Literatur und Kunst. Konferenzbericht Bratislava [...] 2004*, hrsg. v. Ladislav Kačic, Bratislava 2005, S. 33–50. Vgl. Irenäus Tomasz Toczydlowski OFM, *Das gesungene Stundengebet bei den Grazer Franziskanern in der Mitte des 18. Jahrhunderts*, Diplomarbeit (Magister der Theologie) Universität Graz 2005, ferner Katharina Larissa Paech, *Barocke Hymnen aus der Bibliothek des Franziskanerklosters Graz*, Wissenschaftliche Bakkalaureatsarbeit in Gregorianischer Choral Universität für Musik und darstellende Kunst, Graz 2006.

4   S. 151 f.

5   Karl Mitterschiffthaler, «Zisterzienser», in: *MGG2*, Sachteil 9 (1998), Sp. 2394 f.

Das Stamser Choralbuch

Das Stamser Choralbuch von ca. 1770/80 ist eine der exquisiten Quellen aus dem Musikarchiv von Stift Stams, einer der bedeutendsten musikalischen Schatzkammern Tirols. Der Notenbestand dort, mit zahlreichen Unikaten und vielen Zeugnissen des späten 18. Jahrhunderts, ist aufgrund seines Inhalts wie ausgezeichneten Erhaltungszustands von überregionaler Bedeutung. Er enthält Kompositionen für die Kirche zu verschiedensten Anlässen und ebenso weltliche Werke, darunter Sinfonien, Singspiele oder Kammermusik, wie sie damals in einem Kloster zur zeitgemäßen, vielseitigen Musikpflege gehörten. Im Rahmen meiner Arbeiten an der wissenschaftlichen Katalogisierung des Musikarchivs von Stift Stams habe ich mit Jahresende 2007 über 6000 Titel allein an Musikhandschriften in die RISM-Datenbank integriert.[6]

Zufällig stieß ich Anfang des Jahres 2006 auf das Choralbuch.[7] Die in Leder gebundene, von außen unscheinbare Sammelhandschrift im handlichen Format von nur 24 × 20 cm, trägt keinen Titel und weist extreme Gebrauchsspuren auf. Sie enthält auf 111 Blättern 223 einstimmige liturgische Gesänge: Antiphonen, Cantica, Hymnen, Messen, Psalmen, Responsorien. Auf jeweils einer Notenzeile (mit fünf Linien) steht im Bassschlüssel die Choralmelodie, unter ihr ein bezifferter, mit der Orgel auszuführender Generalbass. Melodie und Bass sind in moderner Notation dargestellt, in Viertelnoten, gelegentlich zu Schlüssen hin mit Halben bzw. Ganzen Noten. Zu Beginn jedes Stücks finden sich Globalakzidentien und als Zeitmaß das Allabreve-Zeichen, für das ein in etwa zeitgenössisches *Schlagbuch* aus der Benediktinerinnenabtei Eichstätt St. Walburg allerdings folgende Erklärung bringt: «Dieses Signum

---

[6] *RISM: Répertoire International des Sources Musicales/Internationales Quellenlexikon der Musik*, ein internationales Gemeinschaftsunternehmen zur Dokumentation musikalischer Quellen (ab Juli 2010: www.rism.info). Einen Überblick über die Arbeiten in Tirol siehe auf der Website des *Instituts für Tiroler Musikforschung Innsbruck* www.musikland-tiol.at *(RISM works in progress)*. – Zu Stams und seinem Musikarchiv s. Hildegard Herrmann-Schneider, «Stams», in: *MGG2*, Sachteil 8 (2003), Sp. 1998 ff.; dies., «Stams», in: *Österreichisches Musiklexikon*, 5 (2006), S. 2281 f. (jeweils mit weiteren Literaturangaben); dies., «‹Im Herz der Alpen›: Tiroler Musikimpressionen aus der Mozart-Zeit», in: *Vokalmusik zur Zeit Mozarts. Bericht zum Salzburger Symposium der AGACH (Arbeitsgemeinschaft alpenländischer Chorverbände) im Juni 2006*, hrsg. v. Chorverband Salzburg in Zusammenarbeit mit dem Tiroler Volksliedarchiv Innsbruck, Salzburg 2007, S. 17 ff.

[7] Datenbank RISM A/II Titel Nr. 650.009.702 (Hauptaufnahme, Einzelaufnahmen bis Titel Nr. 650.009.925), Publikation im Internet (RISM-OPAC/ab Juli 2010): www.rism.info.

bedeutet nicht nur die gerade Mensur, sondern langsamb und gravitätisch Gesang».[8] Soweit in der Stamser Handschrift Intonationen vorliegen, haben sie die Gestalt einer Viertelnote ohne Hals. Allein schon die Notation dokumentiert die Veränderung im Verständnis von Choral. Stil und Ästhetik der *Musica mensurabilis*, des *Cantus figuratus* setzen jetzt Maßstäbe für die Darbietung des *Cantus planus* (im Sinn des einstimmigen liturgischen Gesangs).

Zwei verschiedene anonyme Kopisten haben die Handschrift um 1770 in Stams gefertigt. Um 1780 hat der Stamser Musiker, Musikpädagoge, Komponist und spätere Chorregent P. Stefan Paluselli OCist. (1748 Kurtatsch/Südtirol – Stams 1805) einen Anhang dazugeschrieben und diesen betitelt: *Mantissa ad libellum Organi choralis*, also etwa: *Beigabe zum Notizbuch [Handbuch] für die Chororgel*[9], ferner vorne und hinten, teils auf dem Vorsatz, Stücke beigefügt sowie an einigen Stellen im Buch aufführungspraktische Anmerkungen wie Verweise zur Abfolge bestimmter Gesänge. Sukzessive wurde die Handschrift nach Bedarf mit Ergänzungen versehen, auch hat man Transpositionen nachgetragen. Unter anderem belegen Eintragungen des Stamser Organisten, Chorregenten und Gesangslehrers P. Edmund Huber OCist. (1803 Holzgau/Tirol – Stams 1846), der erst 1828 in das Kloster eingetreten war, dass das Buch mindestens bis um 1840 laufend in Gebrauch stand. Somit stellt die Sammelhandschrift ein zentrales Kompendium des Choralgesanges in Stams dar, einen Spiegel spezifischer Choralpraxis über etwa siebzig Jahre.

Eine Auswahl aus dem Stamser Orgelbuch im Konzert 2006, auf CD 2007

Das Musikarchiv von Stift Stams wird nicht nur wissenschaftlich inventarisiert, wie dies mit den Musikalienbeständen von vielen Klöstern bereits gemacht wurde oder noch geschieht. Stift Stams ist weltweit nahezu das einzige Kloster, dessen Musiktradition auch konsequent akustisch

---

[8] Zitiert nach Söhner, *Die Geschichte der Begleitung*, S. 38. Vgl. ebd. S. XIII die Liste der Quellen aus Eichstätt St. Walburg. Diese konnten bei der Katalogisierung des Musikarchivs von St. Walburg um 1980 nicht erfasst werden; vgl. Hildegard Herrmann-Schneider, *Die Musikhandschriften in Eichstätt 1. Benediktinerinnen-Abtei St. Walburg und Dom. Thematischer Katalog* (= Kataloge Bayerischer Musiksammlungen 12/1), München 1991.
[9] Auf f. 100r.

dauerhaft präsentiert wird. Im Institut für Tiroler Musikforschung Innsbruck sind von 1994 bis 2008 24 (teilweise Doppel-)CDs erschienen, mit Ausnahme der Folge 1 und 2 ausschließlich Livemitschnitte von Konzerten, die die Musiksammlung des Tiroler Landesmuseums (Kustos Dr. Manfred Schneider) im Museum selbst, im Tiroler Landeskonservatorium oder im Stift Stams in Zusammenarbeit mit dem Institut für Tiroler Musikforschung und RISM Landesleitung Westösterreich & Referat Südtirol mit einem jeweils neuen Stams-eigenen Programm veranstaltet hat.[10]

Da das Stamser Choralbuch eben 2006 zu Tage trat, als wir für ein halbes Jahr später bereits ein Konzert auf der Stamser Chororgel mit Musik aus einem Stamser Orgelbuch von ca. 1700 projektiert hatten, jetzt aber zum ersten Mal das Instrument im genuinen Kontext seiner ursprünglichen Bestimmung präsentiert werden konnte, wagten wir ein Experiment und brachten im zweiten Teil des Konzerts einige Gesänge aus dem Choralbuch zu Gehör. Bei ihrer Auswahl achteten wir einerseits auf eine uns heute musikalisch ansprechende Bassführung und andererseits auf einen intentional möglichst engen Konnex mit Stams (Abb. 2).

Die Marienverehrung nimmt im Zisterzienserorden einen besonderen Rang ein, ferner ist *Mariä Himmelfahrt* das Patrozinium der Stamser Stiftskirche, folglich entschieden wir uns jedenfalls für die *Missa Beatae Virginis Mariae* und das *Salve Regina*, das die Zisterzienser seit dem Jahr 1218 täglich zum Beschluss ihrer Komplet singen.[11]

---

10 Überblick über die insgesamt ca. 170 CD-Editionen des Instituts für Tiroler Musikforschung und des Tiroler Landesmuseums Ferdinandeum mit thematisch eigens zusammengestellten Programmen musikalischer Tirolensien im Internet unter www.musikland-tirol.at. Siehe hierzu z. B. auch Herrmann-Schneider, «Im Herz der Alpen», S. 12f. – Die CD *Tiroler Weihnachtskonzert 2007* (= Musik aus Stift Stams XXIV), Innsbruck: Institut für Tiroler Musikforschung 2008, enthält aus der Reihe der seit 1988 stattfindenden *Tiroler Weihnachtskonzerte* (Idee und Konzept: Manfred Schneider, in Zusammenarbeit mit H. Herrmann-Schneider) das dritte Weihnachtskonzert mit exklusiv Weihnachtsmusik aus dem Stamser Archiv.

11 Hier als Klangbeispiel zum Vortrag *Salve Regina Primi Toni* aus dem Stamser Choralbuch (um 1770) mit Generalbassbegleitung auf der Stamser Chororgel von Andreas Jäger (1757), CD: *Tiroler Orgelmusik & Choral aus dem Musikarchiv von Stift Stams. Konzert auf der historischen Chororgel (1757) in der Stiftsbasilika Stams* (= Musik aus Stift Stams XXIII), Innsbruck: Institut für Tiroler Musikforschung 2007, Track 21. Interpreten: *Schola Griesensis*, Leitung: P. Urban Stillhard OSB (Benediktinerabtei Muri Gries, Bozen/Südtirol), Orgel: Franz Comploi. – Erstausgabe (2008) einer Auswahl aus dem Stamser Choralbuch in: «Musikedition Tirol», www.musikland-tirol.at.

Abb. 2

Natürlich stellt sich bei der klanglichen Realisierung einer Quelle des 18. Jahrhunderts heute die Frage der authentischen Interpretation, noch dazu, wenn das Schriftbild der Musik nicht einmal vollständig alle einst erklungenen Noten wiedergibt. Beim eben erwähnten *Salve Regina* (*Abb. 3*) mussten sechs durch übermäßigen gebrauchsbedingten Verschleiß der Handschrift entstandene Fehlstellen ergänzt werden, wobei wir uns an weiterer bis dahin eruierter *Salve-Regina*-Überlieferung in Stams orientierten. Die Notation der *Missa Beatae Virginis Mariae* (*Abb. 4*), im *Kyrie* z. B. das *Kyrie [I]* einmal mit einem Wiederholungszeichen, das *Christe* einmal, das *Kyrie [II]* mit zwei Fassungen[12] ließ darauf schließen,

---

12 Im Stamser Choralbuch auf f. 12v–13v (Datenbank RISM A/II, Titel Nr. 650.009.721).
 – Hier als Klangbeispiel zum Vortrag *Kyrie Primi Toni* aus dem Stamser Choralbuch, CD: *Tiroler Orgelmusik & Choral aus dem Musikarchiv von Stift Stams*, Track 22.

dass die nicht notierten Abschnitte sehr wahrscheinlich choraliter (ohne Orgelbegleitung) ausgeführt worden sein dürften. Diese am meisten nahe liegende Möglichkeit haben wir bei unserer Premiere umgesetzt.[13]

Abb. 3

---

13 Vgl. analog einen Beschluss des «Provinzialkapitels» in Prag 1712, wonach Orgelbegleitung zum Choral gestattet wurde, jedoch unter der Bedingung, dass «alle Verse» zu singen seien, abwechselnd von je einer Hälfte des Konvents; kein Vers dürfe nur von der Orgel gespielt und von den Mönchen einzeln leise gesprochen werden (nach Rudolf Walter, *Musikgeschichte des Zisterzienserklosters Grüssau von Anfang des 18. Jahrhunderts bis zur Aufhebung im Jahre 1810* (= Musik des Ostens 15), Kassel [u.a.] 1996, S. 26.

Abb. 4

Leider sind im Stift Stams bislang aus anderen Quellen als den Musikalien keine detaillierten Nachrichten zur Ausführung des Choralgesangs bekannt, vielleicht auch gar nicht vorhanden, schließlich wurde das Alltägliche und Selbstverständliche keiner Niederschrift für wert befunden. Im Stamser Diarium etwa finden wir am 1. Dezember 1766 lediglich den summarischen Eintrag, dass an diesem Tag ein Requiem «choraliter cum organo» gesungen worden sei, die Responsorien hingegen «choraliter».[14]

Bei den Vesperhymnen im Choralbuch sind prinzipiell nur die ungeradzahligen Strophen sowie jeweils das abschließende Amen mit Melodie, Text und Generalbass notiert. Die geradzahligen Strophen sind konsequent ausgespart, was wohl wiederum ihre *choraliter*-Ausführung indiziert.[15] Es stellt sich hierbei die Frage, ob ursprünglich von den Sängern nicht weitere Liturgica wie ein Hymnarium oder Antiphonale komplementär verwendet wurden, schon um den Text vollständig verfügbar zu haben.[16]

Die Vesperhymnen aus dem Stamser Choralbuch zu den Gedenktagen der Ordensheiligen Stephan Harding OCist. (1059–1134) und Bernhard von Clairvaux (1090–1153) sind musikalisch extrem konträr. Der Hymnus *Bernardus doctor inclytus* (Abb. 5) im 8. Ton etwa hält sich exakt an die zisterziensische Choralmelodie.[17] Dagegen scheint die Melodie des Hymnus *Post Albericum Stephanus* (Abb. 6) eher eine neuere Liedschöpfung zu sein.[18] Dies indizieren sowohl die unmissverständlich intendierte Tonart G-Dur wie die nachträgliche Beifügung durch P. Stefan Paluselli OCist. Es wäre sogar denkbar, dass er für seinen möglichen Namenspatron Stephan Harding dieses musikalische Kleinod geschaffen hat.

---

14   Diarium Stams, geschrieben von Abt Vigilius Kranicher von Kranichsfeld, Eintrag am 1.12.1776 (Stiftsarchiv Stams, Sign. A 24).
15   Zu einer eventuell zusätzlichen Alternatim-Praxis vgl. Walter, *Musikgeschichte*, S. 30.
16   Bisher (September 2010) kamen hierfür noch keine Belege zum Vorschein.
17   *Bernardus doctor inclytus*: im Stamser Choralbuch auf f. 76r–77r (Datenbank RISM A/II, wie Anm. 7, Titel Nr. 650.009.846), im *Hymnarium Cisterciense*, Westmalle/Belgien 1941, S. 145–148. – Hier als Klangbeispiel zum Vortrag *Bernardus doctor inclytus (Der berühmte Gelehrte Bernhard)* aus dem Stamser Choralbuch, CD: *Tiroler Orgelmusik & Choral aus dem Musikarchiv von Stift Stams* (wie Anm. 11), Track 33.
18   Im Stamser Choralbuch auf f. 69v–70r (Datenbank RISM A/II, wie Anm. 7, Titel Nr. 650.009.832), (auch Text) nicht im *Hymnarium Cisterciense*, Westmalle/Belgien 1941. – Hier als Klangbeispiel zum Vortrag *Post Albericum Stephanus abbatis onus suscipit (Nach Alberich nimmt Stephanus die Bürde des Abtes auf sich)* aus dem Stamser Choralbuch, CD: *Tiroler Orgelmusik & Choral aus dem Musikarchiv von Stift Stams* (wie Anm. 11), Track 28.

Abb. 5

Abb. 6

Versuch einer Statusbestimmung für das Stamser Choralbuch

Im Sommer 2007 entdeckte ich im Stamser Musikarchiv ein weiteres, von anonymer Hand äußerst professionell geschriebenes und exakt 1769 datiertes Choralbuch. Sein Titel lautet: *Partitura cantui chorali accomodata ad modum Chori Caesaraeensis, Descripta a Monacho Caesar[a]eensi Anno Salutis MDCCLXIX*[19] *(Partitur für den Choralgesang, eingerichtet nach Art des Kaisheimer Chors, abgeschrieben von einem Kaisheimer Mönch im Jahr des Heils 1769).* Damit ist die Provenienz der Handschrift klar: Sie stammt aus dem Stamser Mutterkloster Kaisheim bei Donauwörth/Bayern, aus einer Zeit, zu der zwischen Stams und Kaisheim rege Kontakte gepflegt wurden.[20] Abgesehen davon, dass mit ihr ein wertvolles Dokument zur Kaisheimer Musiktradition unvermutet zum Vorschein kam – der Musikalienbestand des 1803 säkularisierten Stifts gilt als verschollen, zeigt sie sich, zumal da sie kaum gebraucht scheint, als offensichtliche Vorlage für das Stamser Choralbuch von 1770/80. Beide Handschriften weisen dieselbe Gebrauchsintention auf, eine ähnliche Faktur, einen teilweise gleichen Inhalt an Stücken. Die Kaisheimer *Partitura cantui chorali* unterscheidet sich aber auch in einiger Hinsicht: Sie enthält nur 60 Choralgesänge mit Generalbass-Begleitung, ebenso Antiphonen, Cantica, Hymnen, Messen, aber keine Psalmen und Responsorien. Melodie und Bass sind als tatsächliche *Partitur* in einem System auf zwei verschiedene Notenzeilen geschrieben, die Melodie im Sopranschlüssel auf fünf Linien, jedoch in schwarzer Quadratnotation (wobei sich die Quadrate zu Rechtecken verbreitern), der Bass in

---

19 Datenbank RISM A/II Titel Nr. 650.010.598 (Hauptaufnahme, Einzelaufnahmen bis Titel Nr. 650.010.658).

20 Der von 1766 bis 1786 regierende, überaus kunstsinnige und musikliebende Stamser Abt Vigilius Kranicher von Kranichsfeld war sogar in Kaisheim benediziert worden. – Von den Kaisheimer Konventualen, die (auch) ein Amt als «Sänger» innehatten, kämen als Schreiber vielleicht in Frage: P. Jacob Carl (1741–1805), P. Andreas Hanrieder (1704–1771), P. Paulus Mayr (1745–1787), P. Lucas Schneid (1730–1790). Der Kaisheimer Kantor 1769 als möglicher Schreiber unter Reichsabt Cölestin Mermos ist derzeit unbekannt. Die Chorregenten P. Fortunatus Hayer (1703–1772) oder P. Matthias Sandel (1740–1816) dürften eher auszuschließen sein. Zu den Kaisheimer Konventualen und Musikern vgl. Johann Lang, *Musica Caesareca. Musikpflege im ehemaligen Reichsstift Kaisersheim. Festschrift zum 50jährigen Gründungsjubiläum des Männergesangvereins Kaisheim 1924–1974*, Kaisheim 1974, S. 4, 12, 15f. sowie Robert Münster, «Musik im Kloster Kaisheim/Kaisersheim», in: *Kaisheim – Markt und Kloster*, hrsg. v. Werner Schiedermair, Lindenberg [2001], S. 184f. In beiden Studien ist über eine Orgel nichts erwähnt.

Halben Noten[21], am Schluss jeweils eine Ganze. Globalakzidentien gibt es nur für den Bass, das Alla breve-Zeichen fehlt. In beiden Quellen verläuft der Bass unterschiedlich, wenngleich in erster Linie jeweils als harmonische Stütze, Note gegen Note, mit einer Orientierung an der Dur- bzw. Moll-Tonart (vgl. *Abb. 7, 8*). Ein außergewöhnlicher Quellenwert kommt der Kaisheimer Handschrift insofern zu, als in ihr auch noch Stücke in Alternatim-Praxis enthalten sind mit detaillierten Angaben, wo eine «Cadenza» in welcher Tonart oder ein «Vers[ett]» zu interpolieren bzw. ein Orgelspiel «pro libitu» anzufügen ist[22] (vgl. *Abb. 9*). Einem *Pange lingua 3tii Toni*, dessen Melodie mit der im *Hymnarium Cisterciense* von 1941 identisch ist, ist eine Erläuterung beigegeben, wann es mit Orgelbegleitung bzw. gar nicht gesungen wird oder wann nur die letzten beiden Strophen an der Reihe sind.[23] Aufschlussreich sind Anweisungen für den Organisten, zum Beispiel bei den an Falsibordoni erinnernden Magnificats durch alle acht Töne nach dem ersten *Primi Toni. Ex E*: «Organa finiunt post Magnificat semper in D», nach dem letzten *Octavi Toni. Ex F* jedoch: «NB. In Sabbatho sancto cadenza fit in F p[ro]pter Antiphona».[24]

---

21   Notation ähnlich in: Philippus Arnold [OP], *Cantus Choralis Organo accomodatus [iuxta ritum sacri ordinis Praedicatorum. Opus Primum ...]. Choralgesänge mit Orgelbegleitung. Faksimiledruck der Ausgabe von 1721 [im Dominikanerkloster Retz/Niederösterreich]* (= Wiener Archivstudien 7), hrsg. v. Alexander Weinmann, Wien 1983.

22   Zum Beispiel die Cantus firmus-Messe *Missa 12.* auf f. 11r–11v (RISM A/II, Titel Nr. 650.010.603). Angabe über dem Kyrie: «Chorus sine organo», die weiteren Anweisungen s. RISM A/II.

23   Rudolf Walter, *Musikgeschichte*, S. 60. – RISM A/II, Titel Nr. 650.010.615. – Die Angabe, nach dem «Amen»: «Hic Hymnus per Octavam SS. Corporis Christi quotidie post Missam Conventualem, Vesperas, et Completorium a Choro cantatur accinentibus Organis, non autem canitur in primis et 2dis Vesperis Festi; item si Missa canitur a Musicis. Feria V per annum, si officium celebratur de Venerab[ili] post ‹Ite Missa est› canuntur duae strophae ultimae [Tantum ergo, Genitori] de eodem Hymno.» Im Original lateinisch, auf deutsch (von HHS): «Dieser Hymnus wird bis zur Fronleichnamsoktav täglich gesungen, nach der Konventmesse, Vesper und Komplet vom Chor mit Orgelbegleitung, er wird jedoch nicht gesungen zur ersten und zweiten Vesper des Festes, ebenso, wenn die Messe von Musikern gespielt wird. Donnerstags im Jahreskreis, wenn das Officium vom allerheiligsten Altarsakrament gefeiert wird, werden nach dem ‹Ite Missa est› die zwei letzten Strophen dieses Hymnus gesungen».

24   RISM A/II, Titel Nr. 650.010.645 (*Magnificat Primi Toni*) – 650.010.652 (*Magnificat Octavi Toni*). – Die Übersetzung (HHS): «Das Orgelspiel endet nach dem Magnificat immer in D» bzw. «NB. Am Karsamstag wird die Kadenz in F gemacht wegen der Antiphon».

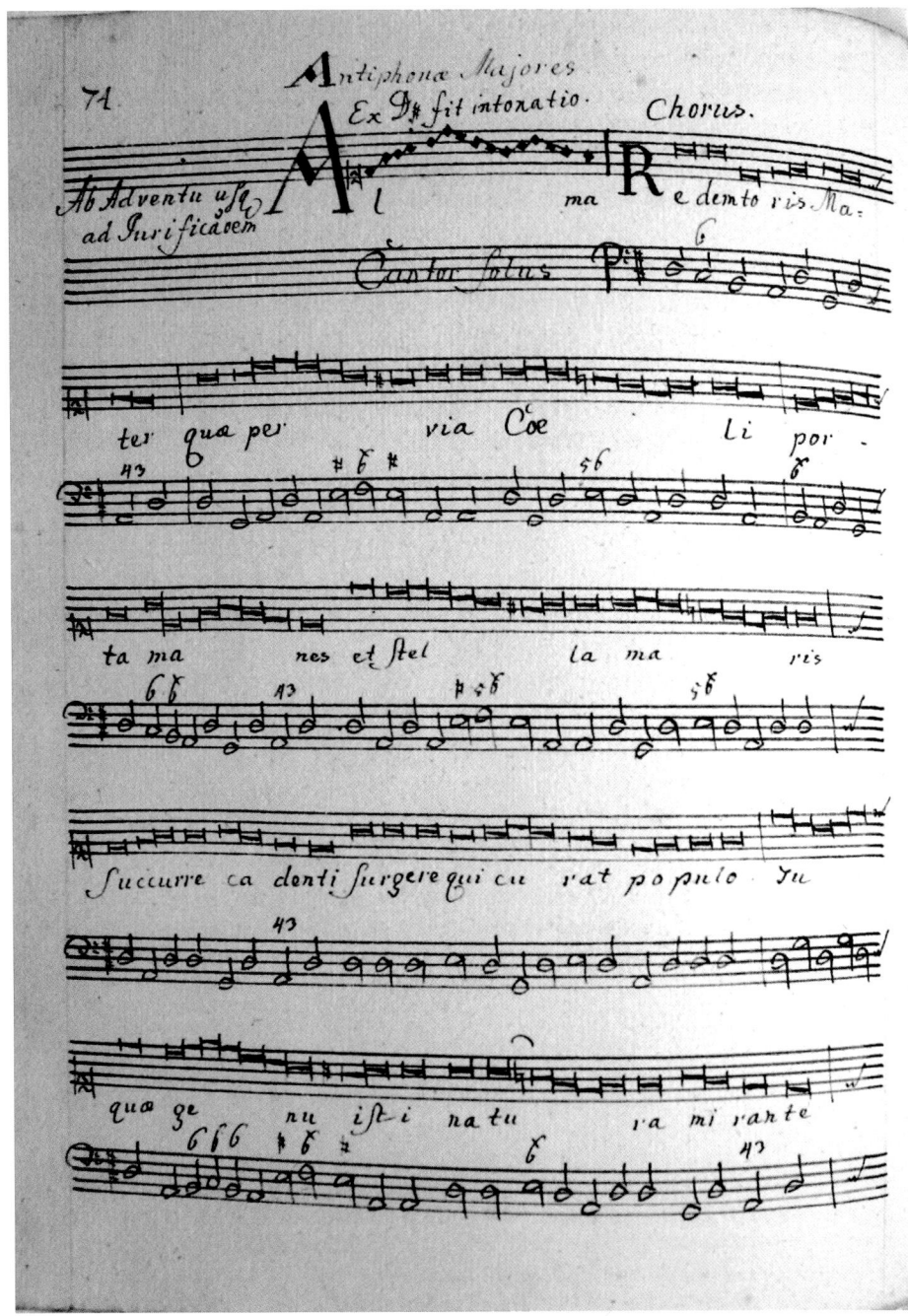

Abb. 7

Zum Choralgesang mit Generalbass-Begleitung in Tiroler Klöstern 123

Abb. 8

Abb. 9

Wie steht es nun um den Kontext zu den beiden kurz vorgestellten Stamser Quellen? Im *Rituale Cisterciense* (Paris 1689), dessen Vorschriften sich weitgehend mit denen des *Caeremoniale Episcoporum* (Rom 1600) decken, wird das Orgelspiel beim Choralgesang toleriert, freilich mit Einschränkungen: In der Messe, zur Terz und Vigil darf die Orgel «alternatim» erklingen, zum *Salve Regina* bereits teilweise begleiten.[25] Allerdings ist 1786, ein Jahrhundert später, in der Chronik der ersten Zisterzienserabtei Cîteaux die Verwendung der Orgel ausdrücklich auf Zwischenspiele beschränkt.[26] Während sich also, wie zu Beginn erwähnt, etwa die Zisterzienser in Ober- und Niederösterreich dieser Praxis anschlossen, galt für Stams die Feststellung von P. Odo Staab OSB (1745–1822), *Professor der Tonkunst* an der Universität Fulda, in seinem Traktat *Anweisung zum einstimmigen Choralgesange* (Fulda 1779), dass «der einstimmige Choralgesang ‹Cantus firmus› […] bei uns hie und da mit einer Orgel begleitet» wird.[27] Bezeichnenderweise ist Staabs Abhandlung in Stams heute noch vorhanden[28], musikalische Praxis und Musiktheorie dürften eine Einheit gebildet haben. 1751 war bei Lotter in Augsburg, einem der renommiertesten Musikverlagshäuser des 18. Jahrhunderts im deutschen Sprachraum, eine Generalbasslehre des unterfränkischen Komponisten und Musiktheoretikers Georg Joachim Joseph Hahn (1712–1772) erschienen, die in ihrem Anhang in zehn Paragraphen Leitlinien für die Begleitung des Chorals auf der Orgel enthält und die in der zweiten Auflage des Werks 1768 aufgrund gegebenen Bedarfs eine Erweiterung erfuhren.[29] Um 1780 wurde im schlesischen

---

25 Zitate aus dem *Rituale Cisterciense*, Paris 1689 (Exemplar z. B. im Zisterzienserstift Heiligenkreuz im Wienerwald) diplomatisch bei Walter, *Musikgeschichte*, S. 24f., Nachweis für das Exemplar S. 31.
26 Nach Walter, *Musikgeschichte*, S. 24.
27 *Anweisung zum einstimmigen Choralgesange, aus der Lehre der besten Meistern [!] zusammengetragen von P. Odo Staab, Benediktiner, öffentlichen und ordentlichen Professors der Tonkunst bei der Adolphischen Universität zu Fuld[a]*, Fulda 1779, S. 7.
28 RISM A/II [!], Titel Nr. 650.010.597 (Musikarchiv alte Signatur O 7).
29 *Der Wohl unterwiesene General-Baß-Schueler, Oder Gespraech zwischen einem Lehrmeister und Scholaren vom General-Baß, Worinnen alles zu dieser Wissenschaft dienliche […]*, Augsburg: Johann Jacob Lotters seel. Erben 1751 (Exemplar in der Bayerischen Staatsbibliothek München, Signatur 4 Mus.th. 594). «Noethige Anmerckungen zum Choralschlagen» auf S. 60ff. Zusammenfassung des Inhalts bei Walter, *Musikgeschichte*, S. 29. – Ein Exemplar der 2. Auflage befindet sich im Musikarchiv der Benediktinerinnenabtei St. Walburg in Eichstätt, s. Herrmann-Schneider, *Die Musikhandschriften*, S. 422 (Signatur D Ew D 17); vgl. o. S. 112f. – Weitere Theoretika des 18. Jahrhunderts zur Orgelbegleitung des Choralgesangs bei Walter, *Musikgeschichte*, S. 28; vgl. die Liste der Theoretika bei Söhner, *Die Geschichte der Begleitung*, S. XIVff.

Zisterzienserkloster Grüssau eine dem Abt des Hauses gewidmete Sammelhandschrift mit dem Titel *Organum Chori Choralis* angelegt, vermutlich vom Stiftsorganisten.[30] Auf den ersten Blick zeigen sich Gemeinsamkeiten wie Unterschiede zu Stams, zum Beispiel: Ein Teil des Repertoires gehört ebenfalls den Gattungen Messe, Hymnus, Antiphon an, ist aber erweitert, etwa um Proprien oder Sequenzen. Wie in der Kaisheimer *Partitura cantui chorali* sind Vokalstimme und Instrumentalbass auf zwei Zeilen notiert, doch gibt es überhaupt keine Bassbezifferung, dagegen teilweise eine wohl eigentümliche Notationsweise, denn in den dem Konvolut vorangestellten «Anmerkungen» wird erklärt, dass «das Comma, welches auch vielmal vorkommt, eine Viertelpause» bedeute. Weitere Erläuterungen beziehen sich auf die Artikulation der Sänger: Ein «Durchschnitt durch das Linien-Chor, sonsten Tactstrich genannt, bedeutet: daß alldorten ein respirium oder Absatz in dem Gesange gehalten werde, fast wie ein halber Tact in dem Allabreve», andere auf den Gebrauch des Orgelpedals, das allein den Anfang eines Hymnus «accordiren» solle.[31] Alle in Grüssau vorliegenden Gesänge stimmen mit anderen zisterziensischen Quellen überein, so dem *Graduale Cisterciense* (Paris 1696), dem *Antiphonale Cisterciense* (Paris 1690), dem *Psalterium Davidicum ad usum Sacri Ordinis Cisterciensis* (Paris 1698).[32] Für Stams steht ein solch detaillierter Vergleich aus, er dürfte aber nicht in jedem Fall Kongruenzen ergeben. Eine künftige Gegenüberstellung bisher nachgewiesener, aber inhaltlich im Detail nicht bekannter handschriftlicher Choralbücher mit Generalbass-Begleitung von Zisterziensern im 18. Jahrhundert, etwa aus Fürstenzell bei Passau/Niederbayern (1724) oder Salem bei Überlingen/Württemberg (1752), ferner der Zisterzienserinnen von Seligenthal bei Landshut/Niederbayern (1768)[33] könnte unter anderem Aufschluss bringen, wie es um das Verhältnis Individualgut eines Klosters bzw. Übernahme oder Abwandlung eines Vorbilds von außen und reglementiertem Allgemeingut des Ordens steht, welche Rolle der ordensrechtliche Kontext, die Zugehörigkeit zu einer Kongregation oder Provinz, zu einer Diözese spielt.

---

30 Beschreibung bei Walter, *Musikgeschichte*, S. 30–35; vgl. ebd. S. 26: Die Orgelbegleitung des Chorals zum Officium war in Grüssau 1770 wegen der damals wenigen Mönche im Kloster eingeführt worden.
31 Diplomatische Wiedergabe der «Anmerkungen» bei Walter, *Musikgeschichte*, S. 30 f.
32 Exemplare der erwähnten Liturgica laut Walter, *Musikgeschichte*, S. 31 (vgl. o. Anm. 24) z.B. im Zisterzienserstift Heiligenkreuz im Wienerwald.
33 Quellen bei Walter, *Musikgeschichte*; vgl. Söhner, *Die Geschichte der Begleitung*, S. X ff.

Ein Anhänger des Zeitgeschmacks: Papst Pius VI.

Am 25. Mai 1782 weilte Papst Pius VI. zu einem Pontifikalamt im Augsburger Dom, hierfür hatte er sich dezidiert gregorianischen Choral mit Orgelbegleitung bestellt.[34] Im Dom zu Salzburg sangen damals an Werktagen die Domvikare und Domchoralisten einstimmigen Choral, nach einer Mitteilung Leopold Mozarts um die «kleine Orgel unten» gruppiert, wobei der Domstiftsorganist Akkorde aus einem Choralbuch extemporiert beisteuerte. Wolfgang Amadé Mozart konnte diesem Usus, der außerhalb seiner Verpflichtungen als Hoforganist lag, nichts abgewinnen, Michael Haydn hingegen sehr wohl.[35] Während am Münchner Dom Choral mit Orgelbegleitung ebenfalls üblich war, sind derzeit aus dem Dom zu Brixen in Südtirol, der zur Kirchenprovinz Salzburg gehörte, aus dem 18. Jahrhundert keine Nachweise dafür auffindbar.[36]

---

34 Söhner, *Die Geschichte der Begleitung*, S. 64. Vgl. ebd. den Wortlaut der Enzyklika Papst Benedikts XIV. *Annus qui* (1749) mit ihrer hohen Reverenz dem Choral gegenüber.

35 Manfred Herrmann Schmid unter Mitarbeit von Petrus Eder OSB, «Leopold Mozart – Wolfgang Amadeus Mozart – Michael Haydn», in: *Salzburger Musikgeschichte. Vom Mittelalter bis ins 21. Jahrhundert*, hrsg. v. Jürg Stenzel [u.a.], Salzburg 2005, S. 261. – M. Haydn ist der Urheber eines *Antiphonariums* mit der autographen Datierung «1792», von Choralgesängen mit beziffertem Bass (vgl. Söhner, *Die Geschichte der Begleitung*, S. XII, dort als «für ein Prämonstratenserkloster» geschrieben bezeichnet); bei Charles H. Sherman und T. Donley Thomas, *Johann Michael Haydn (1737–1806). A Chronological Thematic Catalogue of His Works*, Stuyvesant NY 1993, unter der Nr. 533, jedoch ohne Aufschlüsselung des Inhalts.

36 Zu München: Söhner, *Die Geschichte der Begleitung*, u.a. S. XIII. – Zu Brixen: Die Autorin arbeitet seit 1998 auch der RISM-Katalogisierung der Musikalien des Domkapitelarchivs Brixen (siehe z.B. Hildegard Herrmann-Schneider, «Wolfgang Amadé Mozarts ‹Spaur-Messe› KV 257. Ein altes Rätsel der internationalen Mozart-Forschung und seine endgültige Lösung in Brixen 2007», in: *Der Schlern* 81 (2007), H. 11, S. 4, ferner im Internet unter www.musikland-tirol.at). Dabei ist noch keine Quelle zum Choralgesang mit Orgelbegleitung aufgetaucht. Laut einer Mitteilung von Herrn Eduard Scheiber, Direktor des Diözesanarchivs Brixen, im Sommer 2007 ist ihm bisher ebenfalls keine bekannt.

Der Choralgesang mit Generalbass-Begleitung in Tiroler Klöstern (außer Stams) – ein Ausblick

Es konnten hier in Anbetracht der Komplexität des Themas nur einige Aspekte angedeutet werden. Wurde bisher ein Kurzporträt zweier unbekannter wesentlicher Quellen aus dem im 18. Jahrhundert kulturell und wirtschaftlich bedeutendsten Stift Tirols gezeichnet und ein wenig ihr Kontext angedeutet, so soll nun noch ein Ausblick erfolgen, was für eine angemessene Aufarbeitung der Problematik in Tirol wenigstens anzugehen wäre. Vorrangig ist die Grundlagenforschung zu intensivieren, das bedeutet, systematisch weitere Musikalien aufzuspüren, zu dokumentieren und auszuwerten. Mit den uns derzeit zur Verfügung stehenden Mitteln ist bereits einiges gelungen, aber vom in Summe Erforderlichen sind wir weit entfernt. Bei der seit 2004 laufenden RISM-Katalogisierung des Musikarchivs des Franziskanerklosters Bozen (Südtirol) hat Franz Gratl einige umfangreiche Sammelbände ausfindig gemacht, die liturgische Choralgesänge mit Orgelbegleitung enthalten, darunter Hymnen und Introitus zur Weihnachtszeit, bereits aus den Jahren um 1680. Dort konnte in einem weiteren Sammelband von etwa 1750 der damalige *Cantus instructor* des Klosters namentlich als Schreiber identifiziert werden, ein Beleg für die Richtigkeit der Annahme, dass die – sonst fast immer namenlosen – Kopisten oder Kompilatoren solcher Handschriften in der Regel dem Kreis der Kantoren oder Organisten angehören.[37] In einem *Liber Missarum* aus ehemaligem Gebrauch des Franziskanerklosters Innsbruck (mit der *Hofkirche*) aus dem frühen 18. Jahrhundert stehen *Missae Gregorianae* mit Generalbass-Begleitung neben *Cantus firmus*-Messen, die anonyme oder teilweise namentlich genannte Komponisten aus dem Franziskanerorden geschaffen haben[38] (*Abb. 10, 11*). Die in diesem Codex verzeichnete *Missa de B[eata] Virgine*[39] stellt

---

37 Franz Gratl, «Franziskanische Weihnachtsmusik in Quellen aus dem Franziskanerkloster Bozen», in: «Plaude turba paupercula», S. 237. – Vgl. Walter, *Musikgeschichte*, S. 29.

38 *Liber Missarum pro Choro Conventus Oenipontani ad S: Crucem [...]*, überliefert in der Musiksammlung des Tiroler Landesmuseums Ferdinandeum Innsbruck, Signatur M 8840. Vgl. z. B. die Messe von P. Eduard Faller OFM (1673 Pflaurenz/Pustertal, Südtirol – Innsbruck 1751) auf f. 106r oder das *Requiem novum* des Innsbrucker Hofmusikers und Organisten Christian Eggmann (im Dienst 1704–1717, siehe Walter Senn, *Musik und Theater am Hof zu Innsbruck*, Innsbruck 1954, S. 312) auf f. 124v. – Sammelhandschriften in ähnlicher Konstellation z. B. auch im Musikarchiv des Franziskanerklosters Bozen.

39 Auf f. 8v.

Zum Choralgesang mit Generalbass-Begleitung in Tiroler Klöstern 129

Abb. 10

Abb. 11

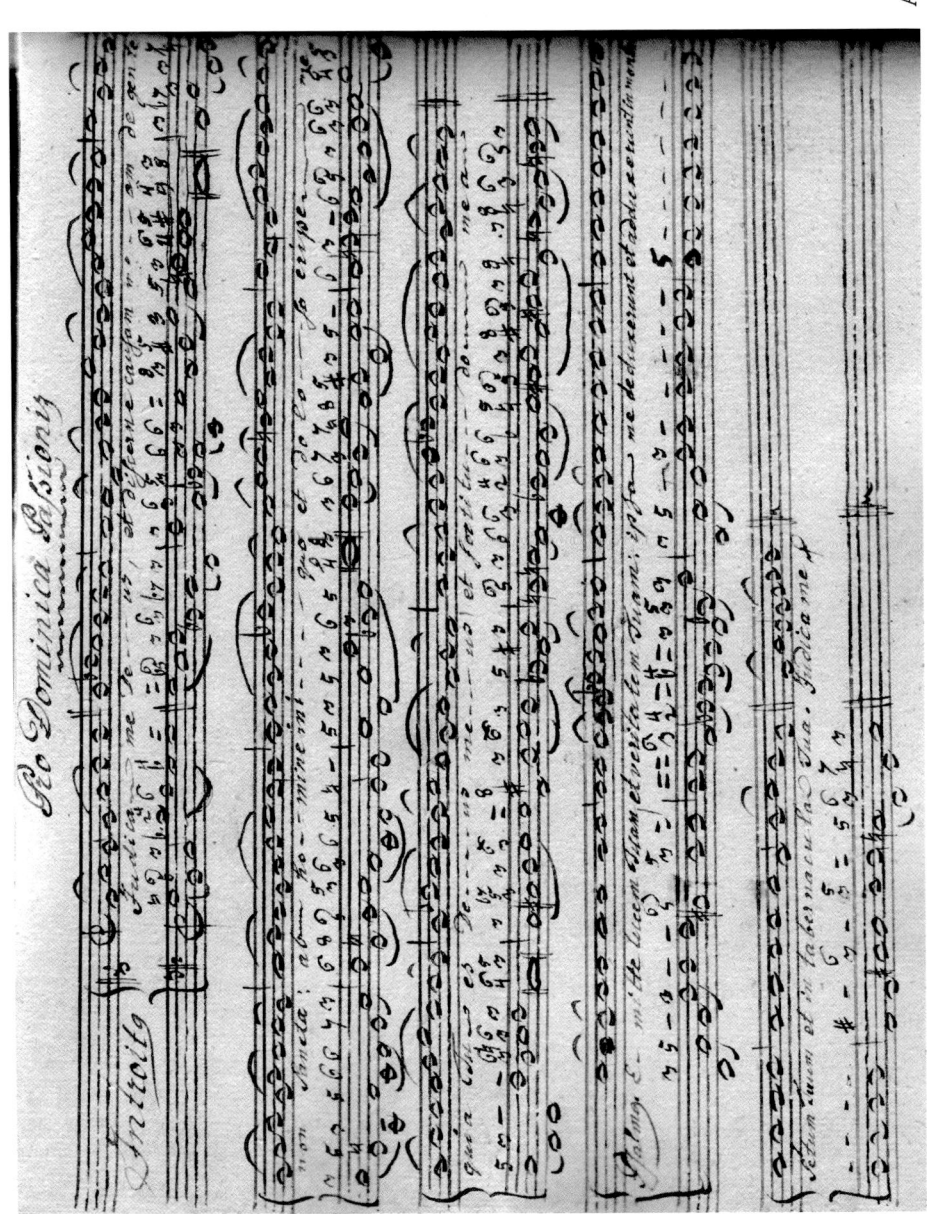

Abb. 12

mit ihrer Melodie eine Variante der *Missa Beatae Virginis Mariae* in Stams dar. Die Basslinie hingegen verläuft ungleich kunstvoller als in Stams, sie ist kontrapunktisch linear geführt, auf eine Note der Singstimme treffen zwei bis drei rhythmisch differenzierte Noten im Bass. Für kurz nach 1800 existiert im Franziskanerkloster Reutte in Tirol ein wieder anders gestaltetes Choralbuch, das der Musiker, Organist und Komponist P. Moritz Gasteiger OFM (1782 Schwaz/Tirol – Reutte/Tirol 1865) geschrieben hat. Der Titel: *Originalis Cantus choralis pro quatuor vocibus contrapunctatus ad Missas, Gradualia, Offertoria et Communiones, quae dicuntur de Communi et Tempore*[40] (*Abb. 12*). Es wäre zu prüfen, inwieweit die Melodien sich wirklich an den von der franziskanischen Ordensregel vorgeschriebenen römischen *Originalton* halten. Der Bass schreitet überwiegend Note gegen Note fort und bildet eine melodisch eigenständige Stimme, jede Note trägt eine Bezifferung, meist sind zwei Intervalle angezeigt, so dass sich konsequent die im Titel genannte Vierstimmigkeit ergibt. Damit liegt eine hinsichtlich des 18. Jahrhunderts wohl als Spätphase anzusehende Stilrichtung vor. Die Regel bei Georg Hahn 1751, dass es «des Organisten mehrestes Absehen sein muß, durch seinen wohlgesetzten einfaeltigen Bass den Chor zu erleichtern und in guter Ordnung zu halten»[41], hat an Bedeutung verloren. Vermutlich würde eine generelle Untersuchung, ob sich Theoretika und Praktika decken oder nicht, eher einen freien Umgang der ausführenden Musiker mit der Materie ergeben, weil an sich keine hochartifizielle, sondern schlichte Gebrauchsmusik vorliegt. Deren Orientierung am Zeitgeschmack belegen zum Beispiel nachdrücklich durch Alteration eingeführte Leittöne in Melodien oder moderne Wendungen in der Harmonik.

An die Faktur der Kaisheimer *Partitura cantui chorali* von 1769 erinnern zwei Antiphonarien im Musikarchiv des Franziskanerklosters Salzburg aus dem Jahr 1784, geschrieben speziell für diesen Konvent vom Organisten P. Thaddäus Reeg OFM (1736 Haßfurt/am Main – Kloster Kreuzberg/Rhön 1790), das eine ein *Antiphonarium Diurnum Proprium De Sanctis [...]*, das andere ein *Antiphonarium Nocturnum De Sanctis [...]* (*Abb. 13, 14, vgl. Abb. 15, 16*).[42] Diese Handschriften sind hier

---

40 Freundliche Mitteilung von Provinzarchivar P. Oliver Ruggenthaler OFM im September 2007, der den Musikalienbestand des Franziskanerklosters Reutte für RISM bearbeitet hat.
41 Hahn, *Der Wohl unterwiesene*, S. 61 (§ 5).
42 Derzeit noch ohne Signatur. Mit der RISM-Katalogisierung des Musikarchivs des Franziskanerklosters Salzburg wurde im Herbst 2007 begonnen. – Ein herzlicher Dank für viele Auskünfte ergeht an P. Oliver Ruggenthaler OFM, ebenso für Unterstützung an Br. Florian Mair OFM, Bibliothekar im Franziskanerkloster Salzburg (November 2007).

erwähnenswert, weil das Franziskanerkloster Salzburg als Folge der Säkularisierung ab 1818 zur *Tiroler Ordensprovinz* gehörte[43], die Fluktuation der Musiker dieses Ordens zwischen des Klöstern groß war und die Handschriften wohl auch noch längere Zeit nach ihrer Entstehung Verwendung gefunden haben dürften.[44]

Abb. 13

---

43 Von seiner Gründung (1583) an bis 1818 war es Teil der *Oberdeutschen Franziskaner-Rekollekten-Provinz (Provincia Argentina)*. Im Oktober 2007 wurde die *Tiroler Franziskanerprovinz* ein Teil der nunmehrigen *österreichischen*. – In der Bibliothek des Franziskanerklosters Salzburg ist ein Hymnarium (*Hymni De Tempore*, Signatur 69/155) mit Choral und Generalbass aus ehemaligem Gebrauch im Franziskanerkloster Hundsdorf (heute St. Anton im Pinzgau) überliefert, Abb. von f. 1r siehe bei Thomas Hochradner, «Tradition und Wandel in Quellen: Franziskaner-Musikhandschriften in Salzburg als Beispiel», in: «*Plaude turba paupercula*», S. 117.

44 Vgl. Riedel, «Der Choral», S. 77: «Vermutlich beruht die Orgelbegleitung des Chorals auf einem franziskanischen Brauch». – Vgl. z. B. die Äußerungen des Provinzials P. Justin Kaltprunner OFM im Jahre 1686 zum Choralgesang beim Offizium, in seiner (lateinischen) Abhandlung gegen die Einführung von Rekollektionshäusern in der Tiroler Franziskanerprovinz (Franziskaner-Provinzarchiv, ab 2010 Kloster Hall i. T., Cod. 58, S. 73–75): Er spricht sich für die Verwendung der Orgel aus und erwähnt auch, dass er 1676 bei den Franziskaner-Reformaten im Kloster La Verna, wo Franz von Assisi seine Stigmatisation empfangen hatte, mit «sehr großer Freude» («Laetabar plurimum») selbst gehört habe, wie das Offizium «mit Orgel, Chor und dazu gregorianischem Gesang äußerst andächtig gefeiert wurde» («et organo, et Choro, ac cantu Gregoriano»); freundliche Mitteilung von Provinzarchivar P. Oliver Ruggenthaler OFM im März 2007.

Zum Choralgesang mit Generalbass-Begleitung in Tiroler Klöstern

Abb. 14

Abb. 15

Abb. 16

Als abschließender Mosaikstein sei auf ein Rarissimum verwiesen. Aus dem Kloster der Servitinnen in Innsbruck, dem sog. *Versperrten Kloster*, das von 1607 bis 1783 bestand, ist als bisher einziges Notenmaterial ein Konvolut mit Antiphonen, Cantica, Hymnen, Psalmen, Responsorien usw. überliefert, ebenfalls Choralgesang mit Generalbass-Begleitung, entstanden um 1770.[45] Schon die Notation deutet auf einen individuellen

---

45 Ohne Titel, in der Musiksammlung des Tiroler Landesmuseums Ferdinandeum Innsbruck, Signatur M 8200, Datenbank RISM A/II Titel Nr. 650.006.672 (Hauptaufnahme). Die Autorin hat es als aus dem *Versperrten Kloster* stammend identifiziert, siehe RISM-Titelaufnahme.

Abb. 17

Zuschnitt, sind doch teilweise Choral- und Figuralnotation bzw. der Musikstil sogar im selben Stück vermischt (*Abb. 17*).[46] Die Antiphon *Haec dies*[47] etwa fällt auf, weil die in wie Viertelnoten ohne Hals geschriebene Melodie nachträglich mit Bindebögen versehen wurde (Bleistift), so dass wir ein Spiegelbild der Artikulation der Sänger vor uns haben, der Bass schreitet in flinken, überwiegend bezifferten Achteln in Dreiklangsbewegungen fort (*Abb. 18*). 1765 hatte die Priorin des Innsbrucker Klosters der Servitinnen ebenfalls Andreas Jäger mit dem Bau angeblich eines Orgelpositivs für ihren Konvent beauftragt, obwohl zumindest seit 1667/68 eine große Orgel aufgestellt war. Wie dieses

---

46 Z. B. auf f. 19v im *Nocturnus I.mus Septimi Toni (Officium Defunctorum pro Anniversario Serenissimae Fundatricis et Sororis nostrae Annae Julianae)*. Anna Juliana: der Klostername der Klostergründerin, Erzherzogin Anna Katharina Gonzaga von Mantua, Witwe Erzherzog Ferdinands II.

47 Auf f. 11v, Datenbank RISM A/II Titel Nr. 650.006.689.

Instrument nun wirklich ausfiel, ist nicht mehr eindeutig feststellbar.[48] Es liegt jedoch nahe, dass, wie in Stams, Instrument und Notenmaterial komplementär entsprechend dem Zeitgeist neu ausgerichtet wurden.

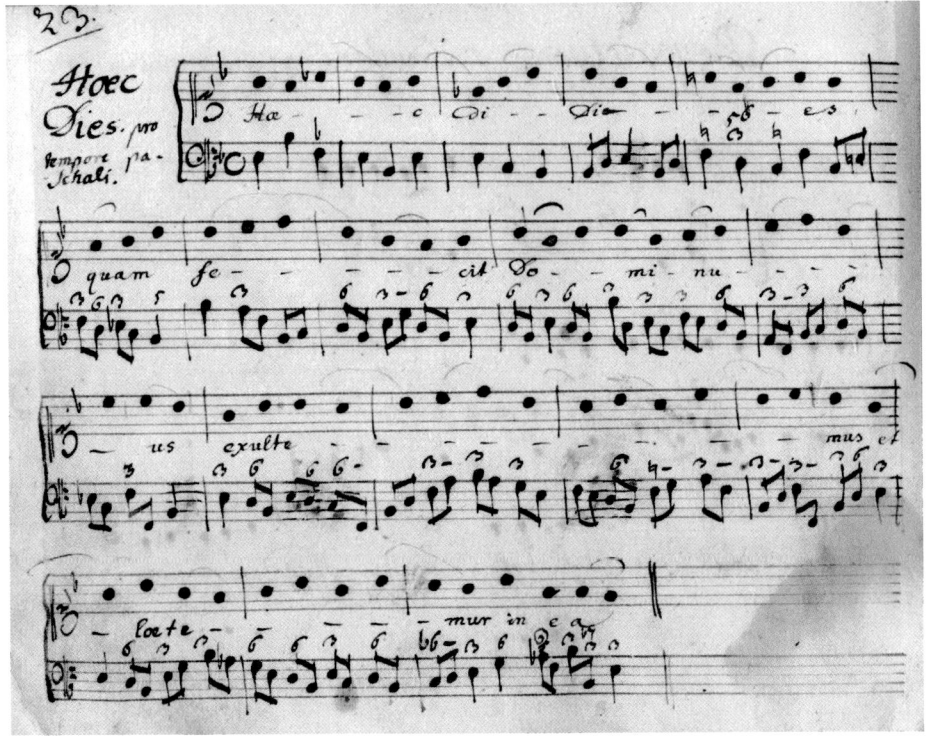

Abb. 18

---

48 Alfred Reichling vermutete ein Claviorganum mit fünf Registern (Franz Weiß, «Zur Musikgeschichte des ‹Versperrten Klosters› der Servitinnen in Innsbruck im 17. und 18. Jahrhundert», in: *Musik der geistlichen Orden in Mitteleuropa zwischen Tridentinum und Josephinismus. Konferenzbericht Trnava, 16.–19.10.1996*, hrsg. v. Ladislav Kačic, Bratislava 1997, S. 85.

Abbildungen

Abb. 1
Chororgel (1757) von Andreas Jäger in der Stiftskirche Stams. Foto: Rupert Larl (2006).

Abb. 2
CD *Tiroler Orgelmusik und Choral aus dem Musikarchiv von Stift Stams* (= Musik aus Stift Stams XXIII), Innsbruck: Institut für Tiroler Musikforschung 2007, Cover. Darstellung: «[Zisterzienser-]Mönche singen im Chor unter Orgelbegleitung und der Erscheinung Mariens», Gewölbefresko (um 1732) von Johann Georg Wolcker in der Stiftskirche Stams. Foto: Rupert Larl (2005).

Abb. 3
Stamser Choralbuch von ca. 1770/80 (A-ST, Datenbank RISM A/II Titel Nr. 650.009.702), f. 1v: Antiphon *Salve Regina,* «1. To[ni]», Anfang/Prosazeilen 1–4, Kopie ca. 1780 von P. Stefan Paluselli OCist. (Datenbank RISM A/II Titel Nr. 650.009.705). Foto: Hildegard Herrmann-Schneider (2006) – Erstausgabe (2008) in: «Musikedition Tirol», www.musikland-tirol.at. Tonaufnahme: s. Abb. 2.

Abb. 4
Stamser Choralbuch von ca. 1770/80 (A-ST, Datenbank RISM A/II Titel Nr. 650.009.702), f. 12v: *Missa B[eatae] V[irginis] Mariae,* Kyrie «1. Ton[i]» und *Gloria* «7. Ton[i]», Anfang, Kopie ca. 1770 (RISM Nr. 650.009.721). Foto: Hildegard Herrmann-Schneider (2006) – Erstausgabe (2008) in: «Musikedition Tirol», www.musikland-tirol.at. Tonaufnahme: s. Abb. 2.

Abb. 5
Stamser Choralbuch von ca. 1770/80 (A-ST, Datenbank RISM A/II Titel Nr. 650.009.702), f. 76r: *Hymnus* «Bernardus doctor inclytus/8. Ton[i]», Vers 1, Kopie ca. 1770 (RISM Nr. 650.009.846). Foto: Hildegard Herrmann-Schneider (2006) – Erstausgabe (2008) in: «Musikedition Tirol», www.musikland-tirol.at. Tonaufnahme: s. Abb. 2.

Abb. 6
Stamser Choralbuch von ca. 1770/80 (A-ST, Datenbank RISM A/II Titel Nr. 650.009.702), f. 69v: *Hymnus* «Post Albericum», G-Dur, Vers 1 und Stichworte für Vers 2 (Vers 3 folgt auf f. 70r/analog Vers 1), Kopie ca. 1770 (RISM Nr. 650.009.832). Foto: Hildegard Herrmann-Schneider (2006) – Erstausgabe (2008) in: «Musikedition Tirol», www.musikland-tirol.at. Tonaufnahme: s. Abb. 2.

Abb. 7
Partitura cantui chorali aus der Zisterzienserabtei Kaisheim, 1769 (A-ST, Datenbank RISM A/II Titel Nr. 650.010.598), f. 39v/S. 71: Antiphon «Alma redemptoris», Anfang/Verszeile 1–3 (RISM Nr. 650.010.653), Hinweise zur Intonatio (Tonart, Besetzung). Foto: Hildegard Herrmann-Schneider (2006).

Abb. 8
Partitura cantui chorali aus der Zisterzienserabtei Kaisheim, 1769 (A-ST, Datenbank RISM A/II Titel Nr. 650.010.598), f. 42v/S. 80: Antiphon «Salve regina», Anfang/Prosazeile 1–3 (RISM Nr. 650.010.657), im selben Stück Choralgesang mit Generalbass-Begleitung und Alternatim-Praxis, Hinweise auf [Orgel-]Versetten. Foto: Hildegard Herrmann-Schneider (2006).

Abb. 9
Partitura cantui chorali aus der Zisterzienserabtei Kaisheim, 1769 (A-ST, Datenbank RISM A/II Titel Nr. 650.010.598), f. 11r/S. 17: Cantus firmus-Messe *Missa 12,* Kyrie und Gloria (RISM Nr. 650.010.603), Choralgesang in Alternatim-Praxis, Hinweise auf [Orgel-]Versetten und -Kadenzen. Foto: Hildegard Herrmann-Schneider (2006).

Abb. 10
Sammelhandschrift aus dem Franziskanerkloster Innsbruck, frühes 18. Jh. (A-Imf, Sign. M 8840), f. 8v: *Missa de B[eata] Virgine,* Kyrie, Anfang; im Index der Handschrift unter *Missae Gregorianae* (Repro A-Imf 2007).

Abb. 11
Sammelhandschrift aus dem Franziskanerkloster Innsbruck, frühes 18. Jh. (A-Imf, Sign. M 8840), f. 106r: *Missa P: Eduardi* [Cantus firmus-Messe von P. Eduard Faller OFM (1673–1751)], Kyrie, Anfang; im Index der Handschrift unter *Missae* (Repro A-Imf 2007).

Abb. 12
Originalis Cantus choralis aus dem Franziskanerkloster Reutte/Tirol, Kopie von P. Moritz Gasteiger OFM, nach 1800 (A-Sfr, ohne Sign.): Introitus «Judica me Deus». Foto: P. Oliver Ruggenthaler OFM (2007).

Abb. 13
Antiphonarium Nocturnum De Sanctis Pro Choro Salipolensi F. F. Minorum Recollectorum, Kopie von P. Thaddäus Reeg OFM, 1784 (A-Sfr, ohne Sign.): *Invitatorium* «Regem regum», Anfang, Notation der Melodie auf vier Linien (Repro A-Sfr 2007).

Abb. 14
Antiphonarium Diurnum Proprium De Sanctis Pro Choro Salisburgensi P. P. Franciscanorum Recollectorum, Kopie u. a. von P. Thaddäus Reeg OFM, 1784 (A-Sfr, ohne Sign.): Antiphon «Salve regina», Anfang, Intonatio choraliter, Notation der Melodie auf vier Linien (Repro A-Sfr 2007).

Abb. 15
Sammelhandschrift im Franziskanerkloster Bozen, frühes 18. Jh. (I-BZf, Datenbank RISM A/II Titel Nr. 651.004.450), S. 28: *Salve regina,* Anfang/Prosazeilen 1–3, Intonatio mit Generalbass-Begleitung, Notation der Melodie auf vier Linien (RISM Nr. 651.004.500). Foto: Hildegard Herrmann-Schneider (2008).

Abb. 16
Sammelhandschrift in der Benediktinerabtei Muri-Gries Bozen (bis 1807 Augustiner-Chorherrenstift), frühes 18. Jh., S. 102: *Salve regina,* Anfang/Prosazeilen 1–3 (1. Teil), Intonatio mit Generalbass-Begleitung, Notation der Melodie auf fünf Linien im Tenorschlüssel (bei RISM vom Bestand noch nichts erfasst). Foto: Hildegard Herrmann-Schneider (2008).

Abb. 17
Choralbuch aus dem Kloster der Servitinnen zu Innsbruck, um 1770 (A-Imf M 8200, Datenbank RISM A/II Titel Nr. 650.006.672), f. 19v/S. 39: Psalm 5 «Verba mea auribus», Vers 1–3 (RISM Nr. 650.006.703), im selben Stück alternierend Choral- und Figuralgesang mit Generalbass-Begleitung (Repro A-Imf 2002).

Abb. 18
Choralbuch aus dem Kloster der Servitinnen zu Innsbruck, um 1770 (A-Imf M 8200, Datenbank RISM A/II Titel Nr. 650.006.672), f. 11v/S. 23: Antiphon «Haec dies» (RISM Nr. 650.006.689), Phrasierungsbögen von späterer Hand mit Bleistift (Repro A-Imf 2007).

«La musique prédomine trop dans nos abbaïes helvétiques»

Einige Quellen zur Stellung der Figuralmusik in Schweizer Klöstern

Claudio Bacciagaluppi (Freiburg)

> malheureusement il est peu d'abbaïes comme celle de saint Blaise qui imite la congregation de saint-Maur dans les travaux litteraires. La musique prédomine trop dans nos abbaïes helvétiques. V. Alt. merite les plus grands eloges d'avoir recommandé specialement le plein chant gregorien d'après l'esprit du grand pape Benoit XIV.
> Beat Fidel Zurlauben an Martin Gerbert, Zug, 14. November 1778

1. Eine «überwiegende Neigung zur Musik»?

Beat Fidel Zurlauben (1720–1799) war eine herausragende Persönlichkeit in der kulturellen Landschaft der Schweiz im späten 18. Jahrhundert. Nach erfolgreicher militärischer Karriere in Frankreich zog er sich in seine Heimatstadt Zug zurück und widmete sich seiner Leidenschaft für die historischen Wissenschaften. Er sammelte dabei eine ausserordentlich reiche Bibliothek, die er – als er nach der Revolution seine königliche französische Pension verlor – dem Kloster St. Blasien verkaufte, dessen eigene Bibliothek nach dem Brand 1768 verwaist war. Seit langer Zeit verband ihn nämlich die Gelehrtentätigkeit mit dem Fürstabt Martin Gerbert. In der Korrespondenz mit ihm äusserte er sich kritisch zur Musikpflege in den innerschweizer Klöstern, und bedauerte, dass sie eine überwichtige Stellung im Klosterleben innehabe.[1]

---

1 Die helvetische Regierung erhob nach seinem Ableben Anspruch auf Zurlaubens zu Recht als nationales Erbe betrachteten Nachlass, der 1802 zum Grundbestand der Kantonsbibliothek Aarau wurde; vgl. Wilhelm J. Meyer, «Über die Bibliothek des Generals Zurlauben», Sonderabdruck aus: *Zuger Neujahrsblatt 1944*, Zug [1943]. Briefzitat aus: Martin Gerbert, *Korrespondenz des Fürstabtes Martin II. Gerbert von St. Blasien*, hrsg. von der Badischen historischen Kommission, bearb. von Georg Pfeilschifter, Karlsruhe 1931–1934, S. 371. Zu Beat Fidels Korrespon-

Zurlauben konnte dabei, wenn nicht aus eigener Erfahrung, doch aus allerbester Quelle sprechen. Zu Forschungszwecken war er mehrmals zu Gast in Engelberg gewesen, und stand im Briefwechsel mit P. Karl Stadler, Archivar und späterer Abt daselbst. Weitere Briefe tauschte er mit seinem Verwandten aus, P. Gerold Brandenberg (1729–1795), Sohn der Barbara Helena Zurlauben, welcher 1755 zum Vizekapellmeister und 1770 zum Kapellmeister in Einsiedeln ernannt wurde.[2]

Damit sind auch, neben dem ausdrücklich erwähnten Gerbert, die wahrscheinlichen Quellen für einen ausführlicheren Bericht zur Lage der Kirchenmusik in der Schweiz genannt, den er 1783 veröffentlichte.[3]

> So glaub' ich hier ein paar Worte über die Kirchenmusik in der Schweitz sagen zu müssen, weil sie daselbst sehr gebräuchlich ist; denn man findet keine noch so kleine Stadt oder ein wenig beträchtlichen Flecken, der nicht seine feyerliche Meße mit Musik hat, welche die Stelle des Choralgesangs in den Kirchen versieht. [...] In allen Kirchen hat man ein Gemische von italiänischer und deutscher Musik; die französische ist platterdings daraus verbannt.
> In den Kapiteln und Abbteyen der Benediktiner und Bernhardiner besonders ist die Musik in vollem Glantz und das wichtigste ist heut zu Tage in den Augen der schweitzerschen Mönche, wie die Landesmähre behauptet, eine schöne Stimme, oder die Kunst ein Instrument zu spielen. Bey der Auswahl der Kandidaten welche um die Aufnahme bitten, werden diejenigen, welche einige Fertigkeit in der Vokal- oder Instrumental-Musik besitzen, denjenigen vorgezogen, welche nichts als gute Attestaten über ihre Studien aus den Kollegien bringen. [...] Der unsterbliche Pabst Benedikt XIV. war gesinnet, wenn er länger gelebt hätte, den Choral in alle Klöster einzuführen, und andre Musik in denselben gänzlich zu unterdrücken; denn, was auch immer die Gegner sagen, der Ambrosianische Gesang hat doch in der That viel Majestätisches. Es ist in Deutschland ein gefürsteter Abbt aus dem Benediktiner-Orden, (zu St. Blasien im Schwarzwalde) der, ungeachtet seines Geschmacks für die italiänische Musik doch in seinem Kloster

---

denz mit Fürstabt Gerbert vgl. im vorliegenden Band den Artikel von Therese Bruggisser-Lanker, «*Majestätische Simplicität* – Kirchenmusik und katholische Aufklärung im Spiegel von Martin Gerberts Briefwechsel». Für die Hilfe bei der Redaktion des deutschen Textes möchte ich mich bei Christoph Riedo bedanken.

2   P. Gall Heer OSB, «Marschall Beat Fidel Zurlauben von Zug und P. Karl Stadler von Engelberg im Lichte ihres Briefwechsels 1781–1786», in: *Innerschweizerisches Jahrbuch für Heimatkunde* 19/20 (1959–1960), S. 189–214. Für alle biographischen Angaben zu Einsiedler Mönche vgl. Rudolf Henggeler, *Professbuch der fürstlichen Benediktinerabtei unserer lieben Frau zu Einsiedeln*, Einsiedeln [1933], auch online unter: www.klosterarchiv.ch.

3   [Beat Fidel Zurlauben], «Sitten der katholischen Geistlichkeit in der Schweitz», in: *Schweitzerisches Museum* 1 (1783), 2. Band, S. 385–400: 393–395. Der Bericht war die deutsche Übersetzung einer der Musik gewidmeten Passage aus dem anonym veröffentlichten Werk *Tableaux topographiques, pittoresques, physiques, historiques, moraux, politiques, littéraires, de la Suisse*, Paris 1780–1786.

den Ambrosianischen Choral einführen will. Man kann über diesen Gegenstand die gelehrte Abhandlung lesen, den [sic] er über die alte und neue Musik herausgegeben hat.
Diese überwiegende Neigung zur Musik hat sich erst seit etwa fünfzig Jahren in die schweizerischen Abteyen eingeschlichen; und man glaubt mit gutem Grunde, daß sie dieselbe aus dem Kollegium zu Bellenz geholt haben, wo sich einige Mönche von Einsiedeln aufhalten. Die dortigen Professoren brachten bey ihrer Heimkehr den Enthusiasmus für die Italiänische Musik mit sich; aus ihrem Kloster verbreitete er sich in die von Einsiedeln abhangenden Nonnenklöster, und von diesen allmählig in alle übrigen Abteyen. Dieß, versicherte man mich, ist die genaue Genealogie der Musik in den katholischen Kirchen der Schweiz, und die Geschichte ihrer Ausbreitung über die dortige klösterliche Welt.

Verschiedene Aspekte aus diesem Bericht wären eine genauere Untersuchung wert. Ich möchte hier die folgenden hervorheben: die Musikbegabung als Bedingung für den Klosterbeitritt; die Erwähnung des «ambrosianischen» Gesangs (wohl ist ‹gregorianisch› gemeint), und nicht etwa die Figuralmusik im Palestrinastil, als Alternative zum modernen Kirchenstil; die besondere Stellung der italienischen Musik; und die Auffassung, erst seit etwa fünfzig Jahren – also etwa ab 1730 – habe die Musik diesen ausserordentlichen Stellenwert inne.

Ist nun der «Landesmähre» von 1783 Glauben zu schenken? Im Folgenden werde ich einige Quellen vorstellen, die einen Einblick in den Kontext der Figuralmusikpflege in der Innerschweiz von 1694 bis 1884 gewähren. Sie sind fast alle aus der einschlägigen Literatur bereits bekannt; mein Beitrag wird nun versuchen, sie in einem ganzheitlichen Zusammenhang zu betrachten. Bei der Untersuchung des Repertoires werde ich mich beispielhaft auf die figuralmusikalische Gestaltung der Messe beschränken. Das vorgestellte Material bietet unzählige Anhaltspunkte an, und meine Hoffnung ist, mit meinem Beitrag weitere Beschäftigungen mit diesen höchst ergiebigen Quellen anzuregen.

2. Einsiedeln, 1694

Zurlaubens letzte Behauptung, dass nämlich die Musik in den innerschweizer Klöstern erst seit 1730 besonders intensiv gepflegt worden sei, ist leicht zu widerlegen. Der Einsatz von Figuralmusik war schon im 17. Jahrhundert über das ganze liturgische Jahr sehr gross. Als Beweis dafür kann eine Verordnung zur Kirchenmusik im Kloster Einsiedeln aus dem Jahre 1694 hinzugezogen werden.

Kurz nach der Visitation bestellte 1694 Abt Raphael von Gottrau (1647–1707, in Amt 1692–1698) einen neuen Kapellmeister (P. Ignaz Stadelmann) und übergab dem Kapitel eine neu überarbeitete Kirchenmusikordnung. Diese hat der Kapitelsekretär und ehemalige Kapellmeister P. Joseph Dietrich glücklicherweise im Protokoll der Kapitelsitzungen festgehalten. Wir übertragen sie vollständig im Anhang, und geben hier nur eine knappe Zusammenfassung davon.

An jedem Sonntag zwischen Ostern und Oktober erklingen das Hochamt und das Magnificat in Figuralmusik. An den Festtagen 1. Klasse wird beim Hochamt, beiden Vespern und der marianischen Antiphon musiziert. An den Festen 2. Klasse darf dies offenbar nur auf Beschluss des Kapitels geschehen («a capitulo figuratus cantus usurpatur»). Das Te Deum und der Benedictus-Gesang werden nur jeweils dreimal im Jahr figural gesetzt. Ferner soll besonders im Sommer, wenn grosser Andrang bei der Beichte herrscht, beim Hochamt die Musik etwas länger geraten dürfen, um alle Büssenden bis zum Schluss zu begleiten. Der Gebrauch von Trompeten – worauf der neu ernannte Kapellmeister ein erfahrener und auch auswärtig gefragter Spieler war, und daher vermutlich geneigt, sie oft einzusetzen – soll auf den feierlicheren Festen beschränkt bleiben. In einem zweiten Abschnitt folgen dann die Angaben zum Gebrauch der Orgel bei den Liturgien, die choraliter gesungen werden sollen.

Besonders zu erwähnen sind die Umstände, die eine Sondererlaubnis gewähren, selbst an Werktagen in Figuralmusik zu musizieren. Es werden zwei triftige Gründe dafür angegeben. Entweder soll sich ein Schüler aus dem Klosterinternat hierin üben dürfen, oder es werden wegen des zur Sommerzeit besonders grossen Volksandrangs an den Wochentagen während der Oktav wichtiger Festlichkeiten so viele Geistliche an den Beichtstühlen benötigt, dass statt dem Choralgesang die personalmässig weniger intensive Figuralmusik gestattet wird. Somit wird eine Eintrittstüre für den Gebrauch von Figuralmusik an Werktagen offen gehalten, die hundert Jahre später – wie wir sehen werden – rege benutzt werden wird.

Für Einsiedeln fehlt trotz einiger in der Klosterbibliothek vorhandenen Musikquellen aus dem 17. Jahrhundert eine repräsentative Bestandesübersicht aus dieser Zeit, worauf wir mit Bestimmtheit diese Angaben beziehen können. Wir können jedoch davon ausgehen, dass italienische Musik und insbesondere italienische Musikdrucke das Repertoire prägten. Als Bezugsquelle ist vermutlich Mailand zu nennen. Die Beziehungen zu Mailand waren dank dem dortigen – von den Oblaten der hl. Ambrosius und Karl geleiteten – Collegium Helveticum und später über die Benediktiner Residenz in Bellinzona sehr stark. Das

Einsiedler Professbuch erwähnt ausdrücklich nicht weniger als zwölf Mönche, die im Laufe des 17. Jahrhunderts nach Mailand gereist sind oder dort studiert haben.[4]

3. Beromünster, 1696

Im Chorherrenstift Beromünster sieht die Lage genau umgekehrt aus. Während nur relativ wenig Musik aus dem Beromünster Bestand des 17. Jahrhundert überliefert ist, besitzt das Stiftsarchiv eine einzigartige Quelle zum Repertoireaufbau und zum Einsatz der Figuralmusik in der Liturgie aus dem Jahre 1696.

1693 war die Stiftskirche nach ausführlicher Erneuerung neu eingeweiht worden. Dabei wurden unter anderem die beiden Sängeremporen, mit je einer Orgel, eingebaut. Der interinale Kapellmeister, Bernhard Späni, nahm vermutlich Anlass aus der allgemeinen Stimmung der Erneuerung und ordnete das Musikarchiv des Stiftes in den dazu vorgesehenen Bücherschränken neu. Seine Arbeit dokumentierte er in einer umfangreichen Handschrift, die den Titel *Bonus ordo musicus* und einen doppelten Untertitel trägt: *Index universalis* und *Directorium musicum*. Dementsprechend verfolgt sie einen doppelten Zweck. Einerseits dient sie als Katalog des Musikarchivs, und verzeichnet alle sich darin befindlichen Partituren und Stimmen und ihr Standort im Schrank; andererseits soll sie als Nachschlagewerk dem amtierenden Kapellmeister dienlich sein, und ihm für jede Gelegenheit im Kirchenjahr die geeigneten Werke zeigen, um eine gut geordnete Kirchenmusik zu gestalten.[5]

---

[4] Es sind dies namentlich P. Christoph Hartmann (Priester 1592); P. Joachim von Beroldingen (gest. 1620); P. Fridolin Grob (gestorben 1635); P. Hieronymus von Roll (1598–1635); P. Sigismund Jodoc Bieler (1595–1662); P. Anselm (Jakob) Bisling (1619–1681); P. Meinrad (Rudolf) Steinegger (1645–1727); P. Karl (Nikolaus) Lussi (1643–1711); P. Beda (Johann Josef) Schwaller (1650–1691); P. Ildephons (Jodocus Franz) Schmid (1649–1708); P. Ignaz (Jakob) Stadelmann (1659–1721); und Br. Kaspar (Andreas) Mosbrugger (1656–1723).

[5] Vgl. dazu Therese Bruggisser-Lanker, «Kirchenmusik zwischen barocker Religiosität und politischer Repräsentation: Die Musikkultur des 17. und 18. Jahrhunderts im Stift Beromünster», in: *Lieder jenseits der Menschen: Das Konfliktfeld Musik – Religion – Glaube*, hrsg. von Annette Landau und Sandra Koch, Zürich 2002, S. 107–132: 111–112.

Der Umfang des damaligen Musikarchivs und von Spänis Arbeit ist eindrucksvoll. In Spänis eigenen Worten:

> Damit ich Unordnung, Fehler und Unruhen in dem kirchlichem Officium und dem heiligen Amt vermeiden kann, habe ich das ganze musikalische Besitztum unserer Kirche (sehr zahlreich, jedoch nicht unnötig vorhanden), nämlich gedruckte und handgeschriebene, gebundene und ungebundene Gesänge, in einer zweckmässigen Ordnung gebracht, diese einzeln mit einer Signatur versehen, und in 117 Kisten in hierfür gebauten Kasten – selbige mit ihren Nummern und Namen versehen – ordentlich versorgt.[6]

Das Inventar füllt 559 nummerierte Seiten. Eine Würdigung des gesamten hierin verzeichneten Repertoires ist in diesem Rahmen unmöglich. Ich habe mich auf das Verzeichnis der Messen beschränkt, auf dessen 28 Seiten immerhin ca. 220 Werke aufgelistet sind. Im Anhang sind dazu einige zusammenfassende Daten angegeben. Das Repertoire besteht erwartungsgemäss aus Kompositionen italienischer, eidgenössischer und süddeutscher Meister. Die meistvertretenen ‹deutschen› Komponisten sind, nach dem in Luzern tätigen Johann Georg Benn (um 1590–1660), Jakob Banwart (1609–1657 ca.) aus Konstanz und Johann Stadlmayr (1580 ca.–1647) aus dem Tirol. Die Italiener machen etwa die Hälfte der Komponisten aus, und ein Drittel aller einzelnen Kompositionen. Insbesondere stammen sämtliche a cappella-Messen (fast 10% des Repertoires) aus italienischer Feder. Unter den am häufigsten anzutreffenden Italienern sind – nicht zufällig, möchte ich behaupten – zwei Kapellmeister des Mailänder Doms, Giovanni Antonio Grossi (1615–1684) und Michelangelo Grancini (1605–1669).

Im späten 17. Jahrhundert, und im scharfen Gegensatz zur Folgezeit, war es noch üblich, Kirchenmusiksammlungen im Druck erscheinen zu lassen. Entsprechend sind etwa die Hälfte aller Titel in Form von gedruckten Stimmbüchern vorhanden. Im Inventar sind verschiedene Musikdrucke beschrieben, die heute laut RISM in keinem Exemplar mehr bekannt sind. Unter den nicht in RISM verzeichneten Musikdrucken finden wir drei Opuszahlen von Johann Georg Benn und zwei von Jakob Banwart (Op. 1 und Op. 2, jeweils mit sieben Kompositionen).

---

6 «Huiusmodi deordinationes, vitia, et confusiones in officijs Ecclesiasticis cultùq⟨ue⟩ Divino intolerabiles ut à Musicâ Chori nostri penit⟨us⟩ propellerem et averterem, […] omnem Eccl⟨es⟩iae n⟨ost⟩rae supellectilem musicam (quae valde copiosa, neutiqua⟨m⟩ tamen superflua adest) Cantiones dicam impressas et scriptas, compactas et non compactas in competentem redegi Ordinem, singulas suo notavi signo, per 117. cistae ad hoc fabricatae Receptacula itidem suis numeris et nominib⟨us⟩ signata […] ordinatè disposui»; CH-BM, StiA Bd. 1206, fol. [3v].

Auch Carlo Donato Cossonis Op. 16 ist aufgelistet, das zwar in RISM fehlt, doch als Unikat in GB-Lwa verwahrt wird.[7] Eine Messe ist dem Mailänder Musikverleger Giorgio Rolla zugeschrieben: vermutlich stammt sie aus einer Sammlung seiner Presse, wo sie anonym erschienen war. Schliesslich sind noch mehrere Messen verschiedener Autoren (in den Fächern 9 bis 12) als Abschriften aufgelistet, deren gedruckten Quellen nicht eindeutig zu identifizieren sind.

Unter den handschriftlich überlieferten Messen sind besonders die zu nennen, welche aus der Feder lokaler Komponisten stammen. Beispielsweise sind eine zweichörige und zwei dreichörige Messen von Walter Ludwig Bürgi aufgelistet, darunter die dreichörige, die bei der Neueinweihung der Kirche erklungen ist, und die auch danach eine besondere symbolische Identifikationskraft für die Kirche behielt: Späni rubriziert darunter, sie dürfe nur am Michaelsfest und bei der Kirchweihe gebraucht werden.[8]

Das Beromünster *Bonus ordo* kann mit dem Inventar der St. Niklaus-Pfarrkirche in Feldkirch von 1699 verglichen werden.[9] Dieser ist zwar viel kleiner (239 Inventarnummern insgesamt), beinhaltet aber ein ähnliches Repertoire. Unter den gemeinsamen Komponistennamen finden wir Jakob Banwart, Philipp Jakob Baudrexel (1627–1691), Johann Melchior Kayser (oder Caesar, 1648 ca.–1692), Johann Melchior Gletle (1626–1683), Fidel Müller (oder Molitor, 1627–1685), Johann Stadlmayr und Anton Ziggeler (Lebensdaten unbekannt). Dort ist die Musiksammlung allerdings weniger international ausgerichtet. Es sind nämlich nur 20 Italiener auf 64 Komponisten vertreten (‹nur› 31 %). Gegenüber Stifts- und Klosterkirchen gibt es schliesslich bei Pfarrkirchen einen wesentlichen Unterschied in der Beschaffung des Materials: gewöhnlich gehörten in Pfarrkirchen die Musikalien dem Regenschori, der sie zu seiner jeweiligen Anstellung mitnahm.[10]

Zur musikalischen Gestaltung der Messe gehörten jedoch nicht nur die Teile des Ordinariums. In einer vollständigen Betrachtung der zur

---

7 William Barclay Squire, «Musik-Katalog der Bibliothek der Westminster-Abtei in London», Beiheft zu *Monatshefte für Musikgeschichte* 35 (1903), S. 8–9.

8 «Harum us⟨us⟩ in festis S. Michaelis et Dedica⟨tion⟩is Ecclesiae tantu⟨m⟩», CH-BM, StiA Bd. 1206, S. 34; vgl. auch Bruggisser-Lanker, *Kirchenmusik*, S. 111–112.

9 Vgl. Walter Pass, «Das Musikalieninventar der Pfarrkirche St. Nikolaus in Feldkirch aus dem Jahre 1699», in: *Montfort* 20 (1968), S. 402–443.

10 Freundlicher Hinweis von Thomas Hochradner. Vgl. auch z. B. Katalin Kim-Szacsvai, «Das Noteninventar des Jesuitenpaters Ignatio Müller: Ein Musikalienkatalog aus der ersten Hälfte des 18. Jahrhunderts», in: *Oberschwäbische Klostermusik im europäischen Kontext, Alexander Sumski zum 70. Geburtstag*, hrsg. von Ulrich Siegele, Frankfurt 2004, S. 43–66: 44.

Messfeier erklingenden Musik wären noch die Sonaten und die Motetten einzubeziehen. Eine ähnliche Auswertung der Werke und Komponisten wie wir sie für das Ordinarium unternommen haben würde uns zu weit führen. Aus Spänis Anweisungen zum Gebrauch der Figuralmusik, die er jeweils vor den einzelnen Abschnitten des Inventars eingefügt hat, möchte ich jedoch zumindest seine Anmerkungen zu diesen beiden anderen Gattungen zitieren.[11]

> Sonaten oder Symphonien.
> Darüber ist zu bemerken: erstens, dass wir bisher Sonaten oder Symphonien vor allem in den Messen oder Hochämter gebraucht haben; und zwar öfter und zahlreicher wenn auf der grossen als wenn auf der kleinen Orgel musiziert wird. Gewöhnlich aber spielen wir diese nach der Epistel, oder beim Gradual, mit mehr Instrumente bei feierlicheren Festen; mit wenigeren hingegen bei weniger feierlichen; und aber überhaupt ohne Unterschied der Feierlichkeit nach der Anzahl der anwesenden Instrumentalisten.
> Bemerkungen zu den Motetten und ihrer Liste.
> Damit ich durch mein ganzes Inventar die Ordnung des Tagesbreviariums besser folgen kann, meine ich, hier sei der Ort für die Motetten (diese nämlich nehmen [...] den Platz der Lesungen im Breviarium), die ich gleichermassen gegliedert habe, wie im Breviarium und im Missale.

Kaum eine Spur hat dieses ganze Repertoire in das heutige Musikarchiv des Chorherrenstifts Beromünster hinterlassen. Zurlaubens Auffassung einer Wende um 1730 hat nämlich hier seine Begründung: Wahrscheinlich bereits in den vorhergehenden Jahren, aber bestimmt bis um 1730 hatte eine radikale Repertoire-Erneuerung stattgefunden.

Wohin gerieten die unzähligen gedruckten Stimmbücher aus dem 17. Jahrhundert? Zum Teil wurden sie leider in der Folge makuliert. Als im August 2005 ein verheerendes Hochwasser das Benediktinerinnenkloster St. Andreas in Sarnen beschädigte, wurde auch der unterirdische Kulturgüterschutzraum überflutet. Dank der sofort unternomme-

---

11 «Sonate seu Symphoniae. de his Praenotabis 1mò Quòd sonataru⟨m⟩ seu Symphoniaru⟨m⟩ usus nobis hactenus fuerit praecipuè in Missis seu officijs solennibus; et quidem saepi⟨us⟩ ac plerumq⟨ue⟩ libentiùs dum ad organum mai⟨us⟩ quàm dum ad min⟨us⟩ haberetur musica. Ordinariè autem concinuim⟨us⟩ tales post Epistola⟨m⟩, seu ad Graduale officij, Instrumentis plurib⟨us⟩ in festis magis solennib⟨us⟩; paucioriб⟨us⟩ verò in festis, quae minoris solennitatis; Imo etiam sine discrimine festoru⟨m⟩ nonnumquam pro numero praesentiu⟨m⟩ Instrumentaristaru⟨m⟩»; «Praenotanda de Mottetis et earu⟨m⟩ Indice. Ut Breviarij officijq⟨ue⟩ Diurni per totum hunc Indice⟨m⟩ meu⟨m⟩ haberet⟨ur⟩ ratio ac servaretur Ordo, opportunu⟨m⟩ hîc post praecedentia censebam locu⟨m⟩ esse Mottetaru⟨m⟩ [eingefügt: Lectionu⟨m⟩ enim in Br⟨eviar⟩io isthic [...] locu⟨m⟩ tenent.], quas pariter eo disposui ordine et modo, qui Breviario Missaliq⟨ue⟩ videbat⟨ur⟩ conformior», CH-BM, StiA Bd. 1206, S. 39, 65.

nen Aktionen konnten die unter Wasser gestandenen Musikalien gerettet werden. Ich durfte im März 2007 bei RISM Schweiz mitarbeiten, als diese vor der Restaurierung wieder geordnet werden mussten. Das älteste Repertoire in Sarnen stammt heute, von Ausnahmen abgesehen, aus der ersten Hälfte des 18. Jahrhunderts. Auch hier war das Repertoire damals grundlegend erneuert worden. Das Hochwasser von 2005 hatte einige Papp-Einbände gelöst, und in den Einbänden eines Musikdrucks von 1730 kamen Ausschnitte aus mehreren Stimmbüchern der *Salmi brevi a otto voci,* Op. 12, von Stefano Filippini (1601 ca.–1690) zum Vorschein (Bologna: Giacomo Monti, 1686).[12] Vielleicht bergen auch die Einbände der heutigen Beromünster Musiksammlung die Überreste des älteren Bestandes?

Als zweite Möglichkeit ist der Verkauf zu nennen. Ein Exemplar von drei im Beromünster Inventar aufgelisteten Musikdrucke ist heute in der Zentralbibliothek Zürich in der Sammlung der Allgemeinen Musikgesellschaft zu finden: die Messen von Anton Ziggeler (RISM Z 210), Melchior Kayser (RISM C 17) und Giuseppe Maria Angeleri (RISM A 1208, als Unikat in Zürich). Ob die Übereinstimmung kein Zufall sei? Eine Auswertung des gesamten Inventars könnte vielleicht auch in dieser Hinsicht weitere Hinweise geben.[13]

4. Engelberg, 1729

Gewaltsam wurde die Repertoire-Erneuerung im Benediktinerkloster Engelberg durch den schweren Schicksalsschlag erzwungen, der das Kloster 1729 traf. Am 29. August feierten einige Studenten der Stiftsschule Engelberg den Ferienbeginn, wie es damals Tradition war, mit dem Abschuss von Feuerwerksraketen. Eine davon fiel auf das Dach; der daraus entstandene Brand zerstörte die Kirche und ein Grossteil der Klostergebäude.

So schildert P. Ildephons Straumeyer (1701–1743), Bibliothekar und späterer Kapellmeister, seine persönliche Betroffenheit bei den Ereig-

---

12 Auf den Einbänden ist das Datum 1748 notiert. Das damit gebundene Werk ist Johann Valentin Rathgebers *Decas Mariano-musica, hoc est: X. missae solennes* Op. 7, Augsburg: J. J. Lotter, 1730 (CH-SAf, MusSAf.Dr.214).

13 Leider ist die Herkunft dieser Musikdrucke in der Sammlung der AMG nicht näher zu bestimmen; ich bedanke mich bei Claudia Heine für diese Auskunft. Zum Inventar siehe jetzt (2010) die Music Inventory Database, 1500–1800, http://inventories.rism-ch.org.

nissen jener Nacht: «Nichts hinterliess mir, sowie anderen auch, nach dem Brand einen grösseren Schmerz, als dass fast alle Bücher in den Zellen (bis auf etwa zwanzig), und nicht wenige Akte in der Zelle des Archivars, nebst den Musikalien zu Asche geworden sind, welche teils nie wieder, teils nur unter grossen Ausgaben wieder zu beschaffen sein werden.»[14] Straumeyer hatte vergeblich versucht, die Musikalien zu retten:[15]

> Die Musikalien waren in 3 Kästen aufbewahrt, der eine, ganz angefüllt mit Kompositionen der bewährtesten Autoren, auf der grossen Orgel, ein anderer mit Musikalien für die Feste II. Klasse auf dem Dormitorium, der dritte im Kapitelhaus, welcher mit 4- und 8stimmigen Kompositionen angefüllt war. Der erste und dritte Kasten ist verbrannt; aus dem zweiten bemühte ich mich, die Bücher zu entfernen; allein da das Feuer mich immer furchtbarer von allen Seiten umgab, zwang mich die drohende Gefahr, nachdem ich nur weniges, das heute noch vorhanden ist, hatte mitnehmen können, aus dem Dormitorium zu fliehen. Ich versuchte nachher, mich auf die grosse Orgel zu begeben; allein da ein sehr dichter und schwarzer Rauch von allen Seiten herkam und die Balken sich zu lösen begannen, musste ich mich auch hier zurückziehen. Wann wird es geschehen, dass Engelberg wieder durch eine so herrliche Musik sich auszeichnen wird? Ich sage das zwar zum Lobe der eigenen Familie, aber alle Hiesigen und Fremden werden mir beipflichten.

---

14 «Nihil proin plus mihi ex incendio doloris relinquit, simul ac alijs, quà libros Cellaru⟨m⟩ ferè omnes (viginti circiter exceptis) ac n⟨on⟩ paucas Archivij literas in Archivistae Cellâ relictas, praeter insignia Musicalia esse in cineres redactos, quae omnia partim nunqua⟨m⟩, partim sine maximis sumptib⟨us⟩ non sunt recuperanda»; CH-EN, StiA Cod. 202, S. 79–80. Zu Straumeyer vgl. Pater Gall Heer OSB, «Ein großer Schüler Abt Frowins: P. Ildephons Straumeyer 1701–1743», in: *Der selige Frowin von Engelberg: Ein Reformabt des 12. Jahrhunderts, 1143–1178*, Engelberg 1943 (= Schriften zur Heimatkunde von Engelberg, 7), S. 36–43.

15 «Tres habuit praecipuas cistas pro Musicalib⟨us⟩ conservandis, una⟨m⟩ eamq⟨ue⟩ refect⟨issi⟩ma⟨m⟩ insigniu⟨m⟩ Authoru⟨m⟩ libris, in organo Majori, altera⟨m⟩ pro festis 2.ae Classis ⟨etc.⟩ in Dormitorio, tertia⟨m⟩ in domo Capituli, quae vocib⟨us⟩ à 4. aut 8. vocu⟨m⟩ plena extitit. Verùm enim vero prima ac ultima conflagrârunt, alteram tempore ince⟨n⟩dij sum⟨m⟩opere contendi libris exhaurire, ast cu⟨m⟩ ignis ubiq⟨ue⟩ me saeviùs circumdaret, sumptis paucissi⟨m⟩is, quae [eingefügt: hodie] supersunt, Dormitorio cedere periculu⟨m⟩ impendens me compulit. Tentavi postmodu⟨m⟩ ad majus Org⟨anum⟩ me conferre, verù⟨m⟩, densis⟨sim⟩o ac nigerrimo fumo hinc inde advolante, atq⟨ue⟩ trabib⟨us⟩ aedificij solutis, pedem retuli. Quando na⟨m⟩ fiet, ut Mons Angeloru⟨m⟩ ta⟨m⟩ eleganti rursùs floreat Musicâ? Laudem quidem dico domestica⟨m⟩, sed huic suffragabunt⟨ur⟩ quiq⟨ue⟩ incolaru⟨m⟩ et advenaru⟨m⟩»; CH-EN, StiA Cod. 202, S. 86. Die Übersetzung dieser Stelle entnehme ich Franz Huber, «Die Pflege der Kirchenmusik im Stifte Engelberg während des 17. und 18. Jahrhunderts», in: *Angelomontana: Blätter aus der Geschichte von Engelberg: Jubiläumsausgabe für Abt Leodegar II von Engelberg*, Gossau 1914, S. 395–429: 407.

Nicht untypisch für die Gewohnheiten der Klosterkapellen ist die getrennte Aufbewahrung der Musikalien nach Besetzung, entsprechend der Feierlichkeit der Feste, bei der die Musik erklingen soll. Selbst nach der Neuordnung und Zusammenlegung des Beromünster Musikarchivs durch Bernhard Späni waren die ältesten Musikbücher mit doppelchörigen Introitusgesängen im «alten schwarzen Kasten bei der grossen Orgel» belassen worden, da sie für die neuen Gestelle übergross waren, und sowieso nur bei den feierlichsten Gelegenheiten gebraucht wurden.[16]

Es ist leider kein Inventar vom Engelberger Bestand vor dem Brand erhalten. Straumeyer erwähnt nur einige der vorzüglicheren Komponisten, deren Musik also wahrscheinlich der Kasten auf der Orgelempore enthielt. Heute sind die meisten dieser Autoren weder in Engelberg noch in dem mit Engelberg engstens verbundenen Kloster Sarnen vertreten: «di Gratia» (vielleicht Bonifacio Graziani, 1604/5–1664), «P. Stephano» (Huber vermutet dahinter Agostino Steffani, 1657–1716), Cajetan Kolberer (Lebensdaten unbekannt), «Schottenberger» (wohl Kaspar Schollenberger, 1673–1735) und Corelli. Von Giovanni Battista Bassani (1647 ca.–1716) sind zwei Offertorien fragmentarisch erhalten (eine Sopranstimme in CH-SAf, Musikbibl. B 114 = Ms. 7172); von Johann Valentin Rathgeber (1682–1750) eine Messe, allerdings in erst 1748 abgeschriebenen Stimmen (CH-SAf, Musikbibl. K 35/W 1 = Ms. 6912); von «Planiski» (Josef Antonín Planický, 1691–1732) eine ebenfalls erst 1734 kopierte Orgelstimme mit mehreren Kompositionen (CH-EN, Ms A 743 = Ms. 5139). Vom Engelberger P. Benedikt Deuring (1690–1768) sind hingegen noch mehrere Werke sowohl in Engelberg wie in Sarnen vorhanden.[17]

Der Einschnitt, den der Brand im Klosterleben bedeutete, bewegte Straumeyer dazu, seine Erinnerungen an die früheren Gepflogenheiten schriftlich festzuhalten, und

> [...] falls ein anders Closter in wenig oder vielen Jahren solte auffgerichtet werden, darmit der Nachwelt in einem zwar geringern, doch nit verwerflichen stück verhölflich zu seÿn. [...] Meine Arbeith thut ietz eintzig dahin zihlen, wie

---

16 «Introituum duo adsunt opera, quae melioris ordinis ac distinctionis gratiâ maiores voco et minores Introit⟨us⟩. Maiores libris maiorib⟨us⟩, qua⟨m⟩ receptaculum hoc primu⟨m⟩ capere queat, comprehensi rarioris sunt usûs; ideoq⟨ue⟩ ex cistâ hac à me omnino amandati reposui eos in cista⟨m⟩ antiquiore⟨m⟩ nigra⟨m⟩ ad organum mai⟨us⟩, ubi utpote festis maiorib⟨us⟩ proprij etiam paene solù⟨m⟩ usurpant⟨ur⟩. Sunt aute⟨m⟩ 8. vocu⟨m⟩, libri 9. signati literâ maiori A»; CH-BM, StiA Bd. 1206, fol. [5v].

17 Die Namenliste, aus Straumeyers *Descriptio incendii*, zitiere ich aus Huber, *Die Pflege der Kirchenmusik*, S. 406–407; die Daten zu den Handschriften stammen aus der RISM-Datenbank (www.rism-ch.ch, Zugriff am 22.4.2008).

sogenant=verbrente sachen im ersten ausß der Aschen möchten gezogen werden; dieses aber wie es zu weitläuffig, so kan es entweder gar nicht, oder sehr Beschwährlich geschehen: Nichtsdestoweniger hat auch der sicher sein Lohn, wen⟨n⟩ schon alles zu finden ihme daß Glück nit günstig gewesen.[18]

Unmittelbar nach dem Unglück entstanden somit drei Handschriften, *Descriptiones ecclesiae antiquae … nec non incendii*, *Consuetudines Angelomontanae*, *Laüt- und Ceremonij-Buch* (für die Laienbrüder), und vermutlich im gleichen Zusammenhang auch das unvollständig überlieferte *Ceremoniale Benedictinum Monasterii Engelbergensis*. Dem letzteren ist ein zweites Engelberger Zeremonialbuch angebunden, das von Straumeyers Mitbruder P. Frowin Christen (1666–1743) verfasst und geschrieben wurde, mit dem Titel *Libellus … exhibens Seriem, et Ordinem eorum omnium, quae … agenda, et observanda occurrunt*.[19]

Für unsere Untersuchung sind das achte Kapitel aus Straumeyers *Consuetudines* sowie das siebte aus Christens *Libellus* relevant, die die Figuralmusik behandeln. Die beiden Texte sind einander sehr ähnlich, obwohl der erste um einiges kürzer ist. Sie sind im lateinischen Original im Anhang wiedergeben (Straumeyers Text in leicht abgekürzter Fassung).[20] Figuralmusik, insbesondere mit Instrumentalbegleitung, erscheint anders verteilt, aber insgesamt häufiger als in der Einsiedler Kirchenmusikordnung von 1694 in Gebrauch gewesen zu sein. Die Matutin wird nur bei den Karwochenresponsorien figural musiziert, dann aber auch der Benedictus-Gesang (alternatim) bei Laudes. Das Te Deum nur an Fronleichnam; Laudes nur an Weihnachten, Fronleichnam und Ostern; Sext und Non bei allen Abtfeiern. Vespern werden bei Festen 1. Klasse mit allen Instrumenten vollständig figural gesungen. Bei den Vespern der Feste 2. Klasse wird nur das Magnificat figural gesungen, aber mit allerlei Instrumenten; während der Oktav von Fronleichnam nur mit Violinen; an sonstigen Sonn- und Feiertagen lediglich mit Continuobegleitung. Die Komplet wird nur am Karsamstag figural gesungen, die marianische Antiphon hingegen das ganze Jahr hindurch, mit wenigen Ausnahmen. Die Messe wird an allen Festtagen 1. und

---

18 CH-EN, StiA Cod. 205, *Laüt- und Ceremonij=Buch | so man braucht in dem Bene-|dichtinischen Kloster auff dem | Engel=berg | Beschriben und vermehrt von | P. Ildephonso Straumeyer | aldorth Profeß, und Biblio-|thecari⟨us⟩. | An⟨n⟩o 1730. den 1. Janua-|rij*, S. iii–iv.

19 CH-EN, StiA Cod. 200, 202, 205 und 316. Zu den genannten Werken Straumeyers und Christens vgl. Heer, *Ein großer Schüler*, S. 39, sowie *Frühe Klöster, die Benediktiner und Benediktinerinnen in der Schweiz*, hrsg. von Elsanne Gilomen-Schenkel, Bern 1986 (= Helvetia sacra, Abt. 3, Bd. 1), S. 606.

20 Eine deutsche Übersetzung eines wesentlichen Teils von Straumeyers Text wurde von Franz Huber veröffentlicht; Huber, *Die Pflege der Kirchenmusik*, S. 402–406.

2. Klasse, an allen Sonntagen ausser Advent- und Fastenzeit (mit der Ausnahme von Gaudete und Laetare), an allen Duplex, sowie an den Semiduplex soweit diese unter einer Oktav fallen, figural musiziert, und zwar nach Möglichkeit mit Instrumenten. Schliesslich erklingt Figuralmusik an allen feierlichen Totenämtern.

Zur musikalischen Gestaltung der Messe seien weitere Details hier erwähnt. Bei Abtfeiern sieht Straumeyer die typischen Trompeten-Intraden vor, sowie Symphonien vor dem Evangelium. Als einziger Unterschied zu den Messen an Festen 2. Klasse sieht er den Gebrauch einer Solomotette oder eines Duetts an der Stelle der Symphonie. Offertorien waren gewöhnlich mehrstimmig. Einstimmige Motetten hatten vielfältige Einsatzmöglichkeiten: entweder zur Wandlung, oder zweigeteilt, teils zum Offertorium und teils nach dem Agnus Dei (eine genaue Erklärung dieser Zweiteilung vermag ich allerdings nicht zu geben). Frowin Christen bemerkt ferner, dass während der Advents- und Fastenzeit, falls genügend Stimmen vorhanden sind, die Messe vorzüglich doppelchörig musiziert werden sollte (also a cappella). Dennoch sei es selbst in dieser Zeit den Violinen nicht grundsätzlich verboten, insbesondere vor der Lesung, nach der Wandlung und nach dem Agnus Dei bei der Aufführung von Solomotetten mitzumachen. Christen fasst die allgemeine Auffassung dem Einsatz der Instrumente gegenüber folgendermassen zusammen:

> Kurz, dies sei die universelle Regel: je feierlicher das begangene Fest, desto höher die Klasse, die ihr zugeteilt wird, und desto mehr Musikfähige unter den Anwesenden; daher auch wird die Kirche prächtiger, und die heiligen Gewänder köstlicher geschmückt, daher schliesslich feierlicher, süsser und unter Einbezug mehrerer Musikinstrumente, wie Violinen, Trompeten und Hörner, soll die Figuralmusik die Feierlichkeit im heiligen Amt vermehren.[21]

Was bei Beat Fidel Zurlauben als Anekdote berichtet wird, dass nämlich die Musikbegabung eine Voraussetzung zur Aufnahme ins Kloster sein konnte, wird sowohl von Straumeyer wie von Christen als ein Engelberger eigentümlicher Brauch geschildert, und von Straumeyer insbesondere ausführlich begründet und vehement verteidigt:

> So weit ich mich im Kapitelbuch gelesen zu haben erinnere war es vor 20 Jahren die einstimmige Ansicht aller, dass keiner je ins Kloster aufgenommen werden könne, wenn man nicht die sichere Hoffnung haben könne, dass er in der Musik sich Kenntnisse erwerbe. [...] War es aber nicht genug, wenn ein Novize im gregorianischen Choral tüchtig war? Keineswegs! Denn wenn man die Horen ausnimmt, so wurde während des ganzen Jahres mehr Figural- als Choralmusik

---

21 CH-EN, StiA Cod. 316/2, fol. 36r, in unserer Übersetzung.

verwendet. [...] Doch ich schreibe wohl zu weitläufig hievon! Die Liebe zur Musik ist schuld daran, sodann der auf unsern Bergen allgemein angenommene Grundsatz: ein Religiöse soll sowohl in Frömmigkeit und Wissenschaft als auch in Musik, wenn nicht ausgezeichnet, so doch tüchtig sein.[22]

5. Einsiedeln, 1805–1884

Verlassen wir aber nun die Zeit Zurlaubens und betrachten wir die weitere Entwicklung des Repertoires im 19. Jahrhundert. Für die Untersuchung der Kirchenmusik in dieser Zeit besitzt die Benediktinerabtei Einsiedeln eine einzigartige Quelle: die sogenannten *Kirchenmusikalischen Aufzeichnungen,* auch *Kapellmeisterbuch* genannt (CH-E, 925.3). Es handelt sich um einen Sammelband in Folio, wo jedes einzelne Musikstück aufgezeichnet ist, das während der Festtage vom jeweiligen Kapellmeister aufgeführt wurde. Die frühesten Aufzeichnungen stammen (als Kopie) aus dem Jahre 1805, die jüngsten aus 1884; der Zeitraum 1813–1852 ist praktisch lückenlos belegt.

Die Kapellmeister beschränkten sich dabei keineswegs auf eine trockene Titelauflistung. Sie hielten auch Notizen zu ihrem Amt, sowie Eindrücke über das Zeitgeschehen fest, beispielsweise über den Sonderbundkrieg oder die Nachrichten aus Deutschland zu den Aufständen im März 1848. Auf diesen Aspekt des Kapellmeisterbuchs als Quelle für die Klostergeschichte ist bereits P. Lukas Helg eingegangen, und wir verweisen die Leser auf seinen Aufsatz.[23] Ähnlich wie beim Beromünster Inventar von 1696 werden wir hier versuchen, anhand ‹statistischer› Sondierungen einen Querschnitt des Repertoires im frühen 19. Jahrhundert zu beschreiben.

---

22 CH-EN, StiA Cod. 202/1, fol. 45r, Übersetzung aus Huber, *Die Pflege der Kirchenmusik*, S. 402–403. Auch Einsiedeln hatte den Ruf, die Aufnahme neuer Mönche von ihrer Musikbegabung abhängig zu machen; vgl. P. Lukas Helg OSB, *Die neue Musikbibliothek des Klosters Einsiedeln*, Einsiedeln 1999, S. 9.

23 P. Lukas Helg OSB, «Die Einsiedler Kapellmeister seit 1800: Materialien zur Geschichte der jüngeren Einsiedler Kirchenmusik», in: *Congaudent angelorum chori: P. Roman Bannwart OSB zum 80. Geburtstag*, hg. von Therese Bruggisser-Lanker und Bernhard Hangartner, Luzern 1999 (Schriftenreihe der Musikhochschule Luzern, 1), S. 131–155; zum Kapellmeisterbuch vgl. auch Gabriella Hanke Knaus, «‹Ganze Parthien Musikalien›: Der Notenbestand der ehemaligen Reichsabtei Weingarten in der Musikbibliothek der Benediktinerabtei Einsiedeln», in: *Oberschwäbische Klostermusik im europäischen Kontext, Alexander Sumski zum 70. Geburtstag*, hrsg. von Ulrich Siegele, Frankfurt 2004, S. 89–130: 90.

Zwischen 1819 und 1826 wurde die chronologische Auflistung der Musikstücke, Sonntag für Sonntag, vorübergehend durch eine systematische Aufzeichnung aller Werke im Repertoire ersetzt, wo Jahr für Jahr jedes Stück mit dem Datum seiner Aufführung versehen wurde. Diese Art der Aufzeichnung erleichtert selbstverständlich die Untersuchung, denn die Werke werden somit eindeutig identifiziert. Die folgenden Überlegungen basieren deshalb auf den Zeitraum 1819–1826.

Die meisten aufgeführten Werke stammen aus der zweiten Hälfte des 18. Jahrhunderts. Sinfonien und Ouvertüren überwiegen zahlenmässig gegenüber den früher weit häufigeren Motetten («Offertorien»). Nachwievor sind rund die Hälfte der Komponisten Italiener, und unter diesen belegen vier ‹Mailänder› einen Platz in der Liste der meistgespielten Autoren: Johann Christian Bach (1735–1782), Barnaba Bonesi (1745/6–1824), Paolo Bonfichi (1769–1840) und Ambrogio Minoja (1752–1825). Die Vermittlerrolle der Einsiedler Residenz Bellinzona ist dabei offensichtlich und kann in verschiedenen Fällen auch im Einzelnen belegt werden.[24]

Obwohl nur etwa ein Drittel der aufgeführten Werke nach 1800 komponiert wurde, zeigt der Zuwachs an Messen beispielhaft, dass eine aktive Politik der Repertoire-Erweiterung praktiziert wurde: allein zwischen 1822 und 1825 wurden 43 neue Titel den 97 bereits vorhandenen vollständigen Messzyklen hinzugefügt. Diese Zuwächse waren mit dem vorhandenen Repertoire nicht homogen und veränderten nach und nach seine traditionelle Struktur. Wie Lukas Helg beschrieben und Gabriella Hanke Knaus exemplarisch am Weingarten-Bestand gezeigt haben, hatten diese Veränderungen einen doppelten Ursprung.[25] Viele Einsiedler Mönche waren 1798, um den Kriegswirren zu entkommen, im Salzburger St. Peter aufgenommen worden. Diese Erfahrung brachte eine Bereicherung der Einsiedler Kirchenmusik durch die Werke süddeutscher und Salzburger Meister und die Kompositionen der Wiener Klassik. Andererseits kaufte Einsiedeln ab 1802 bei mehreren Gelegenheiten Musikalien aus den aufgehobenen deutschen Klöstern. Dabei kamen nicht nur weitere deutsche Werke in die Schweiz, sondern auch

---

24 Siehe zur Rolle der Benediktiner Residenz in Bellinzona den Beitrag von Luigi Collarile, «Bellinzona, 1675–1852. Considerazioni sulla circolazione e ricezione di musica italiana nei conventi benedettini della Svizzera interna», in: *Schweizer Jahrbuch für Musikwissenschaft*, 2010, in Vorbereitung. Siehe jetzt (2010) eine indexierte Übertragung des Kapellmeisterbuchs unter www.rism-ch.org/pages/kapellmeisterbuch.

25 Helg, *Die neue Musikbibliothek*, S. 9–13; Hanke Knaus, *Ganze Parthien Musikalien*, S. 90–92.

das römische und neapolitanische Repertoire, das früher im Vergleich zum mailändisch-oberitalienischen so gut wie unbekannt gewesen war. Dabei handelt es sich charakteristischerweise um Komponisten, die im Katalog der heutigen Musikbibliothek nur mit wenigen Werken vertreten sind. Als Beispiel können wir zwei Messen von Giovanni Battista Pergolesi (CH-E, 577.5) aus Münsterlingen, einem Tochterhaus Einsiedelns, und Nicolò Jommelli (CH-E, 505.4) aus dem Kloster Berau im Schwarzwald anführen. Zuwachs durch die Klosterschliessungen erhielt übrigens auch Engelberg, wo nach der Säkularisation – um beim Beispiel Jommelli zu bleiben – eine (zweifelhafte) Messe aus der Reichsabtei Salem im Linzgau (CH-EN, Ms. A 407 = Ms. 5779) eintraf.

Das bisher gesagte betrifft ausschliesslich die feierliche Kirchenmusik, die an Festtagen zur Aufführung gebracht wurde. Figuralmusik wurde jedoch auch an Werktagen gebraucht. Für den Zeitraum vom Januar 1838 bis März 1839 hat sich glücklicherweise neben der Liste im Kapellmeisterbuch auch ein Verzeichnis der an gewöhnlichen Wochentagen dargebrachten, von P. Gall Morel auf dessen ersten Seite sogenannten «Werktagsmusik» erhalten. Diese Musik wurde vom Vizekapellmeister betreut, Anselm Schubiger, der auch dieses musikalische Tagebuch führte, und es mit dem Titel «Der [sic] grosse musikalische Einmaleins. berechnet auf Anno 1838» versah (CH-E, D.11e).

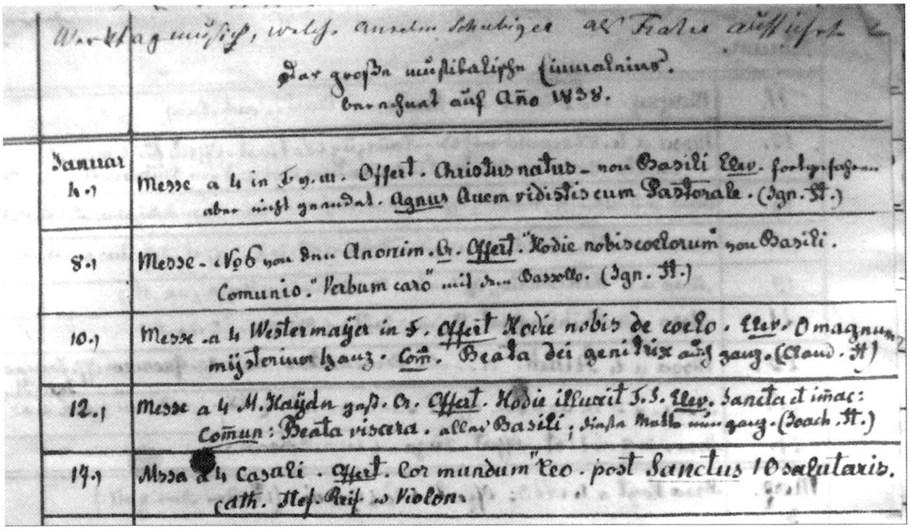

Abb. 1: Anselm Schubiger, *Der grosse musikalische Einmaleins*, CH-E, D.11e, fol. [1r]

Für das Jahr 1838 können wir demnach eine vollständige Statistik der in Einsiedeln aufgeführten Figuralmusik erstellen. Nur an 123 Tage blieb sie im Kloster aus. Die Werktagsmusik drängt den Gesamtanteil an italienischen Komponisten auf ein Drittel und von aufgeführten italienischen Werken gar auf ein Fünftel zurück. Die mit Abstand an Werktagen am meisten aufgeführten Komponisten sind Ludwig Est und Anselm Schubiger selber. Nur zwei italienische Namen – beide Mailänder – treten mehr als fünfmal auf, der Franziskaner Giovanni Domenico Catenacci und Francesco Basili, der zwar in Rom ausgebildet, in den 1830er Jahren aber zum Direktor des Mailänder Konservatoriums als Nachfolger von Bonifacio Asioli ernannt wurde. Auch die am häufigsten vertretenen Italiener, die wir 1838 bei Festtagen antreffen, sind in Mailand tätig gewesen: der Servite Paolo Bonfichi, der Domkapellmeister Giuseppe Sarti und der erwähnte Konservatoriumsdirektor Bonifacio Asioli. Der Neapolitaner Pasquale Anfossi ist bezeichnenderweise nicht durch seine vokale Kirchenmusik, sondern durch sechs (aus Opern entnommene) Sinfonien vertreten.

Abb. 2: Carlo Donato Cossoni, *O Jesu care*, CH-E, 437.3:4, f. 42r

Im frühen 19. Jahrhundert wurde aber in Einsiedeln nicht nur zeitgenössische Musik aufgeführt, sondern sehr bewusst eine klostereigene Musiktradition weitergepflegt. Dies sei nun anhand der Musik von Carlo Donato Cossoni (1623–1700) gezeigt. Der aus dem Comersee stammende Mailänder Domkapellmeister Cossoni hatte in seinem letzten Willen seinen kirchenmusikalischen handschriftlichen Nachlass dem

Kloster Einsiedeln vermacht, mit der Auflage, seine Musik nie weiterzuverkaufen oder auszuleihen.[26] Dies verhalf mit der Zeit den Mönchen, seinen Nachlass als ein Teil der musikalischen Identität des Klosters aufzufassen. Cossonis Musik, die grösstenteils ohne obligate Instrumente auskommt, war in ihrer Beschaffenheit für den Gebrauch an Werktagen geeignet, und so treffen wir seinen Namen – hundertvierzig Jahre nach seinem Tode – dreimal auf Schubigers Liste an. Am 3. Juli 1838 sang P. Claude Perrot (1803–1881) das «Offert‹orium› Cossoni Alt sol. de S. Theresia», vielleicht die vorgesehene Basspartie auslassend. Die Motette aus 1667 steht nicht im respektablen ‹stile antico›, sondern in einem (für ihre Entstehungszeit) modernen, konzertierenden Stil, das 1838 hoffnungslos altertümlich geklungen haben mag. Ihre Aufführung lässt sich nur mit einer absichtlichen Traditionspflege erklären.

Am 23. Februar 1839 steht auf dem Tagesprogramm: «M‹i›ssa a 2 Choris et 8 Vocibus. Cossoni in C. welche Fr‹ater› Sigismund [Keller] geschrieb‹en› Cr‹edo› a 8 V. Cossoni aus C moll. die alten Stimmen gebraucht. […] Statt Agnus Cossonis Ecce Sacerdos von Fr‹ater› Sigismund neu geschr‹ieben› (alles ordentlich schön gegangen)». Bei der Aufführung sind einige Stiftsschüler beteiligt. Schliesslich, am 16. März wird die «Missa a 2 Chören. vertheilt [auf den zwei Hauptorgeln?]. von Cossoni in C von mir neu geschrieben.», und wiederum beim Agnus Dei «Cossonis Ecce sacerdos von Sigismund geschr.»; diesmal aber kam «Cossonis Messe […] nicht gar gut heraus», vielleicht wegen der zusätzlichen Schwierigkeit der räumlichen Trennung der beiden Chöre.

Das Traditionsbewusstsein der Einsiedler Kapellmeister setzt voraus, dass die stilistische Ausrichtung gegenüber anderen Faktoren im Hintergrund steht. Einerseits ist die beim Ritus erklingende Musik an eine ortsspezifische Tradition gebunden, wodurch sie eine besondere Legitimation erhält. Andererseits kündet sich in der Repertoireauswahl des jungen Schubigers vielleicht eine im Zeitgeist vorhandene Haltung, die die Verantwortlichen der Kirchenmusik in Einsiedeln mit den Vertretern des Cäcilianismus teilten, obwohl der Gegenstand ihrer historisierenden Bemühungen ein anderer war.

---

26 Vgl. dazu das Vorwort zu *Carlo Donato Cossoni (1623–1700): catalogo tematico*, hrsg. von C. Bacciagaluppi und L. Collarile (Publikationen der Schweizerischen Musikforschenden Gesellschaft, Serie II, 51), Bern 2009.

6. Zum Abschluss: Erneuerung der Inhalte, Kontinuität der Strukturen

Der Bericht zur Musikpflege in den katholischen Kirchen der Eidgenossenschaft, der von Beat Fidel Zurlauben erstmals 1781 in Paris veröffentlicht wurde, entspricht in seinen groben Zügen der historischen Realität, wie wir sie heute zu rekonstruieren versuchen können. Die Figuralmusik wurde tatsächlich allgemein in grossen Ehren gehalten, so dass seit Anfang des 18. Jahrhunderts die Tüchtigkeit in der Musikausübung gar zur Aufnahmebedingung in das Kloster Engelberg wurde. Ausführliche Regeln zu ihrem Einsatz bei den liturgischen Handlungen besitzen wir aus Einsiedeln (1694), Beromünster (1696) und Engelberg (1729). Von diesen Quellen werden vielleicht Liturgiehistoriker weitere Aspekte beleuchten können, als ich das hier vermochte. Einzelne Details waren für mich als Musikhistoriker besonders von Interesse: ich denke zum Beispiel an Ildephons Straumeyers Darstellung der unterschiedlichen Verwendung von geringstimmigen Motetten in Engelberg bei Abtmessen (zur Wandlung) und bei Priormessen (vor dem Evangelium). Das Repertoire aber, das in diesen früheren Quellen aufgelistet, beziehungsweise impliziert wird, kannte Zurlauben bereits nicht mehr. Vor 1730 gab es nämlich eine gründliche Erneuerung der Musikarchive, und die meisten (gedruckten) älteren Bestände wurden als ungebräuchlich vernichtet oder veräussert. Von den rund zwei Dutzend im *Bonus ordo* erwähnten Drucke mit Messkompositionen ist ein Drittel im RISM nicht verzeichnet. Eine vollständige Auswertung des Beromünster Inventars würde bestimmt viel mehr Musikdrucke aus dem 17. Jahrhundert identifizieren lassen, die heute verschollen sind.

Mit einigen Bemerkungen zum Repertoire möchte ich nun meine Ausführungen abschliessen. Die Ausrichtung nach Mailand erscheint eine Besonderheit der Schweizer Kirchenmusik zu sein. Sie war in anderen Alpenländern keineswegs der Normalfall. Im nahen Konstanz war beispielsweise 1670 die Sammlung *Arion Romanus* (RISM C 1221) erschienen, die programmatisch Carissimi als Hauptvertreter der ‹römischen Schule› preist. Feldkirch richtete sich im Jahre 1699 deutlich nach Venedig aus: unter den mehrfach auftretenden italienischen Namen sind Giovanni Legrenzi, Natale Monferrato und Giovanni Antonio Rigatti zu finden. Daneben sind die Bologneser Maurizio Cazzati und Giovanni Battista Vitali mehrmals erwähnt, aber mit keinem einzigen Werk ein Mailänder Meister. In Kremsmünster kam der italienische Anteil des Repertoires aus Venedig und Neapel, was im Habsburgerreich als typisch gelten kann; dieser war insbesondere 1740–1742 durch die abenteuerliche musikalische Reise von Franz Sparry (1715–1767) stark bereichert worden.[27]

Während anderthalb Jahrhunderten war also die Musikpflege in der katholischen Innerschweiz durch den hohen Anteil (etwa die Hälfte der gesamten Figuralmusik) an italienischen, und insbesondere Mailänder Partituren charakterisiert. Bei der Beschaffung der Musik aus der lombardischen Metropole war die Benediktinerresidenz Bellinzona aber schwerlich die alleinige Vermittlerin. Diese zweite Fehlauffassung von Zurlauben, die bis heute noch zuweilen stillschweigend angenommen wird, kann anhand des *Bonus Ordo* von Bernhard Späni widerlegt werden. Bevor wir diese Behauptung zu belegen versuchen, sei noch eine zweite hinzugefügt.

Erst um 1850 wurde das Repertoire nochmals grundsätzlich umgewälzt. Wie aus dem Beispiel Einsiedeln bekannt ist, wurden damals sowohl die besonders langlebige konzertante Kirchenmusik des späten 18. Jahrhunderts wie der orgelbegleitete gregorianische Choral durch eine cäcilianische Palestrina-ähnliche Mehrstimmigkeit verdrängt. Kapellmeister Clemens Hegglin (1828–1924), in Amt 1859–1875 und 1877–1879, setzte die Reform durch: «Vieles in Aufführung von Kirchenmusik wurde reduziert, besonders die II classis und die Vespern, vorzüglich an Dekan- und Subpriorfesten; die letzteren beschränkten sich allmählich nur auf Orgelbegleitung und höchstens vierstimmigen Gesang. Sinfonien aus der Kirche verbannt. Gesang a la Palestrina hörte man immer häufiger, besonders in der Charwoche». Diese Art von Polyphonie ging auch zu Lasten der Choralämter: 1863 heisst es, an «Advent und Fasten wird von jetzt an zum Hochamt statt des einstimmigen Chorals eine Messe a la Palestrina aufgeführt».[28] (Gerbert und Zurlauben, als kirchenmusikalische Reformisten des 18. Jahrhundert, hätte die Verdrängung des Chorals wohl leid getan.) Die Palestrina-Mehrstimmigkeit stellte jedoch in der Schweiz weitgehend ein Novum dar. Der Stil der durchaus schon immer in Gebrauch gewesenen a cappella-Figuralmusik war nämlich bis anhin der ‹stile pieno›, die norditalienische, meist achtstimmige Variante des ‹stile antico›, der feierlichen Kathedralmusik.

---

27   Zu Feldkirch vgl. Pass, *Das Musikalieninventar*; zu Franz Sparrys Sammlung vgl. Altman Kellner, *Musikgeschichte des Stiftes Kremsmünster*, Kassel 1956, S. 362–374.

28   P. Gall Morel OSB, *Notizen*, CH-E, ML 523, fol. 136–137, zit. in Helg, *Die Einsiedler Kapellmeister*, S. 144–145.

Die (im weitesten Sinne) ‹lombardische› Kirchenmusik des 17. Jahrhunderts pflegte – beispielhaft vertreten an der Mailänder Kathedrale – eine norditalienische Art, a cappella-Kirchenmusik zu schreiben. Diese wurde verschiedentlich als ‹stile pieno e breve›, ‹stile sodo› oder ‹corrente› beschrieben, und war meistens zu acht Stimmen geschrieben, in einem homophonen, einfachen Stil, der sich für eine angemessene Realisierung der intendierten Wirkung eher auf die klangliche Erfindungsgabe der Kapellmeister bei der Aufführungsbesetzung als auf technischkontrapunktische Effekte der kompositorischen Faktur stützte. Unter den Messkompositionen ohne Instrumentalbegleitung aus dem Beromünster Inventar von 1696 stammen die meisten von der Feder lombardischer Komponisten (hinzu kommen fünf anonyme Werke. Fast zur Hälfte handelt es sich um achtstimmige, zweichörige Messen, die wir mit grosser Wahrscheinlichkeit dem lombardischen ‹stile pieno› zuordnen können. Palestrina-ähnlicher Kontrapunkt wird nur bei Giovanni Antonio Grossis Werke «in contrapuncto» ausdrücklich erwähnt, jedoch ist der strengere ‹stile antico› vermutlich auch unter den anderen vier- und fünfstimmigen Messen ohne Instrumente vorherrschend: Giulio Bruschis Messe, die zwar nur eine Continuobegleitung, jedoch einen konzertanten ersten Chor vorsieht, dürfte eine Ausnahme darstellen.

Komponist	A cappella-Werke
Francesco Bagatti (gest. um 1680)	eine Messe zu 8 Stimmen und 2 Orgeln; 3 zu 4 Stimmen
Giulio Bruschi, um 1622–1629 tätig	eine Messe zu 8 Stimmen, allerdings «primo choro concertato»
Girolamo Casati ‹Filago› (Lebensdaten unbekannt)	eine Messe zu 3 oder 5, eine zu 4 oder 5 Stimmen
Maurizio Cazzati (1616–1678)	eine «messa breve» zu 8 Stimmen «da Capella» (aus RISM C 1621)
Giovanni Clerici (Lebensdaten unbekannt)	eine Messe zu 4 Stimmen (aus RISM C 3195)
Carlo Donato Cossoni (1623–1700)	4 Messen zu 8 Stimmen (aus op. 16)
Carlo Cozzi (1620a – ca. 1658)	eine Messe zu 8 Stimmen
Michelangelo Grancini (1605–1669)	1–3 Messen zu 4 Stimmen, eine zu 4 oder 5, eine zu 5, 2 zu 8
Giovanni Antonio Grossi (1615–1669)	sechs Messen zu 4 Stimmen «in contrapuncto» (aus RISM G 4747), eine zu 4 Stimmen (aus RISM G 4738), eine zu 8
Tommaso Homati (Lebensdaten unbekannt)	eine Messe zu 8 Stimmen «corrente»
Giovanni Antonio Mangoni (Lebensdaten unbekannt)	eine Messe zu 8 Stimmen «in duoi chori»
Agostino Olivero (Lebensdaten unbekannt)	zwei Messen zu 4 Stimmen (eine aus RISM O52)
Sisto Reina (1630a–1664p)	eine Messe zu 8 Stimmen
Giorgio Rolla? (Lebensdaten unbekannt)	eine Messe zu 4 Stimmen
Bartolomeo Trabattone (tätig ca. 1635–1675)	zwei Messen zu 4 Stimmen, eine zu 5 Stimmen

Tab. 1: A cappella-Messen aus der Lombardei in Beromünster, 1696

Diese feierliche vokale Mehrstimmigkeit blieb vermutlich auch im 18. Jahrhundert in Gebrauch. Der dritte Musikalienkasten in Engelberg, der im Dormitorium aufbewahrt wurde und 1729 verbrannte, beinhaltete ausschliesslich vier- und achtstimmige Kompositionen. Wir können nur vermuten, dass auch hier vorwiegend lombardische Komponisten vertreten waren.

In Einsiedeln sind hingegen im festlichen Repertoire 1819–1826 kaum Überreste dieser Tradition zu finden. Vermutlich ist die «Missa integra» von «Costanzi» ein a cappella-Werk des Laterankapellmeisters Giovanni Battista Costanzi (1704–1778). Die zwei doppelchörigen Gloria von Gian Andrea Fioroni (1704–1778) und das doppelchörige Gloria in B von einem gewissen Bonazzi (vermutlich Carl'Antonio)[29], die ich im heutigen Einsiedler Musikbestand nicht identifizieren konnte, sind zwar Werke Mailänder Komponisten, es ist jedoch zu vermuten, dass es sich um instrumentalbegleitete Kompositionen handelt.[30] Im Werktagsrepertoire sind die zwei oben erwähnten achtstimmigen Messen Cossonis zwar typische Vertreter der lombardischen Vollstimmigkeit, jedoch wegen der besonderen Pflege der Cossonischen Musik in Einsiedeln als Spezialfall anzusehen.

Trotz der sich im Laufe der Zeit ändernden Komponistennamen zeigt das Repertoire der katholischen Kirchen der Innerschweiz von 1690 bis 1850 eine bemerkenswerte Kontinuität in seinem Aufbau. Die letzthin gebrachten Überlegungen mögen zwei Beispiele dieser Kontinuität aufgezeigt haben. Vor dem 19. Jahrhundert war nicht die in der Schweiz unbekannte Palestrina-Nachfolge, sondern der norditalienische ‹stile pieno›, neben dem Choral, die Alternative zur konzertanten Kirchenmusik. Der Fluss von Mailänder Partituren in die Innerschweiz war ab der Mitte des 17. Jahrhunderts bis um 1850 ununterbrochen in Bewegung, und ist vor allem bei seinen Anfängen wohl kaum ausschliesslich durch die Benediktinerresidenz Bellinzona vermittelt worden.

---

29 Die Vermutung, es dürfte sich eher um den in den gängigen Nachschlagewerken unerwähnten Carl'Antonio (Lebensdaten unbekannt) als um Ferdinando (um 1764–1845) oder Felice Antonio († 1802) handeln, verdanke ich den ausführlichen Kenntnissen von Christoph Riedo über die Mailänder Kirchenmusik.

30 Eine Identifizierung der Werke wäre wahrscheinlich über P. Gall Morels Kataloge des Musikarchivs möglich (*Alphabetischer Katalog des Musikarchivs der Kapellmeisterei in Einsiedeln 1835–36*, CH-E, ML 23, und den systematischen *Catalogus der im Musik-Archive des Stiftes Einsiedeln aufbewahrten Musikalien*, CH-E, ML 11).

Anhänge

Regeln zum Gebrauch der Figuralmusik in Einsiedeln, 1694 (CH-E, A.CC.6)

[S. 233, recte: 232] [am Rande: Musices fit aliqua reformatio, seu temperatio potiùs.] Occasione insuper novi Capellae-M⟨a⟩g⟨ist⟩ri [Pater Ignaz Stadelmann, 1659–1721], [...] declaravit [abbas] in hiscè: Primò atq⟨ue⟩ universim, nè divina Officia, aestatis ae⟨que⟩ ac hyemis t⟨e⟩mp⟨or⟩e, nimiu⟨m⟩ protrahantur; itaq⟨ue⟩, ut horâ circiter decimâ, aut non plus ultrà, universu⟨m⟩ Officiu⟨m⟩ divinu⟨m⟩ finietur, et⟨iam⟩ sum⟨m⟩is Festivitatu⟨m⟩ dieb⟨us⟩; ad quod obtinendu⟨m⟩ et⟨iam⟩ monitio facta Concionatorib⟨us⟩, ne facilè ultrà tres horae [234, recte: 233] quadrantes perorent. Quo⟨nia⟩m verò ad Festa, in q⟨ui⟩b⟨us⟩ per aestate⟨m⟩, maior fit populi concursus, ut Pentecostes, Assumptionis, Rosarii ⟨etc.⟩ debere Superiores iudicare, si forsè, ob nondu⟨m⟩ expeditos Paenitentes, Musica in sum⟨m⟩o Officio solitò ampli⟨us⟩ fit protrahenda, non aliàs: ijsdemq⟨ue⟩ dieb⟨us⟩, paene [?] post Vesp⟨er⟩as breves, illos ipsos Musicos, (siq⟨ui⟩de⟨m⟩ extraordinaria populi frequentia id flagitet) caeteris Confessorijs in subsidiu⟨m⟩ mitti. ⟨etc.⟩

[am Rande: Ordinatio scripto tradita abs R⟨everendissi⟩mo, quo ad novum⟨que⟩ Cantu⟨m⟩, ta⟨m⟩ figurale⟨m⟩, quam chorale⟨m⟩, ut vocant.] Verùm ne q⟨ui⟩dqua⟨m⟩ hic desideretur; Ipsi⟨us⟩ Rev⟨erendissi⟩mi sup⟨er⟩ hoc puncto data⟨m⟩ et scripto facta⟨m⟩ Ordinatione⟨m⟩, ipsiq⟨ue⟩ Capellae M⟨a⟩gistr⟨o⟩ posteà tradita⟨m⟩, et⟨iam⟩ pro futuri t⟨e⟩mp⟨or⟩is memoriâ hìc adiungenda⟨m⟩ duxi. Quae sic h⟨a⟩b⟨ui⟩t.

Anno 1694. Post matura⟨m⟩ Deliber⟨ationem⟩, auditaq⟨ue⟩ per morosa⟨m⟩ Visitat⟨ionem⟩ Singuloru⟨m⟩ gravamina, ad directione⟨m⟩ Magistri Cantus, sequentia observanda decernim⟨us⟩.

1mo. Ad Officiu⟨m⟩ solenne Cantus figurat⟨us⟩ adhibeatur in Festis 1mae et 2dae Classis: Itemq⟨ue⟩ in Duplicib⟨us⟩ extrà Adventu⟨m⟩ et Quadragesima⟨m⟩: Similiter in Dominicis â Pascha usq⟨ue⟩ ad proximiore⟨m⟩ Calend. Octobris.

2do. Ad Vesperas adhibeatur Musica in 1mis et 2is, ~~Classis~~ in festis Primae Classis. Item ad primas Vesperas Circumcisionis, SS. Nominis Jesu, Purifica⟨tion⟩is, Annuntia⟨tion⟩is, Com⟨m⟩emora⟨tion⟩is s⟨anctissi⟩mi P⟨atri⟩ N⟨ostri⟩ Benedicti, Nativi⟨ta⟩tis B⟨eatae⟩ V⟨irgini⟩, Rosarij, Conceptionis, S. Stephani, S. Joannis Evangelistae.

3tio. A Capitulo figurat⟨us⟩ Cant⟨us⟩ usurpatur in [235, recte 234] primis Vesperis Festoru⟨m⟩ 2dae Classis: Itemq⟨ue⟩ in secundis eoru⟨m⟩ Festoru⟨m⟩ 2dae Classis, q⟨ui⟩b⟨us⟩ primae Vesperae figurato Cantu habitae fuerunt.

4to. Magnificat figuratu⟨m⟩ habetur o⟨mni⟩b⟨is⟩ Duplicib⟨us⟩ extrà Adventu⟨m⟩ et Quadragesima⟨m⟩. Item, in Dominicis a Paschate usq⟨ue⟩ ad prima⟨m⟩ Octobris.

5to. Salve Regina, vel alia pro t⟨e⟩mp⟨or⟩e Antiphona, post Completoriu⟨m⟩ numqua⟨m⟩ figuratè canatur, nisi ad primu⟨m⟩ Completoriu⟨m⟩ Festoru⟨m⟩ Primae Classis.

6to. Te Deu⟨m⟩ Laudam⟨us⟩ numquà⟨m⟩ figurat⟨ur⟩, nisi in Nativitate et Resurrectione D⟨omi⟩ni, et Festo Corporis Chr⟨ist⟩i.

7to. Benedict⟨us⟩ numqua⟨m⟩ figuratè cantetur, nisi in Resurrectione D⟨omi⟩ni, Matutinis Tenebraru⟨m⟩, et Corporis Chr⟨ist⟩i.

Quandònam ad Cantum Gregorianu⟨m⟩ Organi pulsus adhibend⟨us⟩.

1mo. Secundae Vesperae in Circumcisione, Purifica⟨tio⟩ne, Annunctiat⟨ion⟩e, Nativ⟨ita⟩te B⟨eatae⟩ V⟨irgini⟩ Conceptione, S⟨acratissimi⟩ Nominis JESU, Commemoratione S⟨ancti⟩ P⟨atri⟩ N⟨ostri⟩ [Benedicti]: nec non Primae in Praesentatione, Visitat⟨ion⟩e B⟨eatae⟩ V⟨irgini⟩ choraliter ad Organu⟨m⟩ canantur.

2do. Magnificat choraliter ad Organu⟨m⟩ canatur Duplicib⟨us⟩ per Adventu⟨m⟩ et Quadragestima⟨m⟩: Semiduplicib⟨us⟩ extrà Advent⟨um⟩ et Quadragesima⟨m⟩: Dominicis hyemalib⟨us⟩, et per Octavas.

[236, recte: 235] 3tio. Salve Regina choraliter ad Organum cantetur ad utrumq⟨ue⟩ Completoriu⟨m⟩ 2dae Classis: ad 2du⟨m⟩, primae Classis: nec n⟨on⟩ ad utrumq⟨ue⟩ Visitat⟨ion⟩is et Praesentat⟨ion⟩is, S⟨acratissimi⟩ Nominis Mariae, ac Sabbatis per Aestate⟨m⟩.

4to. Officiu⟨m⟩ mai⟨us⟩ canitur ad Organu⟨m⟩ in Duplicib⟨us⟩ per Advent⟨um⟩ et Quadragesima⟨m⟩: in Semiduplicib⟨us⟩ extrà Advent⟨um⟩ et Quadragesima⟨m⟩: in Dominicis hyemalib⟨us⟩ extrà Advent⟨um⟩ et Quadragesima⟨m⟩, ac et⟨iam⟩ Dominicis Gaudete, et Laetare, et per omnes Octavas.

5to. Te Deu⟨m⟩ Laudam⟨us⟩, si qu⟨an⟩dò cantetur ad aedificat⟨ion⟩e⟨m⟩ populi, per Aestate⟨m⟩ dumtaxat id fiat; nec nisi in Pentecoste, B⟨eat⟩ae V⟨irgini⟩ Einsidlensis Festo, et Assumptione.

6to. Benedict⟨us⟩ choraliter ad Organu⟨m⟩ cantetur per Octava⟨m⟩ Corporis Chr⟨ist⟩i.

7mo. Adhibeatur ad Litanias de N⟨omin⟩e JESU, du⟨m⟩ processio habetur ad S⟨acrum⟩ Sacellu⟨m⟩: Item ad Sequent⟨iam⟩ Dies Irae, in Anniversario Abbatu⟨m⟩, et die Animaru⟨m⟩, pulsus Organi.

8vo. Conceditur, ut in Nativi⟨ta⟩te D⟨omi⟩ni fit aliqua Cantio in vulgari, q⟨ua⟩ndòq⟨ue⟩ sub Officio adhiberi po⟨ss⟩it

9no. Tubaru⟨m⟩ usus ad Solemniora Festa restringatur.

10mo. Ad dies Natalizantiu⟨m⟩ nihil fiat, quà⟨m⟩ aliàs ⟨con⟩suetu⟨m⟩.

[237, recte: 236] 11mo. Si sint ex Tironib⟨us⟩ exercendi aliqui, non displicet, si et⟨iam⟩ dù⟨m⟩ Officiu⟨m⟩ choraliter solùm ad Organu⟨m⟩ canitur, sub offertorio Motteta intermiscentur. At hocce [?] Priviliegiu⟨m⟩ solis Discentib⟨us⟩ concessu⟨m⟩ il⟨li⟩gatur.

12mo. Si in Octavis per Aestate⟨m⟩, contingat tam raros in Choro ob Confessionale reperiri, Superiores concedere possint, ut ad Officiu⟨m⟩ Musica adhibeatur.

13tio. Organoru⟨m⟩ usurpandoru⟨m⟩ haec sit ratio: ut quoties ad Organu⟨m⟩ Cant⟨us⟩ Gregorian⟨us⟩ adhibetur, pulsetur illud de Choro. Ad Officia 2dae Clasis, figurat⟨ur⟩ in Odaeo ex parte Conventûs: Primae Classis, ad Organum mai⟨us⟩. Praeludia, uti hacten⟨us⟩.

Raphael Abbas.

Die Messen aus dem Bonus Ordo, Beromünster 1696
(CH-BM, StiA Bd. 1206, S. 10–38)

Insgesamt ca. 220 einzelne Messen
Davon 133 gedruckt (61%)

Ohne Instrumente – ausgenommen ad libitum-Besetzungen – ca. 50 (22%)
Davon ca. 30 a cappella (nicht konzertierend)

Werke von italienischen, in Italien wirkenden Komponisten: ca. 75 (34%)
Davon 41 gedruckt (55%)

Insgesamt ca. 48 Komponisten
Davon 26 Italiener (54%)

Vertreten mit 5 oder mehr Werken:
Johann Georg Benn (30)
Anonymus (27)
Jakob Banwart (15)
Johann Stadlmayr (13)
Johann Melchior Gletle (12)
Johann Melchior Kaiser, Anton Ziggeler (8)
Maurizio Cazzati, Dominik Gösswein, Michelangelo Grancini, Giovanni Antonio Grossi (7)
Francesco Bagatti, Kaspar Lang, P. Fidel Molitor (6)
Georg Arnold, Leopold von Plawen (5)

Aus Ildephons Straumeyers Consuetudines Angelomontanae
(CH-EN, StiA Cod. 202/1)

[S. 45] Caput VIII.

De Musica Figurali.

Una omniu⟨m⟩ mens abhinc an⟨n⟩is 20., quantùm in libro actuu⟨m⟩ Capitulariu⟨m⟩, memini me legisse, in quodam Capitulo fuit, ut nullus unquam ad S. Ordinem susciperet⟨ur⟩, de quo non spes esset vix n⟨on⟩ certissima eum Musices fore peritu⟨m⟩. Ne autem mireris, cur tam gravi decreto se quisq⟨ue⟩ eo temporis Capitulariu⟨m⟩ obstrinxerit, ea potissimum extitêre [eingefügt: causae]. Enim vo⟨cum⟩ cùm Concio, n⟨ostr⟩a usq⟨ue⟩ ex paucis consistat, Choriq⟨ue⟩ perpetuus Cantus Musicos desideret necessarium fuit, ne alicujus susceptione Chor⟨us⟩ plus nocume⟨n⟩ti qua⟨m⟩ comodi spe- [46] rare debeat. Numquid ergo non sufficiebat Novitiu⟨m⟩ Cantum Gregorianum possere? Haud quaquam. Certè si horas excipias, per totum an⟨n⟩nu⟨m⟩ plus figuralis, qua⟨m⟩ Choralis Musica adhibebat⟨ur⟩. Dic sodes, an propter unum duosq⟨ue⟩ haec laudanda consuetudo abrogari debuit? Olim Patres nostri eam non im⟨m⟩erito induxerunt, ut ijs similiores fierent, quorum in Montib⟨us⟩ habitare⟨n⟩t. Imò nihil min⟨us⟩ nostro in M⟨onaste⟩rio abrogari valet quà Musica figurata, quae sexcentos defect⟨us⟩ devitat, ut ne pauci v⟨erbi⟩ g⟨ratia⟩ quatuor aut quinq⟨ue⟩ (quod saepe contigit⟨ur⟩ alijs vel abstentib⟨us⟩, aut imperitis praestentib⟨us⟩) Choralis Musica sustinendae fierent impotentes. Idcircò ubi in semiduplicib⟨us⟩ (quib⟨us⟩ dieb⟨us⟩ aliùs Cantus erat

Gregorian⟨us⟩ ad Missam) copia Religiosum Missae cantandae deerat, figurata Musica officium divinum mirum in modum suavi⟨us⟩ reddebat, et levabat. Vox roboat⟨ur⟩ Musicâ figuratâ; at Chorali frangit⟨ur⟩. Sed ut sit, quotidies ne quatuor v⟨erbi⟩ g⟨ratia⟩ cantu⟨m⟩ Choralem [47] sustinuissent per duas tresve horas, ubi populo caeteri à confessionib⟨us⟩ erant? Quâ p⟨er⟩ curâ Superiores angebant⟨ur⟩, ut officia divina sine errore aut scandalo persolverent⟨ur⟩ duob⟨us⟩ seu trib⟨us⟩ Musicis absentib⟨us⟩, vel aegrotis? Sic aeq⟨ue⟩ si pares omnes fuerint, ut null⟨us⟩ non Cantum levare et ornare possit, nulla erit materies litium, quos fortassis ij moverent, qui ob imperitia⟨m⟩ Musices levitarum munera tenent⟨ur⟩ obire. Sed de his calamo vix non profusioni su⟨m⟩ usus; fecit id amor Musices, tum in montib⟨us⟩ nostris receptissima doctrina: Religiosus et pietate, et scientiâ atq⟨ue⟩ Musicâ, si n⟨on⟩ excellat, saltem polleat. Quamcunq⟨ue⟩ [sic] ex ijs amandata cupis, aut in apertam incurres perniciem, aut in difficultates longè graviss⟨im⟩as. Haec dicta sunto, ne et alijs sera sit in exitu prudentia. [48] Porrò in festis 1.ae Classis abb⟨atis⟩ et Prioris quae habent oct⟨avas⟩ vesperae integrae in Organo cantabant⟨ur⟩, velut abundè superi⟨us⟩ demonstravi. Missa verò solemnis omniu⟨m⟩ triu⟨m⟩ Superioru⟨m⟩ itidem semper erat in org⟨ano⟩ maj⟨ori⟩ exceptis die oct⟨avae⟩ Corp⟨oris⟩ Chr⟨ist⟩i, et Caena D⟨omi⟩ni ⟨etc.⟩ queis [?] dieb⟨us⟩ in Choro ad organu⟨m⟩ Sacrum decantabat⟨ur⟩. In festis Superioru⟨m⟩ per totu⟨m⟩ an⟨n⟩u⟨m⟩, Quad⟨ragesimae⟩ et Adv⟨entu⟩ ad Vesp⟨erae⟩ si integrae caneba⟨n⟩t⟨ur⟩ fig⟨uralite⟩r, aut Mag⟨nificat⟩ et sum⟨m⟩u⟨m⟩ Off⟨iciu⟩m, nec n⟨on⟩ A⟨ntiphon⟩a B.V.M. post Complet⟨orium⟩ utriusq⟨ue⟩ diei, vocib⟨us⟩ plurib⟨us⟩ fides jungebant⟨ur⟩ ⟨etc⟩ atq⟨ue⟩ ante Evang⟨elio⟩ 1.ae Missae, nisi sequentia cantanda fuit, Symphoniae à 2. 3. 4. aut plurib⟨us⟩ licebant, quae etia⟨m⟩ per totu⟨m⟩ temp⟨us⟩ Inventione⟨m⟩ Sanctae Crucis inter, et Exaltat⟨ionem⟩ eiusde⟨m⟩ ad Benedictionem aeris in omnib⟨us⟩ Duplicib⟨us⟩ majorib⟨us⟩, 1.ae et 2.ae Class⟨is⟩ atq⟨ue⟩ sub octav⟨ae⟩ adhibitae fuerunt. Caeterà discrimen aliud inter festae Superioru⟨m⟩ et Hebdomadarij 2.ae Class⟨is⟩ extra Quad⟨ragesimae⟩ et Adv⟨entu⟩ non erat, sed amat for- [49] sitan scire, quî cantatae sint sequentiae ante Evangelia? Nunqua⟨m⟩ sine cantu figurali; quare si eaedem desiderabant⟨ur⟩, pro virib⟨us⟩ laboratu⟨m⟩, ut in numeros Musicos componerent⟨ur⟩. In festis 2.ae Class⟨is⟩ Hebdomadarij extra Quad⟨ragesimae⟩ et Adv⟨entu⟩ etia⟨m⟩ Missa integra à vocib⟨us⟩ plurib⟨us⟩ cu⟨m⟩ Instrumentis canebat⟨ur⟩, hoc solum inter festa Superioru⟨m⟩ diversit⟨at⟩is intercessit, quod ante Evang⟨elium⟩ 1.um aut siciniu⟨m⟩ aut biciniu⟨m⟩ erat, cum vel sine Instrumentis, exclusis Symphonijs, seu Violinis solis, item Tubae in his festis rarò aut nu⟨m⟩qua⟨m⟩ admitteba⟨n⟩t⟨ur⟩. Offertoria semper à plurib⟨us⟩ fuêre vocum junctis Instrum⟨en⟩tis; Cantilena ad Elevatione⟨m⟩ singularis, qua⟨m⟩ Instrumenta ornaba⟨n⟩t; quam etia⟨m⟩ aut Offertoriu⟨m⟩ post Agn⟨us⟩ Dei ⟨etc⟩ prosecuti sum⟨us⟩. Ad Ite Missa est ⟨etc⟩, si organu⟨m⟩ pulsabat⟨ur⟩ nullo die fuit responsum voce elatâ, sed tenui ac silente, praeter octava⟨m⟩ Resurrect⟨ionis⟩ Dom⟨ini⟩ ubi semper Chorali⟨ter⟩ cu⟨m⟩ Org⟨ano⟩ est responsu⟨m⟩. ide⟨m⟩ sentias de Benedicam⟨us⟩ in Vesp⟨eris⟩ et laudib⟨us⟩. [50] Temporib⟨us⟩ Natalib⟨us⟩ D⟨omi⟩ni usq⟨ue⟩ ad Purificat⟨ionis⟩ B.V., nisi septuagesima intervenerit, pro Offert⟨orio⟩ et Elevat⟨ione⟩ cantilenae aut germanae aut latinae erant in usu. Tempore verò Paschali à Concione cu⟨m⟩ org⟨ano⟩ orator populo praecinebat è pulpito nota⟨m⟩ illa⟨m⟩ cantilena⟨m⟩: Christ ist erstanden ⟨etc⟩. Quod spectat festa 2.ae Class⟨is⟩ Hebdomadarij in Quad⟨ragesima⟩ et Adv⟨entu⟩, in ijsdem rarissimae audiebant⟨ur⟩ cu⟨m⟩ ad Mag⟨nificat⟩ A⟨ntiphonam⟩ B.V.M. à Complet⟨orio⟩, tu⟨m⟩ ad Missa⟨m⟩ fides. De Orga⟨no⟩ majori suprà quaeda⟨m⟩ memoravim⟨us⟩ cap⟨itulo⟩ 5. quae huc referre ampli⟨us⟩ n⟨on⟩ est necesse, id solum superest, ut dica⟨m⟩ tempore Quad⟨ragesi-

mae⟩ et Adv⟨entus⟩ in festis 2. Class⟨is⟩ Hebd⟨omadarijs⟩ organu⟨m⟩ min⟨us⟩ seu novu⟨m⟩ semper pulsatu⟨m⟩ fuisse, ni fortassis tempore Quad⟨ragesimae⟩ post sum⟨m⟩u⟨m⟩ sacru⟨m⟩ Vesperae solemnes essent cantandae in organo maiori ⟨etc.⟩ Magnificat et A⟨ntiphon⟩a B.V.M. post Complet⟨orio⟩ nunqua⟨m⟩ non à plurib⟨us⟩ vocu⟨m⟩ esse debuit, excepta A⟨ntiphona⟩ B.V.M. post Completoriu⟨m⟩ secundu⟨m⟩ seu ipso die festi [51] Inf⟨ra⟩ octavas Festoru⟨m⟩, quae sunt Abb⟨atis⟩, ad Missa⟨m⟩ Conventuale⟩m organu⟨m⟩ Chori adhibebat⟨ur⟩, totumq⟨ue⟩ hoc sacru⟨m⟩ cantu figurali cu⟨m⟩ Instrumentis fiebat, die octavo tu⟨m⟩ aliquanto solemni⟨us⟩ o⟨mni⟩a fieba⟨n⟩t, et levitae, uti in o⟨mn⟩ib⟨us⟩ duplicib⟨us⟩ Majorib⟨us⟩ Celebranti assisteba⟨n⟩t cu⟨m⟩ 2. ceroferarijs. In duplicib⟨us⟩ Maj⟨oribus⟩ semid⟨uplicibus⟩ infra oct⟨avas⟩ Abb⟨atis⟩ et Prioris, item duplicib⟨us⟩ per an⟨n⟩u⟨m⟩ ad Mag⟨nific⟩at Musica figuralis [eingefügt: sine Instrum⟨entis⟩] erat consueta; ad Missam quoq⟨ue⟩ in duplicib⟨us⟩ minorib⟨us⟩ et semidupl⟨icibus⟩ infra octavas Prioris eadem Musica erat in usu, saepe tu⟨m⟩ inf⟨ra⟩ oct⟨avas⟩ Prioris etia⟨m⟩ Instrumenta ad sacru⟨m⟩ adhibebant⟨ur⟩. In Dominicis per an⟨n⟩u⟨m⟩ et Laetare etc. ac ~~Quadrag~~ Gaudete etc. ~~ad~~ Mag⟨nific⟩at sine instrumentis ab 8. vocu⟨m⟩ seu 2 Choris cantabat⟨ur⟩, ad sacru⟨m⟩ fides permitteba⟨n⟩t⟨ur⟩ in Org⟨ano⟩ minori seu novo. Dom⟨inicis⟩ per an⟨n⟩u⟨m⟩, n⟨on⟩ aute⟨m⟩ in Quad⟨ragesima⟩ et Adv⟨entu⟩ Vig⟨iliis⟩ Gaudete et Laetare. nam in caete- [52] ris Dom⟨inicis⟩ Quad⟨ragesimae⟩ et Adv⟨entus⟩ Missa ex integro Choralis erat. Sic his duob⟨us⟩ temporib⟨us⟩ instrumenta nulla audieba⟨n⟩t⟨ur⟩ (praeterqua⟨m⟩ in festis Superioru⟨m⟩) ac in duplicib⟨us⟩ minorib⟨us⟩ aeq⟨ue⟩ ac semidup⟨licibus⟩ ⟨etc.⟩ nulla⟨m⟩ licebat Musica⟨m⟩ figurata⟨m⟩ haberi, benè tu⟨m⟩ organum in dublicib⟨us⟩ illoru⟨m⟩ temporu⟨m⟩ fuit ad Missa⟨m⟩ solemne⟨m⟩ pulsatu⟨m⟩, unde divisiones Organu⟨m⟩ inter et Choru⟨m⟩ in libro Missali maximo, abs R⟨everendo⟩ P⟨atre⟩ Benedicto Deuring n⟨ost⟩ri Convent⟨us⟩ descripto, adhuc est videre. Ad A⟨ntiphon⟩a⟨m⟩ Salve [eingefügt: post Complet⟨orium⟩] ⟨etc. etc.⟩ in duplicib⟨us⟩ maj⟨oribus⟩ et minorib⟨us⟩ organu⟨m⟩ Chori ludebat, non t⟨ame⟩n in dupl⟨icibus⟩ minorib⟨us⟩ tempore Quad⟨ragesimae⟩ et Adv⟨entus⟩. Caeterùm in semiduplicib⟨us⟩ per an⟨n⟩u⟨m⟩ (si n⟨on⟩ sint inf⟨ra⟩ oct⟨avas⟩) et multô magis per Quad⟨ragesima⟩ et Adv⟨entu⟩ ad Vesp⟨erae⟩ et Completorii A⟨ntiphon⟩a⟨m⟩ B.V. organu⟨m⟩ [eingefügt: non] pulsabat⟨ur⟩, benè t⟨ame⟩n, extra Quad⟨ragesima⟩ et Adv⟨entu⟩ ad sacru⟨m⟩ solemne sine ulla divisione factâ Choru⟨m⟩ inter et Organu⟨m⟩; aut si paucitas religiosoru⟨m⟩ vocem continua⟨m⟩ sustinere non [53] valuisset, figuralis licebat. Quid tempore paschali in semidupl⟨icibus⟩ cantatu⟨m⟩, et quomodo? Missale suprà dictu⟨m⟩ exhibet; illo enim tempore ad Missa⟨m⟩ in semid⟨uplicibus⟩ semper usurpabat⟨ur⟩ Organu⟨m⟩ cum divisionib⟨us⟩ consuetis.
Cùm fer⟨ia⟩ 6.a per an⟨n⟩u⟨m⟩ à Vesp⟨eris⟩ ad ara⟨m⟩ S. Eugenij M⟨artiri⟩ littaniae recitabant⟨ur⟩ voce gravi sed submissiori, mox dictâ A⟨ntiphon⟩a B.V.M., organu⟨m⟩ [eingefügt: Chori] fuit pulsatu⟨m⟩, quoru⟨m⟩ eaedem litaniae modò ab 8. modò à 4. vocu⟨m⟩ caneba⟨n⟩t⟨ur⟩, dumq⟨ue⟩ Musicae finis imposit⟨us⟩, ij, qui extra Choru⟨m⟩ fuera⟨n⟩t, orationes 3. cu⟨m⟩ suis Versib⟨us⟩ voce gravi persolveba⟨n⟩t, nullam verò responsione⟨m⟩ Musicis in Choro dantib⟨us⟩. È contrario si vesperae era⟨n⟩t in Org⟨ano⟩ maj⟨ori⟩ ibi quoq⟨ue⟩ ca⟨n⟩tatae sunt litaniae, et datae cu⟨m⟩ Org⟨ano⟩ à Musicis responsiones ad orationes dictas et Versus. In dupl⟨icibus⟩ 2.ae Classis litaniae in Choro canebant⟨ur⟩ com Instrumentis. [54] Quolibet Sabbato (excepto Paschali, seu Sabb⟨ato⟩ Sancto, et inf⟨ra⟩ oct⟨avas⟩ Corporis Chr⟨ist⟩i) ad aram B.V. de Rosario A⟨ntiphon⟩a Salve Regina canebat⟨ur⟩, item in Profestis et Festis B.V., quae sunt 1.ae aut 2.ae Class⟨is⟩ licet fortè inciderint in feria⟨m⟩ 6.a⟨m⟩ nam tunc omissae fuera⟨n⟩t litaniae. Ad hanc porrò A⟨nti-

phon⟩a⟨m⟩ organu⟨m⟩ novu⟨m⟩ pulsabat⟨ur⟩, si vesperae cantatae sint in Choro sine org⟨ano⟩ majori, si verò majus organu⟨m⟩ ad Vesperas fuit pulsatu⟨m⟩, idem etia⟨m⟩ usurpabat⟨ur⟩ ad Salve regina. Isthaec a⟨ntiphon⟩a semper Choral⟨ite⟩r fuit cantata per an⟨n⟩u⟨m⟩, melodiâ breviori, in Adventu aute⟨m⟩ prolixiori, quae habet⟨ur⟩ in Directorio Cong⟨regation⟩is n⟨ost⟩rae Fischingae confecto, ad qua⟨m⟩ postrema⟨m⟩ etia⟨m⟩ omnib⟨us⟩ libelli, aut schedae era⟨n⟩t necessariae, ne quis à notis musicalib⟨us⟩ deflecteret. Optavi, quin et laboravi, ut idem fieret circa A⟨ntiphon⟩as Alma ⟨etc.⟩, Ave ⟨etc.⟩ et Regina caeli ⟨etc.⟩. Sed à consuetudine inveteratâ nemine⟨m⟩ reduxi, licet ita fermè sint cantatae, ut cuiq⟨ue⟩ licuerit aut mugire, aut rugire, aut dissonantias à Musicâ alieniss⟨im⟩as miscere. Spero, fore, ut cu⟨m⟩ novo Monasterio nov⟨us⟩ rectiorq⟨ue⟩ mos inducat⟨ur⟩. [55] In Quad⟨ragesima⟩ istae litaniae et A⟨ntipho⟩na in Org⟨ano⟩ novo cabeba⟨n⟩t⟨ur⟩. In Profestis dieru⟨m⟩ festoru⟨m⟩ canebat⟨ur⟩ A⟨ntipho⟩na Salve ⟨etc.⟩ post recitatu⟨m⟩ à rusticis rosarium. In dieb⟨us⟩ verò festis, et feriatis cantatu⟨m⟩ fuit Miserere figural⟨iter⟩, postea Salve. Si vero ejusmodi festae ceciderint in fer⟨ia⟩ 6a omisso Miserere, cantatae sunt litaniae Hebdomadario ad ara⟨m⟩ S⟨ancti⟩ Eug⟨enii⟩ cottâ, et stolâ induto, ac genuâ flectente cu⟨m⟩ 2. ceroferarijs, id, quod ad ara⟨m⟩ B.V.M. fiebat sub Salve ⟨etc.⟩ in Sabbatis, postea ab illo popul⟨us⟩ aqua lustrali fuit aspersus. Porrò in Quad⟨ragesima⟩ ta⟨m⟩ litanijs, qua⟨m⟩ A⟨ntipho⟩nae Salve, et Miserere o⟨mn⟩es adesse teneba⟨n⟩t⟨ur⟩. Si contigit, ut eo die, quo ejusmodi canebat⟨ur⟩, Vesperae defunctoru⟨m⟩ extra Choru⟨m⟩ fuera⟨n⟩t recitandae, omnes, exceptis Musicis, eas flocco induti sub temp⟨us⟩ litaniaru⟨m⟩ eae persolvebant. Caeteru⟨m⟩ Musicae tempore imperiti ejusde⟨m⟩ n⟨on⟩ in Org⟨ano⟩ sed Choro orationi vacabant privatae. Du⟨m⟩ ergo Psalm⟨us⟩ Miserere cantabat⟨ur⟩ Hebdomadari⟨us⟩ cotta et stola indut⟨us⟩ cu⟨m⟩ byreto comitantib⟨us⟩ 2. ceroferarijs ad ara⟨m⟩ B.V. se contulit, ac finito Psalmo surgens subjunxit V⟨ersus⟩ D⟨omi⟩ne non secundu⟨m⟩ peccata n⟨ost⟩ra ⟨etc.⟩ [56] R⟨esponsus⟩ neq⟨ue⟩ s⟨ecundu⟩m iniquitates ⟨etc.⟩ [eingefügt: de] oratione⟨m⟩: Deus, qui culpâ offenderis ⟨etc. etc.⟩ dein statim caepta A⟨ntipho⟩na Salve regina ⟨etc.⟩; cui itidem V⟨ersus⟩ et orationes consuetos subjunxit de B.V. et S⟨anctis⟩ Patronis n⟨ost⟩ris M.M. demu⟨m⟩ populu⟨m⟩ aquâ lustrali aspersit. Sub temp⟨us⟩ litaniaru⟨m⟩, aut solius A⟨ntiphon⟩ae Salve ⟨etc.⟩ iisdem vestib⟨us⟩ ⟨etc.⟩ ut dixi, utebat⟨ur⟩ Hebdomadari⟨us⟩, sed V⟨ersus⟩ D⟨omi⟩ne ⟨etc.⟩ et or⟨ation⟩e⟨m⟩ Deus qui culpa ⟨etc.⟩ omittebat.
Sabbatho S⟨anc⟩to circa hora⟨m⟩ 6ta⟨m⟩ 7. aliquae Mottetae cora⟨m⟩ S⟨anctissi⟩mo Sacram⟨en⟩to soleba⟨n⟩t cantari, n⟨on⟩ aute⟨m⟩ Salve regina ⟨etc.⟩, nec littaniae die Parasceves. Quòdsi tandem fuerit [eingefügt: Depo⟨siti⟩o aut] Trigesim⟨us⟩ Abbatis, item an⟨n⟩iversariu⟨m⟩ Electionis, aut Natalis Abbatis ejusdem, vel Prioris aut Sub-Prioris, organo majori uti consuevim⟨us⟩; item die ultimo an⟨n⟩o, atq⟨ue⟩ festis S⟨ancti⟩ Sebastiani et Agathae, nec n⟨on⟩ Dedica⟨tion⟩e silopetarioru⟨m⟩, vel adventu D⟨omini⟩ Legati, alteri⟨us⟩ve nobilioris Personae ⟨etc. etc.⟩ Missa fuit in org⟨ano⟩ majori. [57] Pro coronide notabis, etsi festa S⟨ancti⟩ Sebastiani et Agathae sint tantu⟨m⟩ duplicia majora, organo t⟨ame⟩n majori ad Psalmos [eingefügt: vesperaru⟨m⟩] chorali cantatos utebam⟨us⟩: ad A⟨ntiphon⟩a⟨m⟩ post Complet⟨orio⟩ et ejusde⟨m⟩ Hymnu⟨m⟩ omnia plerumq⟨ue⟩ fieba⟨n⟩t, ut in festis 2.ae Classis, Ton⟨us⟩ att⟨ame⟩n Hymni erat, ùt [aufgeklebt: in festis duplicibus ad omnes horas. Notabis insuper Tonu⟨m⟩ Nativ⟨itatis⟩ D⟨omi⟩ni terminatu⟨m⟩ fuisse in oct⟨avae⟩ epiph⟨aniae⟩ inclusivè. Ite⟨m⟩ si sabb⟨a⟩to ante 1.a Dom⟨inica⟩ Adv⟨entu⟩i fuerit festu⟨m⟩ S. Andreae, ad vesp⟨erae⟩ cantatu⟨m⟩ fuisse hym⟨num⟩ Exultet supra metru⟨m⟩ Adventûs toni. In festo S. Trinitatis utebamur tono 1.ae Classis ad o⟨mn⟩es horas, licet sit] festu⟨m⟩ duplex secundae Classis. satis, quia ita in Directorio

Fischingensi in Cong⟨regation⟩e erecto et probato sic docet⟨ur⟩. Sic aeq⟨ue⟩ Benedicam⟨us⟩ et Ite missa est ⟨etc.⟩ canteba⟨n⟩t⟨ur⟩ ex tono Primae Classis.
Sed antequa⟨m⟩ pedem in Caput aliud infera⟨m⟩, scire malles, cur litaniae, de quib⟨us⟩ fuse dictu⟨m⟩, quavis fer⟨ia⟩ 6. sint recitatae et cantatae? [58] Tuo desiderio ut faciam satis, [eingefügt: scias velim] rem se abhinc an⟨n⟩is aliquot ita habuisse, ut, cu⟨m⟩ S. Corp⟨us⟩ S. Eugenij Româ adsportaret⟨ur⟩, Abbas noster Indulgentias petierit in certum diem, quae cùm renovari n⟨on⟩ sint à posteris petitae, tandem evanuêre, mos nihilomin⟨us⟩ recitandi litanias ad n⟨ostr⟩a usq⟨ue⟩ tempora permansit. Plura reperies in libris Parochialib⟨us⟩ […]. Porrò ad has litanias lauretanas sub Mag⟨nific⟩at ⟨etc.⟩ in Vesperis campanâ minimâ signu⟨m⟩ dabat⟨ur⟩, ut populus conveniat. Ast temporis inopia urget, ut ad alia contendam, ne si sermonem diuti⟨ùs⟩ protraxerim, stomachum permovea⟨m⟩ legenti. […]

Aus Frowin Christen, Libellus (CH-EN, StiA Cod. 316/2)

[fol. 33v] Caput Septimum

De Musica Chorali, et Figurali; Àtq⟨ue⟩ usu Organi.

Et hanc, et illam, vel saltem alterutram ut quilibet ad Chorum deputat⟨us⟩ debeat addiscere Musicam, aliòquin non admitten⟨us⟩ ad Profess⟨ion⟩em Sacram, antiquâ Capituli n⟨ostr⟩i constitu⟨tion⟩e sancitum est. Causae plurimae in tam exiguo Conventu ad concordiam servandam, et opus Divinum rìte peragendum sine ulteriore declara⟨tion⟩e cuivis facilè patent. Sed nunc ad rem; ne, quàm oporteat, Longiores sim⟨us⟩. Figuralî Musicâ utimur in Matutinis Tenebrarum ad Tria Responsoria prima, quae Lamenta⟨tion⟩ib⟨us⟩ ilius Tridui adjecta canunt⟨ur⟩. Item in eorundem Matutinorum Laudib⟨us⟩ ad Canticum Benedict⟨us⟩ ad versus alternos p⟨er⟩ totum, initiô à versûs 1.mi mediô, seu alterâ p⟨ar⟩te factô. Item in Matutino Festi Corporis Christi ad Hymnum, Te Deum Laudam⟨us⟩, cum instrumentis Musicis, sc⟨ilice⟩t Fidib⟨us⟩, Tubîs, vel Lituîs; uti et ad Hymnum sequentem, Te Decet Laus ⟨etc.⟩. [eingefügt: si habeatur]. Item in his 3. Laudib⟨us⟩, nimirùm Nativitatis D⟨omin⟩i, et Corporis Christi (quia Prior) et Resurrectionis D⟨omi⟩ni (qua Abbas sole⟨n⟩niter easdem celebrat) ad Respons⟨ion⟩es o⟨mn⟩es: nulli⟨us⟩ siquidem alteri⟨us⟩, licèt aequè sole⟨n⟩nis Festi per annum Laudes à Superiore in sacris vestib⟨us⟩ apud altare celebrantur sole⟨n⟩nium instar Vesperarum, sicuti dictorum Trium Festorum Laudes.

Ex horis minorib⟨us⟩ duae priores Prima, et Tertia nullô prorsùs tempore quidquam cantûs Figuralis admittunt: Benè verò subsequentes horae, Sexta sc⟨ilice⟩t, et Nona; quippè quae in Festis Abbatis, dum in Sede suâ sacras induit, et exuit, vestes, cantu Figuratô persolvi solent, Respons⟨ion⟩es tamen post Psalmos absq⟨ue⟩ vocum varia⟨tion⟩e fiunt.

[34r] In Festis 1.ae Classis Sole⟨n⟩nib⟨us⟩, seu Abbatis, seu Prioris illa sint, Vesperas integrè Figural⟨ite⟩r canim⟨us⟩, Responsoriô Hymni duntaxàt exceptô. Et hae Vesperae (quemadmodùm Sexta, et Nona in Festis Abbatis ante, et post Su⟨m⟩mum Sacrum) in organo maiore cantantur, adhibitîs etiam o⟨mn⟩ib⟨us⟩, praesertim ad Magnificat ⟨etc.⟩ instrumentîs musicîs, quae adhiberi commodè possunt, aut solent in huiuscemodi Festis Sole⟨n⟩nissimis.

In Festis 2.dae Classis, quae ad Priorem, et Subpriorem spectant, et quae Choral⟨ite⟩r quidem canunt⟨ur⟩, ad Respons⟨ion⟩es tamen variatio vocum adhibetur,

àtq⟨ue⟩ ad An⟨tiphon⟩as o⟨mn⟩es ab initio ad Finem ùsq⟨ue⟩, quae à Choro canunt⟨ur⟩, Organum simul pulsatur, et Magnificat cantu Figurali absolvitur.
In alijs verò Festis, pariter quidem 2.ae Classis, at minùs sole⟨n⟩nib⟨us⟩, et ad Hebdomadarium spectantib⟨us⟩, solum Ludit post quemlibet psalmum ante An⟨tiphon⟩am novam inchoandam Organum; adeòq⟨ue⟩ ipsae An⟨tiphon⟩ae omnes (unâ ad Magnificat exceptâ, quae organô consonante canitur) àbsq⟨ue⟩ organi pulsu Choral⟨ite⟩r cantant⟨ur⟩. Solum Canticum Magnificat per Musicam Figuralem sole⟨n⟩nius redditum Vesperas à co⟨m⟩munib⟨us⟩ distinguit. In Co⟨m⟩munibus enim Vesperis, id est, in Dominicis, et diebûs Feriatîs, et non Feriatîs, duplicibûs tantu⟨m⟩modò majoribûs, et minoribûs, imò et Semiduplicib⟨ûs⟩ per omnes tam 1.ae, quàm 2.ae Classis Festorum Octavas extra Quadragesimam, et adventum; imò in ipsa quadragesima, et adventu in utràq⟨ue⟩ Dominica, Laetare, et Gaudete, in duplicibus majorib⟨us⟩, et in diebus Octavis, ac deniq⟨ue⟩ in Festis S. Thomae Aquinatis, S. Walpurgae V⟨irgin⟩is ob memoriam Transitûs B⟨eati⟩ Adelhelmi, et S⟨ancti⟩ Ruperti Episc⟨opi⟩ et Conf⟨essoris⟩ itidem ob memoriam Transitûs B⟨eati⟩ Frowini Abbatum n⟨ostr⟩orum Canticum Magnificat Figuralî Musicâ canim⟨us⟩, et quidem in utrisq⟨ue⟩ dictorum dierum Vesperis (si 3.a ultima Festa excipiantur, in quibus ad 2.das Vesperas id Tantùm Fit) nulla tamen instrumenta Musica praeter Organum, et Bassum adhibem⟨us⟩. In praedictis quòq⟨ue⟩ diebus omnib⟨us⟩, et quandocùnq⟨ue⟩ ad Vesperas (idem sentiendum de Laudibus, si cantent⟨ur⟩) organum adhibetur, semper ante Capitulum, sub Responsorio, ante, et post Magnificat, atq⟨ue⟩ post Hym- [34v] num, et Benedicam⟨us⟩ D⟨omi⟩no (si illud canant Scholares tam in Laudib⟨us⟩, quàm in Vesperis, non verò illîs absentibûs, si ab hebdomadario, vel officiatore per notas Fa, re, cantetur) aliquantulùm Ludit organum. Infra Octavam Corporis Christi quotidiè ad Magnificat utimur Violinis, sicuti et in Triduo Bachanalium, et in Festo S⟨anctae⟩ Caeciliae V⟨irginis⟩ et M⟨artiris⟩ Musicorum Patrona. Sabbathô Sanctô Paschae Vesperae tantùm, seu Vesperarum duo Psalmi sc⟨ilice⟩t, Laudate D⟨omi⟩num o⟨mn⟩es gentes ⟨etc.⟩ et Magnificat ⟨etc.⟩ Figural⟨ite⟩r, caetera verò Choral⟨ite⟩r cantant⟨ur⟩. Figural⟨ite⟩r quòq⟨ue⟩ post Vesperas Toties canitur An⟨tiphon⟩a Salve Regina ⟨etc.⟩, quoties iungi Vesperis, quae in Organo maiore canunt⟨ur⟩, ratione Festi debet. Miserere per quadragesimam in Festis sole⟨n⟩nib⟨us⟩, et Feriatîs dieb⟨ûs⟩ post recitatum à populo Rosarium Musicâ Figuralî cum instrumentis decant⟨ant⟩ur; uti et Salve Regina utrùmq⟨ue⟩, sive tam illud quod pridiè Festi post Rosarium, quàm quod ipsô die Festô post Miserere canendum est. Quôlibet autem Sabbathô (Sanctô Paschae duntaxàt exceptô, quô prorsùs omittitur cum praecedente illud Rosariô) post consuetum Rosarium idem Salve ⟨etc.⟩ Musicâ Figuralî quidem, attamen sine Violinis, et in Choro tantùm, ubi etiam praedictum Miserere cum subsequenti An⟨tiphon⟩â, Salve Regina ⟨etc.⟩, semper decantatur, absolvitur.
Completorium ipsum, seu Psalmi Completorij semel tantùm quovis annô Figural⟨ite⟩r cantant⟨ur⟩, videlicèt Sabbathô Sanctô Paschale, Verùm An⟨tiphon⟩a de Beata in Fine Officij dicenda, et in Fine Completorij per totum annum omni Tempore (Coenâ D⟨omin⟩i, et Parasceve solùm exceptîs) cantanda, in o⟨mni⟩b⟨us⟩ Festis sole⟨n⟩nib⟨us⟩, tam Feriatîs, quàm non Feriatîs, quae 1.ae vel 2.ae Classis sunt, et singulîs per totam Corporis Christi Octavam dieb⟨ûs⟩, ac deniq⟨ue⟩ in Triduo ante diem Cinerum Cantu Figuralî magìs vel minùs sole⟨n⟩ni, id est cum plurib⟨us⟩, vel paucorib⟨us⟩ instrumentis persolvitur pro rat⟨ion⟩e, et qualitate Temporum, ac Festorum. Notata tamen dignum videtur, quòd pridiè Festorum memorata Antiphona à pleno Choro, seu à quatuor, quinq⟨ue⟩, aut octo vocum praeter instrumenta Musica concinatur; in ipsis autem Festis (nisi aliud pariter sole⟨n⟩ne, vel Licèt

minus, Feriatum tamen i⟨m⟩mediatè subsequatur) ab una sola, vel duâb⟨us⟩ cum- vel sine Violinis, alijsve instrumentis cantari soleat. In quadragesima tamen, et adventu [35r] Festa 2.ae Classis hebdomadarij ad distinct⟨ion⟩em aliorum Temporum, si co⟨m⟩modè Fieri possit, Musicam Figuralem habeant ab octo vocum, seu à duplice Choro, cum restrict⟨ion⟩e Violinorum in Vesperis ad Magnificat ⟨etc.⟩, ad An⟨tiphon⟩am de B⟨eatissi⟩ma V⟨irgine⟩ sub Finem Completorij, et demùm in Summo Sacro ad Missam, vel etiam Offertorium. Non tamen ita interdictum sit Violinîs, ut in huiusmodi su⟨m⟩mis sacris adhiberi nequeant, praesertim ante Evangelium, atq⟨ue⟩ ~~sub~~ post Elevat⟨ion⟩em S⟨anctissi⟩mi Sacramenti, et etiam post Agnus Dei ad Mottetas à voce sola cum Violinis plerùmq⟨ue⟩ cantandas; sed ideò duntaxàt haec dicta sint, ut in quadragesima, et Adventu parciùs, quàm alîjs temporib⟨us⟩ instrumenta Musica, quandò Facilè intermitti possunt, adhibean- ⟨tu⟩r. Idem notandum pro Dominicis, Gaudete, et Laetare; àtq⟨ue⟩ pro duplicib⟨us⟩ majorib⟨us⟩, et dieb⟨us⟩ infra octavas, et Dominicis semiduplicib⟨us⟩, seu co⟨m⟩munibus per annum quoad Summum Sacrum. Phonasc⟨us⟩ ergò attendat semper ad qualitatem, et numerum praesentium Musicorum, ut sciat o⟨mn⟩i tempore, quid Fieri, et produci possit, ac expediat.

Praetereà utimur Musicâ Figuralî in o⟨mn⟩ib⟨us⟩ Missis Conventualib⟨us⟩, seu Su⟨m⟩mîs Sacrîs Festorum Sole⟨n⟩nium 1.ae et 2.ae Classis, tam Feriatorum, quàm non Feriatorum, ~~Festorum~~ et Feriatorum etiam duntaxàt duplicium; item in o⟨mn⟩ib⟨us⟩ Dominicis, extra quadrag⟨esimae⟩ et advent⟨us⟩ (ex quib⟨us⟩ tamen rursùs ambae Dom⟨inicae⟩ Gaudete, et Laetare excipiun⟨tu⟩r) item in o⟨mn⟩ib⟨us⟩ duplicib⟨us⟩, tam infra, quàm extra Octavas, et semiduplicib⟨ùs⟩ infra Octavas occurrentib⟨us⟩ Festîs, et dieb⟨us⟩. In quadragesima enim, et Adventu solùm duplicia maiora, et ipsae dies octavae, seu quae habent Figurale Magnificat, habent quòq⟨ue⟩ Figurale summum sacrum; quae Regula pro quovis anni tempore (caeterîs paribûs) usurpari p⟨otes⟩t. Item in Natalitijs R⟨everendum⟩ Patrum, quandò sum⟨m⟩um Sacrum p⟨ro⟩ptereà celebrant; vel quandò adsunt hospites Musici, su⟨m⟩mo sacro interfuturi; vel quandò quis hospes Benedictin⟨us⟩, aut Cisterciensis in altari principe; vel saecularis sacerdos, aut Religiosus mendicans in ara S. Eugenij (hisce siquidem in ara principe celebrare non concedatur) Missam Conventualem, honoris ergo ibsi oblatam canit; vel quandò demùm Votiva solen⟨n⟩is ob qualemcùnq⟨ue⟩ causam cani solet, vel à Superiore jubetur: imò quoties paucitas Religiosorum [35v] in Choro praesentium, in dieb⟨us⟩, et Festis etiam tantùm semiduplicibus, in quibus aliàs cantus Choralis sufficeret, et adhiberi deberet; ut Figuralis tamen adhibeatur, vel superiorem, vel seniorem Chori persuadet, aut cogit; qui etiam in tali casu Musicam Figuralem parandi Phonasco mandatum dabit, etiamsi non rogetur: ad ipsum quippè spectat curare, et providere, ut o⟨mn⟩ia in Choro cum aedifica⟨tion⟩e audientium perogantur. Phonasci tamen est Superiorem, vel Seniorem, tunc in Choro praesentem modestè monere, aut, quid agendum? interrogare, praesertim si advertat, eundem ad haec non attendere, aut similia minùs, aequô, curare. Deníq⟨ue⟩ cum Musica Figurali decantantur omnes Missae solen⟨n⟩es de Requiem, pro quocùnq⟨ue⟩ defuncto, et ex quocùnq⟨ue⟩ titulo vel à Superiorib⟨us⟩, vel à Seniore Conventûs, vel à Patre extrà 2.dô, aut Requiemistâ dictô, vel in Choro, vel extra Chorum cantanda: quinimò o⟨mn⟩es Missae de Requiem non solen⟨n⟩es, tam integrae, quàm dimidiatae, tam cum duobus Levitis, quàm solùm cum Fratre Acolytho, et duôb⟨us⟩ ceroferarijs inservientib⟨ûs⟩ celebrari extra, vel intra Chorum solitae. Illa verò Requiem sole⟨n⟩nia nuncupo, quae adjunctam Thurifica⟨tion⟩em, et absolutionem habent; è contrariò quae illîs carent, non sole⟨n⟩nia voco. Requiem sole⟨n⟩nia celebrant⟨ur⟩ in Depos⟨ition⟩e

Sum⟨m⟩i Pontificis, et cuiùsq⟨ue⟩ Abbatis è Congrega⟨tion⟩e n⟨ost⟩ra, et Parentum R⟨everendissi⟩mi Abbatis n⟨ost⟩ri, et Confratrum, et Sororum n⟨ost⟩rarum; item in Com⟨m⟩emora⟨tion⟩e o⟨mn⟩ium Fidelium, 2.ô Novemb⟨ris⟩, et o⟨mn⟩ium defunct⟨orum⟩ Ordinis n⟨ost⟩ri 14. Novemb⟨ris⟩, et o⟨mn⟩ium Fundat⟨orum⟩ ac Benefact⟨orum⟩ M⟨o⟩n⟨aste⟩rij n⟨ost⟩ri, Fer⟨ia⟩ 2.â post Dedica⟨tion⟩em: Item in Depos⟨ition⟩e, 3.ô, 7.ô, 30.ô, et 1.ô an⟨n⟩iversariô Abbatis (cui⟨us⟩ etiam subsequentia anniversaria sole⟨n⟩nia sunt) et cuiuslibet Patris: item in Depos⟨ition⟩e, et 30.ô, et a⟨n⟩niversario tantùm cuiuslibet Fratris Professi, et Laici; et demùm 4.or a⟨n⟩niversaria, post 4. praecipua B⟨eatissim⟩ae V. M. Festa in Ara S. Rosarij pro Sodalib⟨us⟩ celebranda, quae tamen absolutionem nullam, benè verò Vesperas, pridiè ibidem dicendas, habent, et cum Thurifica⟨tion⟩e fiunt, Requiem inter sole⟨n⟩nia esse censentur. Requiem non solen⟨n⟩ia, quippè Thurifica⟨tion⟩e, et absolu⟨tion⟩e carentia, dici possunt reliqua omnia; quamvìs in hoc ab invicem distinguant⟨ur⟩, quòd nimirùm aliqua illorum cum duob⟨us⟩ Levitis, aliqua verò cum Fratre acolytho, et duob⟨us⟩ ceroferarijs tantùm celebrentur. Assistentibûs Levitîs duôb⟨us⟩ in altari principe [36r] ex toto cantant⟨ur⟩ Musicâ Figurali sequentia Requiem: Terti⟨us⟩, et Septim⟨us⟩ cuiusvis Fratris professi, et Laici; item 4. illa Requiem, quae singulîs Angariis Fer. 5.â pro Abb⟨atis⟩ Patrib⟨us⟩, et Fratrib⟨us⟩ n⟨ost⟩ris in Choro celebrari solent. Absq⟨ue⟩ ad Offertorium inclusivè tantùm, Musicam quòq⟨ue⟩ Figuralem habent isthaec sacra de Requiem extra Chorum, et plerùmq⟨ue⟩ in ara Rosarij, vel S⟨anctissi⟩mi P⟨atri⟩ N⟨ostri⟩ cantanda, quib⟨us⟩ Fr⟨ater⟩ Acolyth⟨us⟩ cum duob⟨us⟩ ceroferarijs inservit: sc⟨i⟩l⟨ice⟩t in Depos⟨ition⟩e uniuscuiùsq⟨ue⟩ è Monialib⟨us⟩ n⟨ost⟩ris Sarnensib⟨us⟩ (è quib⟨us⟩ sola D⟨omi⟩na Abbatissa Requiem integrum habet in ara maxima, seu in Choro à Priore Officiatore post Nonam solen⟨n⟩iter, id est, cum Thurifica⟨tion⟩e, et absolu⟨tion⟩e cantandum) item in Depos⟨ition⟩e Parentum cuiuslibet è Religiosis n⟨ost⟩ris; item in an⟨n⟩iversario peren⟨n⟩i D⟨omi⟩ni Jacobi Grob 4. Cantonum sextraij; ac denìq⟨ue⟩ in Depo⟨sition⟩e Am⟨m⟩ani Vallis n⟨ost⟩rae tantùm. Caetera o⟨mn⟩ia Requiem canenda tam ex p⟨ar⟩te, quàm ex Toto cantu duntaxàt Chorali peraguntur; sicuti praedicta o⟨mn⟩ia Figuralî Musicâ celebrant⟨ur⟩. Benè tamen advertendum, ad sole⟨n⟩niora Requiem etiam sole⟨n⟩niorem Musicam, minùs verò sole⟨n⟩nem ad minùs quòq⟨ue⟩ sole⟨n⟩nia, imò et non sole⟨n⟩nia, Figural⟨ite⟩r tamen cantanda, adhiberi debete. Paucîs, Regula universalis haec sit: Quò sole⟨n⟩nius est, quod agitur, Festum; quò nobilior Classis, cui illud adjungitur; quò etiam plures, qui callent Musicam, adsunt; eò quòq⟨ue⟩ magnificentiùs ornetur Ecclesia, eò pretiosiora exornantur sacra indumenta, eò denìq⟨ue⟩ Sole⟨n⟩nior, suavior, et adhibitîs pluribûs instrumentîs musicîs, id est, Fidibùs, Tubîs, et Lituîs instituta Figuralis Musica sole⟨n⟩nitatem augeat, cultùmq⟨ue⟩ Divinum. Praetereà in Festis 1.ae et 2.ae Classis, quae sunt Superiorum, et in Dominicis occurrunt, An⟨tiphon⟩a sub aspers⟨ion⟩e aquae Lustralis canenda, v⟨erbi⟩ g⟨ratia⟩ <u>Vidi aquam</u> ⟨etc.⟩ vel <u>Asperges me</u> ⟨etc.⟩ cantu quòq⟨ue⟩ Figurali cum Violinis absolvitur. Item Figuralî utimur cantu in Process⟨ioni⟩b⟨us⟩ Corporis Christi, et eiusdem diei Octavae; in Festo S. Marcj, et Fer. 2.a Roga⟨tion⟩um: item in o⟨mn⟩ib⟨us⟩ Process⟨ion⟩ib⟨us⟩, ob 3. Confraternitates, Rosarij, et utriusq⟨ue⟩ Scapularis singulîs per annum mensib⟨us⟩ instituendîs, in quib⟨us⟩ Lytanias Lauretanas, vel hymnum, <u>Ave Maris Stella</u> ⟨etc.⟩ vel <u>Stabat Mater dolorosa</u> ⟨etc.⟩ et denìq⟨ue⟩ in Process⟨ion⟩e cum Venerabili quotan⟨n⟩is in Festo S. Agathae V. et M. institui Solitâ Lytanias de s⟨acratissi⟩mo [36v] Nomine Jesu Figural⟨ite⟩r quòq⟨ue⟩ canim⟨us⟩; uti et Odas Eucharisticas infra totam Corporis Christi Octavam ad Ostens⟨ion⟩es singulas. Respons⟨ion⟩es à toto Choro, seu Clero universo Fiunt cum varietate vocum, et organô consonante ad Vesperas, et su⟨m⟩mum Sacrum (non verò ad alias horas, nisi etiam ad Laudes in his trib⟨us⟩ Festis tantùm, videlicèt in Nocte Sacra Nativitatis, uti et Resurrect⟨ion⟩is D⟨omi⟩ni, et in ipso Festo S⟨acratissi⟩mi Corporis Christi, nunquam autem in alijs quibuscùnq⟨ue⟩) in o⟨mni⟩b⟨us⟩ Festis solen⟨n⟩ib⟨us⟩ 1.ae et 2.ae classis, in quib⟨us⟩ sc⟨i⟩l⟨ice⟩t propter solen⟨n⟩itatem Abbas ipse, vel Prior, vel etiam sub Prior, ùt Tails, Vestib⟨ûs⟩ sacrîs indut⟨us⟩, officiatorem agit, Tam in Choro, quàm extra Chorum. Item in o⟨mni⟩b⟨us⟩ Missis de Requiem Solen⟨n⟩ib⟨us⟩, quae ab ijsdem Superiorib⟨us⟩ celebrantur: item in 3. Dominicis sc⟨i⟩l⟨ice⟩t, Gaudete, Laetare, et Quasimodò, seu in Albis, quib⟨ûs⟩ sub-Prior sum⟨m⟩um Sacrum canit: item in Festis, vel potiùs Dominicîs Titlarib⟨us⟩ 3.um Confraternitatum, Rosarij sc⟨i⟩l⟨ice⟩t, et utriusq⟨ue⟩ scapularis, quibûs Praesidis est; in Festo S. Thomae Aquinatis, quô Professoris; S. Caeciliae, quô Phonascj; S. Catharinae, quô Rhetoris; in Natali cuiuslibet Patris, quô Natalizantis; in Festo S. Sebastianj, et Dedica⟨tion⟩e Sclopetariorum, quib⟨ûs⟩ Patris extrà 2.dj; in Festo S. Agathae V. et M. (nisi transferatur) quô Hebdomadarij est Sum⟨m⟩um cantare Sacrum: ac denìq⟨ue⟩ quôvis die, quô Missa Conventualis celebranda hospitj, aut peregrino alicuj honoris, et amoris ergò abs hebdomadario offertur, Chori responsio ad eiusmodj sum⟨m⟩um Sacrum duntaxàt, non verò ad Vesperas Figuralis est. Hîc quòq⟨ue⟩ notandum; quoties in Su⟨m⟩mo Sacro Figural⟨ite⟩r Chorus respondet, Forties idem Facit post Process⟨ion⟩em (si quae illud sequatur) post versus, et orat⟨ion⟩em ⟨etc.⟩ Ad huiusmodi Figurales respons⟨ion⟩es Organum semper consonat, si tamen in Choro illud pulsare Organoed⟨us⟩ commodè possit, etiamsi extra Chorum Clerus respondens existat; sicuti contingit in Fine Process⟨ion⟩um, sub quib⟨us⟩ Lytaniae Lauretanae canunt⟨ur⟩, ante aram S⟨antissi⟩mi Rosarij Finiendae; et post Salve Regina ⟨etc.⟩ nec non post cantatum in Quadragesima Miserere ⟨etc.⟩ quod Tamen intellig⟨i⟩ semper debet de illis Festis, et diebus, quibus rat⟨ion⟩e officij, et dignitatis suae Superiores sum⟨m⟩um Sacrum, aut Vesperas solen⟨n⟩iter celebrare solent et debent.

Das Repertoire an Festtage in Einsiedeln, 1819–1826 (CH-E, 925.3, fol. 41 ff.)

Insgesamt 614 Werke

Nach Gattungen unterteilt:
Sinfonien, Ouvertüren: 231
Offertorien, Motetten: 44
Messen (ganz): 97
Messen (Zuwachs 1822–1825): 43
Kyrie: 64
Gloria: 75
Credo: 60

Werke von italienischen, in Italien wirkenden Komponisten: ca. 260 (42%)
1 vor 1750 entstanden (Leonardo Leo)
155 zwischen 1750 und 1800
77 nach 1800
27 unsicheren Datums

Insgesamt ca. 170 Komponisten
Davon Italiener: ca. 87 (51%)

Vertreten mit 10 oder mehr Werken:
J.Chr. Bach (44)
[Joseph und Michael] Haydn (26)
W.A. Mozart (20)
Franz Bühler (18)
Gian Andrea Fioroni, Ignaz Pleyel (15)
Anonymus (14)
Johann Chrysostomus Drexel, Jan Křtitel Vaňhal (13)
Anton Adam Bachschmid, Barnaba Bonesi, Paolo Bonfichi, Markus Zech (12)
Adalbert Gyrowetz (11)
Giovanni Battista Borghi, Johann Evangelist Brandl, Joseph Alois Holzmann, Ambrogio Minoja (10)

Aufführungen von Figuralmusik in Einsiedeln für das Jahr 1838 (aus CH-E, D.11.e und 925.3)

NB: Jede Aufführung wird gezählt, d. h. ein Werk kann mehrmals vorkommen.

Tage ohne Figuralmusik: 123

Aufgeführte Stücke: ca. 760
Davon an Festtage: ca. 515

Aufführungen von italienischen, in Italien wirkenden Komponisten: 170 (22%)

Aufführungen während der Messliturgie: 537 (70%)

Komponisten an Werktagen: ca. 79
Davon Italiener: ca. 11 (14%)

Vertreten mit 5 oder mehr Stücken an Werktagen:
Anselm Schubiger (25)
Ludwig Est (24)
Anonymus (22)
Joseph Alois Holzmann (9)
Francesco Basili, Carl Czerny (8)
Martin Vogt, Joseph Wackenthaler (7)
Bernhard Joseph Klein (6)
Johann Kaspar Aiblinger, Franz Bühler, Gian Domenico Catenacci, Johann Melchior Dreyer, Maximilian Stadler (5)

Komponisten an Festtagen: ca. 155
Davon Italiener: ca. 59 (38%)
Zum Vergleich: im erhaltenen Bestand 1600–1800 sind es 33% (192 aus 571)[30]

Vertreten mit 5 oder mehr Stücken an Festtagen:
W.A. Mozart (25)
Joseph Ohnewald (20)

---

30 Helg, *Die neue Musikbibliothek*, S. 11.

Paolo Bonfichi, Joseph Haydn (17)
Anonymus (14)
Franz Bühler, [Joseph oder Michael] Haydn (13)
Johann Chrysostomus Drexel, Joseph Alois Holzmann (12)
Johann Baptist Schiedermayr (8)
Pasquale Anfossi, Karl Ludwig Drobisch, Giuseppe Sarti (7)
Bonifazio Asioli, J. Chr. Bach, Ferdinando Paer, Jan Křtitel Vaňhal, Georg Joseph Vogler (6)
[Luigi oder Agostino] Belloli, [Carl'Antonio?] Bonazzi, Giovanni Battista Borghi, Johann Evangelist Brandl, Johann Jaumann, Georg Valentin Röder, Ignaz von Seyfried, [Joseph?] Weigl, [?] Westermayer, Peter von Winter (5)

Sowohl an Fest- wie an Werktage vertretene Komponisten: ca. 29 von insgesamt ca. 205 (14 %)
Johann Kaspar Aiblinger, Joseph Anton Angeber, [Franz] Bühler, Carlo Donato Cossoni, Karl Ditters von Dittersdorf, Johann Melchior Dreyer, Karl Ludwig Drobisch, Joseph Leopold Eybler (identisch mit «Eibl» in CH-E, D.11.e?), Georg Friedrich Händel, [Joseph?] Haydn, Michael Haydn, Joseph Alois Holzmann, František Vincenc Krommer, W.A. Mozart, Marianus Müller, Johann Gottlieb Naumann, Joseph Ohnewald, Ferdinando Paer, Andreas Jakob Romberg, Gioacchino Rossini, Johann Baptist Schiedermayr, Anselm Schubiger, Maximilian Stadler, Leo Stöcklin, [Christoph?] Vogl, Georg Joseph Vogler, [Martin?] Vogt, [Jacob Gottfried?] Weber, Westermayer [nicht Johann David].

Quellen

CH-BM, StiA Bd. 1206

Bernhard Späni, *BONUS ORDO MUSICUS* | *sive* | *INDEX UNIVERSALIS* | *Missarum aliarumque Cantionum* | *quaru⟨m⟩ in Insignis hui⟨us⟩ Colleg⟨iat⟩ae Eccl⟨esi⟩ae Beron⟨en⟩sis choro* | *ante- et pomeridianus esse solet usus:* | *COLLECTUS* | *Ex omnibus Authoribus, scriptis, et Operib⟨us⟩ Musicis* | *ad dictam Ecclesiam Collegiata⟨m⟩ Beronensem pertinentib⟨us⟩* | *iuxtaque Missalis ac Breviarij ordinem ita* | *DISPOSITUS* | *Ut Chori seu Musices Rector facili conatu et cum* | *magno pretiosi lucro temporis qualecumq⟨ue⟩ voluerit* | *Missas et Cantiones alias invenire, ac ex omni* | *penu musicâ, quae hîc valde copiosa est, selige-|re possit. Huic accessit* | *DIRECTORium MUSICU⟨M⟩* | *seu* | *Brevis et accurata Instructio* | *Quibus Festis & diebus per annum, Qualis* | *et quo loco iuxta antiquam hui⟨us⟩ Ecclesiae* | *consuetudinem habenda sit Musica* | *Ad mariorem Dei, Beatissimae Virginis Mariae* | *S. Michaelis Archangeli aliorumq⟨ue⟩ beatoru⟨m⟩ Caelitu⟨m⟩* | *honorem et gloriam, cultûs item et officij Divini* | *decorem suis locis expressu⟨m⟩, ac Indici passim inspersu⟨m⟩* | *A Philomuso hui⟨us⟩*

Colleg⟨iatae⟩ Eccl⟨es⟩iae Sacellano Musices nunc | temporis vice-Rectore, Anno reparatae salutis | 1696
Folioformat, cm 22×33.8, (15)+559 Seiten

> Dedicatio
> Praemonitiones
> Elenchus operu⟨m⟩ musicaliu⟨m⟩ [summarisch]
> 1 Idea totius cistae et receptaculorum [Tabelle]
> 4 Te Deum
> 10 Missae sine instrumentis
> 22 Missae cum instrumentis
> 39 Sonatae seu symphoniae
> 51 Motteti
> 496 Opera vespertina

CH-E, 925.3

Kirchenmusikalische Aufzeichnungen
Folioformat, cm 23×37, ca. 330 beschriebene Seiten (moderne Seitenzählung)

Lagen und Schreiber (BF = Bernhard Foresti, PB = Placidus Gmeinder, AS = Anselm Schubiger, GM = Gall Morel, SK = Sigismund Keller, CH = Clemens Hegglin, UJ = Urs Jecker, BB = Basil Breitenbach):[31]

1. BF, 1: ab 15.9.1813
2. BF, eingefügt: 7: ab 1.11.1812 «1812 | O̶r̶d̶ Index musicalis»
3. BF, 13: 22.7.1815 BMV Einsidlensis bis 40: 12.5.1820 Dedicatio
4. BF, 41: systematischer Katalog 1819–1826
5. BF, 71: 24.5.1820 Ascensio Domini bis 90: 19.4.1823 (?) S. Geroldi
6. BF, 91: 20.4.1823 bis 122: 9.11.1826
7. BF, 123–154: 21.11.1826 praesentatio BVM bis Oktober 1830 (153–154 falsch gebunden)
8. BF, 155: 1.11.1830 bis 165: 26.5.1832 Corp. Christi; Lage ist leer bis 174
9. SK, 175, Deckblatt: «Verzeichniss | der | Seit 1831 in Einsiedeln | aufgeführten | Kirchenmusik […]», ursprünglich zu Lagen 9 bis 25
10. PG, 177: 13.11.1831 bis 190 29.12.1833 (anderer Schreiber?, 186: 24.2–5.4.1833)
11. PG, GM, 191: 1.1.1834 bis 30.9.1835
12. PG, GM, 199: 4.10.1835 bis 202: 21.6.1836: Einzeldoppelblatt
13. PG, GM, 203: 24.6.1836 bis 210: 22.10.1837
14. PG, GM, 211: 27.10.1837 bis 222: 8.12.1839
15. GM, AS, 223: 15.12.1839 bis 226: 9.6.1840: Einzeldoppelblatt
16. GM, 227: 14.6.1840 bis 230: 17.11.1840: Einzeldoppelblatt
17. GM, AS, 231: 21.11.1840 bis 234: 22.8.1841: Einzeldoppelblatt
18. AS, GM, 235: 24.8.1841 bis 238: 19.3.1842: Einzeldoppelblatt

---

31 Vgl. auch Helg, *Die Einsiedler Kapellmeister*, S. 151.

19. GM, 239: 24.3.1842 bis 242: 1.10.1842: Einzeldoppelblatt
20. GM, AS, 243: 2.10.1842 bis 246: 16.5.1843: Einzeldoppelblatt
21. AS, GM, SK, 247: 1.7.1845 bis 258: 28.12.1846
22. AS, 259–262: Einzelblatt, umgedreht gebunden: 259: 25.12.1847 bis 260: 20.4.1848; 261: 12.9.1847 bis 30.9.1847; 262: «Bemerkungen» im März 1847
23. SK, 263: 1.1.1847 bis 270: 26.7.1847; 269–270 leer
24. AS, 271: 19.5.1843 bis 274: 31.12.1843
25. AS, 275: 1.1.1844 bis 282: 29.6.1845
26. AS, 283: 20.4.1848 Coena Domini bis 298: 11.2.1850
27. AS, unbekannter Schreiber, 299: 24.2.1850 dom. 2. Quadr. bis 302: 3.11.1850: Einzeldoppelblatt
28. AS, unbekannter Schreiber, 303: 10.11.1850 bis 306: 21.6.1851: Einzeldoppelblatt
29. AS, 307: 14.9.1851 Engelweihe bis 308: 4.11.1851: Einzeldoppelblatt; 309–310 leer
30. AS, 311: 27.10.1852 bis 314: 11.7.1852 commem. S. Benedicti: Einzeldoppelblatt
31. AS, 315: «1805. Musikdirector P. Antonius Fornaro»: Pfingsten bis Rosarii: Einzeldoppelblatt; 316, 351–352 leer
32. UJ, BB, eingefügt: 317: 1.3.1882 bis 340: 22.4.1884; 341–350 leer
33. CH, in Lage 32 eingefügt: 319–330: «Gradualia | quae cantare solemus | diebus festivis | et Dominicis per annum»

CH-E, Klosterarchiv, Amt Einsiedeln, Kapitelprotokoll und Kapitelakten A.CC.6

Acta | Venerabilis | Capituli | Monasterij | B. V. Einsidlen-|sis. | Ab Anno Gratiae 1683. | usq⟨ue⟩ ad Annum 1700. | In, et prae omnibus benedicatur | Dominus.
Folioformat, cm 20×32, (ii)+614+(32) Seiten

CH-E, D.11.e

[Anselm Schubiger], *Der große musikalische Einmaleins. | berechnet auf An⟨n⟩o 1838*
Oktavformat, (8) Seiten

CH-EN, StiA Cod. 202

(1) Ildephons Straumeyer, *Consuetudines | Angelo-|montanae | ante Incendium An⟨n⟩o 1729. factum | observatae* [...] Abschrift 1737
(2) Ildephons Straumeyer, *Calendarium et supplementum | A⟨nn⟩o 1729. 8vo Nov. conscripta* Abschrift 1737

Quartformat, cm 16.7×21.7, (1): (xiv)+116+(2)+(8 leer) Seiten; (2): (viii)+61 Seiten

    Inhalt (1: *Consuetudines*)
    1:    i De festis Abbatis
    7:    ii De festis Prioris
    12:   iii De festis Sub-Prioris
    14:   iv De festis Senioris
    15:   v De festis Hebdomadarij
    22:   vi De Missis legendis
    31:   vii De horis Canonicis
    45:   viii De Musica Figurali
    59:   ix De processionibus
    68:   x De omnib⟨us⟩ Monasticis officiis, aut munerib⟨us⟩

CH-EN, StiA Cod. 316

(1) Ildephons Straumeyer, *Ceremoniale Benedic-|tinum | Monasterij Engelbergensis*. [Fragment]
(2) Frowin Christen, *LIBELLUS | Brevem, et perspicuam exhibens Seriem, et | Ordinem eorum omnium, quae Singulîs per Annum | Diebûs tam intra, quàm extra Ecclesiam, et Conventum agenda, et observanda occurrunt. | Ad evitandam verò omnem confusionem dividitur hic Libellus in duas partes, Priorem | scilicet, et Posteriorem. | Prior complectitur omnia, quae ad Ecclesiam, | et Officia Divina, tam nocturna, quàm Diurna | quotidiè ritè peragenda spectare videntur. Posteriore autem parte ea omnia continentur, | quae, ut in Conventu, et ubiq⟨ue⟩ Locorum cuncta ordina-|tè fiant, omnibus scitu, et factu sunt necessaria.*
Folioformat, 23×35, (1): 24 Seiten; (2): 4 Lagen = 39 fol. (pars prior) + 1 Lage = 8 fol. (pars posterior)

    Inhalt (2: *Libellus, pars prior*)
    2:    Caput Primum. De Matutinis, et Laudibus.
    4v: §us Unic⟨us⟩. De Matutinis, Vespertinô tempore celebrandis.
    9:    Caput Secundum. De Horis minorib⟨us⟩ antemeridianis per Annum, seu de Prima, Tertia, Sexta, et Nona.
    13v: Appendix. De Capitulo Culparum
    15:   Caput Tertium. De Processionibus per Annum.
    20v: Appendix. De Concionib⟨us⟩, et Promulgat⟨ion⟩ib⟨us⟩, et Aspers⟨ion⟩e aquae benedictae per Annum.
    22:   Caput Quartum. De Sum⟨m⟩is Sacris.
    25:   Caput Quintum. De alijs Sacris, et votivis, et privatis quotidianis.
    29:   Caput Sextum. De Vesperis, et Completorio.
    32:   De Completorio.
    33v: Caput Septimum. De Musica Chorali, et Figurali, Atq⟨ue⟩ usu Organi.

«Um die Music mit gröserer auferbauligkeit, und mindrer unordnung und ausschweifungen diese hochfeijerliche zeit hindurch vollführen zu können»

Einblicke in die Organisation der Musik in der Benediktiner-Abtei Einsiedeln in der zweiten Hälfte des 18. Jahrhunderts am Beispiel der ‹Grossen Engelweihe›

CHRISTOPH RIEDO (Freiburg)

In einer wundersamen Begebenheit, die sich in der Nacht auf den 14. September des Jahres 948 zugetragen haben soll, hatte der von Konstanz zur Konsekration der Kapelle in Einsiedeln gerufene Bischof davon geträumt, dass Jesus Christus höchstpersönlich in Begleitung eines Engelschores die Kapelle und somit an seiner Stelle geweiht hätten. In einem Pilgerführer von 1754, der die Wallfahrer über die Ursprünge der Einsiedler Engelweihe unterrichtet, ist nachzulesen, dass in Bischof Conradus' Traum die Weihe exakt nach den üblichen Gebräuchen und Zeremonien abgehalten wurde. Zur Seite des Herren standen der hl. Gregor mit dem Weihwedel und St. Petrus mit dem Bischofsstab, vor ihm sollen sich die Heiligen Augustinus und Ambrosius befunden haben. Die singenden Engel ihrerseits hielten goldene Rauchfässer, wobei sie den Weihrauch mit ihren Engelsflügeln verteilten, und «die Jungfrau Maria stuhnde vor dem Altar glantzend wie der Sonnenblitz».

Tags darauf, angesichts des aussergewöhnlichen Traumes, zögerte nun derselbe Bischof bei der Konsekration der Kapelle, und als dieser auf Drängen hin dennoch mit der Weihe begann,

> da erschallete von oben herab ein himmlische Stimm, welche mit höchster Entsetzung und Schröcken aller Anwesenden, zum drittenmahl also hell und hochlautend geruffen: CESSA, CESSA FRATER, DIVINITUS CAPELLA CONSECRATA EST: Höre auf Bruder, höre auf, die Kapelle ist von Gott geweiht.[1]

---

1 Therese Bruggisser-Lanker, «Engelsmusik und Marienverehrung. Die Engelweihe der Gnadenkapelle zu Maria Einsiedeln», in: *Engel, Teufel und Dämonen. Einblicke in die Geisterwelt des Mittelalters*. Eine Publikation des Berner Mittelalter-Zentrums BMZ, hrsg. von Hubert Herkommer und Rainer Christoph Schwinges, Basel 2006, S. 177–198; hierzu besonders S. 182–183. Im Anhang des Artikels wird auf weitere Literatur verwiesen.

Seither zweifelte niemand mehr an einer wahrhaftig göttlichen Weihe des Einsiedler Gotteshauses. Bei dem bis heute alljährlich am 14. September in Erinnerung an dieses Geschehnis begangenen Fest der Engelweihe in der Benediktinerabtei Einsiedeln wird jeweils ein tropiertes *Sanctus* und *Agnus Dei* gesungen, die im Traum des Konstanzer Bischofs vom Engelschor selbst gesungen wurden.[2]

Zumindest seit dem Jahre 1659, als die Engelweihe mit der Translation von Plazidus-Reliquien zusammenfiel, wird in den Quellen von einer vierzehntägigen Festlichkeit berichtet.[3] Welche Dimensionen eines barocken Festes katholischer Frömmigkeit die Feierlichkeiten der Engelweihe in den Jahren 1681 und 1687 längst angenommen hatten (einschliesslich Theateraufführungen und Feuerwerke), die, falls der 14. September auf einen Sonntag fiel, nun immer zwei Wochen andauerten, zeigen die Notizen aus dem Diarium Pater Joseph Dietrichs (1645–1704).[4] Über die musikalischen Belange im 17. Jahrhundert und überhaupt zum Ablauf dieser Festlichkeiten werden wir allerdings nur ungenau unterrichtet.

Die dokumentarische Situation ändert sich hingegen im Laufe des 18. Jahrhunderts. In das Tagebuch des Einsiedler Konventualen Gallus von Saylern (1718–1791) wurde retrospektiv ein Dokument, das Faszikel «Ordnung auf bevorstehende so genannte Grosse Engellweihung ad annum 1755 / Vorgeschrieben von s[eine]r. Hochf[ürstlichen]. Gn[a]d[en]. Nicolao 2do.», eingebunden, das uns einen detaillierten Einblick in die Verhältnisse der Festlichkeiten des höchsten Einsiedler Festes aus dem Jahre 1755 gewährt und uns ebenfalls einen Blick auf den damaligen Klosteralltag erhaschen lässt. Der Musik steht dabei, wie man es von einer Anweisung über den Verlauf und die Organisation der Festlichkeiten erwarten würde, allerdings nicht das Primat zu; vielmehr ist die Organisation der Musik ordnungsgemäss im liturgischen Zeremoniell integriert und dabei ein essenzieller Bestandteil im monastischen

---

2   Beispiele solcher ‹Engelsmusik› aus der Einsiedler Musikbibliothek, ob kontrafizierte Vertonungen italienischer Meister oder Vertonungen von Einsiedler Konventualen selber, wurden ediert in: *Musik für die Engelweihe in Einsiedeln*, hrsg. von Therese Bruggisser-Lanker, Giuliano Castellani und Gabriella Hanke Knaus, in: *Musik aus Schweizer Klöstern*, Bd. I, herausgegeben von der Schweizerischen Musikforschenden Gesellschaft, Adliswil/Zürich 2007.
3   Bruggisser-Lanker, «Engelsmusik», S. 189.
4   Siehe hierzu Myrta Geissmann, «Geschützdonner, Schirmer, Feuerwerke und Prozessionstheater. Aus der Geschichte der Einsiedler Engelweihe (14. September)», in: *Einsiedler Anzeiger* Nr. 72 vom 14.9.2004, S. 5. Die Diaria von P. Joseph Dietrich sind online unter www.klosterarchiv.ch/e-archiv_archivalien.php einsehbar.

Alltag dieser Festlichkeit. Gleichwohl eröffnen sich aus der ‹Ordnung› des Jahres 1755, die im Anhang in Gänze als Transkription vorliegt, einige sehr aufschlussreiche Einzelheiten in Bezug auf die Musik.

Die Gültigkeit und somit die Bedeutung dieser ‹Ordnung› von 1755 über einen längeren Zeitraum um die Mitte des 18. Jahrhunderts hinweg ist insofern erwiesen, als in der Quelle selbst mehrmals auf die Verhältnisse aus dem Jahre 1749 Bezug genommen wird und teilweise zweimal Änderungen und Berichtigungen – etwa in Form von durchgestrichenen Uhrzeiten – ersichtlich werden. Des Weiteren sind wir dokumentarisch in der glücklichen Lage von P. Michael Schlageter (1704–1786) aus seinem Diarium der Statthalterei eine phasenweise fast wortwörtliche Abschrift der gleichen von Nikolaus II. (Fürstabt von 1734–1773) persönlich diktierten ‹Ordnung› zu besitzen.[5] Die etwas ausführlichere Quelle Schlageters – sie enthält zusätzlich auch Passagen, die genauer von ausgesuchten Momenten der Festlichkeiten berichten – bietet uns nicht nur eine ergänzende Sicht des gleichen Geschehens, sondern bestätigt wiederum den verbindlichen, nämlich zeremoniellen Charakter des Dokumentes. Ausgehend von diesem besonders gut dokumentierten Engelweihefest des Jahres 1755 und dem daraus gewonnen Wissen über den Ablauf und die Durchführung der Festlichkeit in der zweiten Hälfte des 18. Jahrhunderts, lassen sich jetzt erst die bruchstückhaften Informationen späterer Jahre in das Korsett dieses Engelweihe-Zeremoniells einfügen. Denn ebenfalls von Schlageter, einem unermüdlichen Tagebuchschreiber, ist uns fernerhin ein ausführlicher Bericht der nächstfolgenden ‹Grossen Engelweihe›, derjenigen von 1766, erhalten,[6] sowie zusätzlich eine anonym verfasste Quelle aus dem Jahre 1777.[7]

Das Fest der Engelweihe bietet somit in methodologischer und archivarischer Hinsicht einen idealen Ansatzpunkt, um dem musikalischen Leben der Benediktinerabtei Einsiedeln in der zweiten Hälfte des 18. Jahr-

---

5   Klosterarchiv Einsiedeln (KAE), A.HB. 27, *Diarium Decanatus Einsidlensis ao 1755, Zweyter Theil*, S. 31r–39v. Aufgrund der fast unleserlichen Schrift Schlageters wurde bereits von P. Mauritius Egger (1846–1931) eine Kopie des Diariums erstellt, die unter KAE, A.HB. 27.28.29, *Diarium Decanatis Einsidlensis, 1755. 1756.1767* verwahrt wird. Der Autor des vorliegenden Aufsatzes stützt sich in der Folge auf diese Kopie, bei der auf den Seiten 47–66 auf die Engelweihe Bezug genommen wird. Die fast wortwörtliche Überlieferung der Quelle von Saylerns findet sich hier ab S. 49.
6   KAE, A.HB. 40, *Diarium Decanatus Einsidlensis. Ab anno 1764 usque 1770. Fünfzehnter Theil*, S. 78–93. Siehe hierzu auch Wernerkarl Kälin, «Verlauf und Beschreibung der solemnischen Engelweihe 1766», in: *Das alte Einsiedeln*, Nr. 78 (*Einsiedler Anzeiger* Nr. 24, Dienstag 1. Oktober 1968).
7   KAE, A.QE. 5, unpaginiert.

hunderts nachzuspüren.⁸ Aufgrund fehlender wissenschaftlicher Beiträge zum Thema fällt es schwer, sich eine Vorstellung von den musikalischen Aufführungen, deren Organisation oder gar ‹Qualität› in einem Innerschweizer Kloster nördlich der Alpenkette im ausgehenden 18. Jahrhundert zu machen.⁹ Nachdenklich müssen die instrumental- und vokaltechnisch anspruchsvollen Werke eines Johann Christian Bach,¹⁰ Giovanni Battista Sammartini, Giovanni Andrea Fioroni oder Ferdinando Galimberti stimmen, die heute noch in der Musikbibliothek Einsiedeln aufbewahrt werden.¹¹ Weil bekanntermassen Schweizer Klöster des 18. Jahrhunderts in einer auf Zentrum und Peripherie ausgerichteten Vorstellung den Platz der zweiten Kategorie einnehmen, ist es umso notwendiger diese scheinbare Widersprüchlichkeit von erhaltenen Musikquellen und Vorstellungswelt eines musikalischen Lebens zu entwirren. Der vorliegende Beitrag möchte folglich auch versuchen einen Bogen von den katalogisierten, aber ‹schweigenden› Musikalien zu den effektiven musikalischen Aufführungen in Einsiedeln zu spannen.

Was die ‹Ordnung› von 1755 anbelangt, sie bildet den Ausgangspunkt für die in der Folge angestellten Überlegungen, so stechen zuerst die vielen organisatorischen Punkte hervor, die abgehandelt werden; man beachte etwa die Durchführung des Wacheschiebens ($6^{\underline{to.}}$) oder die mehrmalige Nennung des Beichtwesens ($4^{to.}$, $9^{no.}$, $12^{\underline{mo.}}$ $4^{\underline{to.}}$ und $12^{\underline{mo.}}$ $8^{\underline{vo.}}$), dem in Einsiedeln als marianischen Wallfahrtsort eine sehr hohe Bedeutung zukam. Andererseits enthält die Quelle auch Bestimmungen von klar zeremonieller Anlage: hier allem voran die Punkte die Liturgie und Prozession betreffend ($2^{\underline{do.}}$ und $3^{\underline{tio}}$), aber auch diejenigen bezüglich der Reihenfolge und Kleidung bei der Prozession ($12^{\underline{mo.}}$ $2^{\underline{do.}}$),

---

8   Überhaupt liegen Dokumente zur Engelweihe über einen sehr langen Zeitraum, nämlich seit dem 16. Jahrhundert vor: vgl. KAE, A.QE. 1-A.QE. 7.
9   Diesbezüglich liegen einzig folgende zwei Beiträge zum Chorherrenstift Beromünster vor: Robert Ludwig Suter, «Dreichörige Kirchenmusik am Chorherrenstift Beromünster», in: *Heimatkunde des Michelsamtes* Heft 3, Februar 1986, S. 3–16. Therese Bruggisser-Lanker, «Kirchenmusik zwischen barocker Religiosität und politischer Repräsentation. Die Musikkultur des 17. und 18. Jahrhunderts im Stift Beromünster», in: *Lieder jenseits der Menschen. Das Konfliktfeld Musik – Religion – Glaube*, hrsg. von Annette Landau und Sandra Koch, (Eine Publikation der Musikhochschule Luzern), Zürich 2002, S. 107–132.
10 Peter Ross und Andreas Traub, «Die Kirchenmusik von Johann Christian Bach im Kloster Einsiedeln», in: *Fontes artis musicae* 32 (1985), S. 92–102.
11 Vgl. P. Lukas Helg, *Die Musik-Handschriften zwischen 1600 und 1800 in der Musikbibliothek des Klosters Einsiedeln*, Ein Katalog – zusammengestellt von P. Lukas Helg, Einsiedeln 1995. In Bezug auf die Drucke siehe P. Lukas Helg, *Die Drucke vor 1800 in der Musikbibliothek des Klosters Einsiedeln,* Ein Katalog – zusammengestellt von P. Lukas Helg, Einsiedeln 1999.

den Zeitpunkt des Zündens von Knallkörpern (5$^{tö.}$ und 6$^{tö.}$) oder dem Läuten der Glocken (5$^{tö.}$). Es sind in erster Linie genau diese Punkte, die nachträgliche Anpassungen in der Quelle erfuhren, da sie anscheinend auch nach 1755 befolgt wurden.

Der Wert dieser ‹Ordnung› besteht somit in der Möglichkeit, das musikalische Geschehen der auf zwei Wochen ausgedehnten Feierlichkeit in einen Gesamtkontext einzubetten. Nun erst treten die ganzen Begleitumstände, d.h. das Glockengeläute, das Zünden von Knallkörpern, die Illuminierung der Kirche, der Kramgasse und des Brunnens zur Pontifikalprozession, die Teilnahme von Heerscharen an Pilgern und die Präsenz hoher Geistlicher von nah und fern mit ihren Ornaten zu Tage, die uns nun neue Dimensionen eines spätbarocken Kirchenfestes eröffnen, von dem die Musikalien alleine gewiss kein Zeugnis abgeben.

Vorgeschrieben wurde die vorliegende Ordnung «von s[eine]r. Hochf[ürstlichen]. Gn[a]d[en]. Nicolao 2do.», wie uns nicht nur der Titel, sondern auch die vielen Erwähnungen in der Quelle selber darlegen. Gleichsam wie der für seine zahlreichen Bauten bekannt gewordene Fürstabt Nikolas Imfeld[12] diese zur Repräsentation seiner Macht mit seinem Familienwappen ausstaffieren liess,[13] so konnte auch der geistliche Fürst mit weltlicher Gerichtsbarkeit[14] einen reibungslosen

---

12 Seine Abtweihe verband man 1735 mit der Einweihung der neuen Klosterkirche, P. Rudolf Henggeler, *Professbuch der Fürstl. Benediktnerabtei U. L. Frau zu Einsiedeln. Festgabe zum Tausendjährigen Bestand des Klosters*, Einsiedeln 1933, S. 154.

13 Siehe hierzu P. Rudolph Henggeler, *Die Benediktinerabtei Unserer Lieben Frau zu Einsiedeln. Geschichte des Klosters, der Wallfahrt, der Stiftspfarreien und Stiftsbesitzungen*, KAE, A.16/1. Diese Klostergeschichte ist online unter www.klosterarchiv.ch/e-archiv_archivalien.php abrufbar. Die Regierungszeit von Fürstabt Nikolaus Imfeld wird auf den S. 725–764 erörtert. Zu Imfelds Bautätigkeit siehe insbesondere S. 725–726.

14 Das Zugeständnis der Hohen Gerichtsbarkeit durch das Heilige Römische Reich Deutscher Nation, dem sogenannten Blutbann, blieb in den Besitzungen und Herrschaften Einsiedelns bis ins 18. Jahrhundert rechtlich nicht eindeutig geklärt. 1713 erhielt man vom Reich den Blutbann für St. Gerold nun offiziell und liess 1721 dementsprechend dort demonstrativ einen Galgen errichten (wobei man auf Gegenwehr der lokalen Bevölkerung stiess). Dieses Beispiel soll zeigen, dass die Macht des Fürstabtes von Einsiedeln im 18. Jahrhundert nicht abgenommen hatte, sondern vielmehr konsolidiert wurde. Beat Küttel von Gersau (Abt von 1780–1808) sollte aufgrund des Zusammenbruchs des Reiches der letzte Fürstabt von Einsiedeln gewesen sein. Die Nähe zu Wien im 18. Jahrhundert unterstreicht die Episode, wonach man zu Beginn des Siebenjährigen Krieges 1757 Kaiserin Maria Theresia eine Anleihe von 100'000 fl. versprach. Siehe hierzu P. Joachim Salzgeber, «Die Fürstabtei Einsiedeln und das heilige römische Reich deutscher Nation in der Barockzeit», in: *Das alte Einsiedeln*, Nr. 109 (*Einsiedler Anzeiger* Nr. 69, Freitag 4. September 1987).

Ablauf der Festlichkeiten und eine pompöse Engelweihe direkt in eigenes Prestige ummünzen, umso mehr, als gewissermassen direkte Gegenspieler, andere geistliche Fürsten, an den Festlichkeiten zugegen waren. Aus der Liste geht hervor, dass Geistliche aus Appenzell, Beromünster, Chur, Engelberg, Freiburg, Glarus, Kreuzlingen, Luzern, Obwalden, Pfäfers, Schwyz, Solothurn, St. Blasien, St. Gallen, St. Urban, Werthenstein, Wettingen und Zug die Festlichkeiten mit ihrer Gegenwart ehrten. Unter den Gästen befanden sich zudem auch die Äbte von Fischingen und Salem.

Über seine ‹Ordnung› hatte der Fürstabt dafür gesorgt, dass die musikalische Ausgestaltung des Festes seinem sozialen Rang entsprach. Unter Anordnung 12$\underline{\text{mo.}}$ 9$\underline{\text{no.}}$ etwa vernehmen wir, dass seine hochfürstlichen Gnaden es nicht für nötig befunden hätten, «frembde Musicanten» zu berufen, bis auf die beiden «berümbte[n] hoftrompeter» Williman und Hofman aus dem Dienste des Basler Bischofes. Vielleicht war zum Zeitpunkt des Niederschreibens der Ordnung der Besuch von Kardinal Erzbischof Giuseppe Pozzobonelli aus Mailand bereits geplant gewesen, zu dessen Ankunft die beiden Hoftrompeter letztendlich «von einem hofzimmer heraus ein[en] tusch und ein stücklin geblasen» hätten.[15] Fürstabt Nikolaus II. begnügte sich also mit nichts weniger als zwei bischöflichen Trompetern. Dies ist gewiss ein subtiler Hinweis im spätbarocken Ringen nach angemessener Repräsentation, denn er hätte die Trompeter auch gut mit Konventualen aus den eigenen Reihen besetzen lassen können. Über P. Gallus von Saylern etwa erfahren wir aus dem Professbuch: «Mit P. Magnus mußte er den 3. September 1747 als Trompeter nach Muri zur Jahrhundertfeier des hl. Leontius».[16] Während P. Magnus Gruber 1752 erst 36 jährig verstorben war und somit nicht mehr zur Verfügung stand,[17] hätte Abt Nikolaus zumindest P. Gallus als Trompeter bereit gestanden, der ja immerhin als geeigneter Trompeter für eine Jahrhundertfeier der dem Adelshaus der Habsburger nahe stehenden Fürstabtei Muri betrachtet wurde.

Insgesamt muss deutlich festgehalten werden, dass die ‹Ordnung› von 1755 gänzlich den Willen des Einsiedler Fürstabtes darstellt. Dies bezeugt seine Erwähnung im Titel der ‹Ordnung›, legt jedoch auch die Verwendung des Personalpronomens «mir» dar (9$^{\text{no.}}$), womit eindeutig

---

15   Immerhin wissen wir, dass der Stand Schwyz zumindest ab dem 9. September 1755 über den Besuch Pozzobonellis informiert gewesen war, siehe: A. D., «Schwyz und die Engelweihen in Einsiedeln», in: *Feierstunden, Wochenbeilage des Einsiedler Anzeiger zur Unterhaltung und Belehrung*, Nr. 37 (1912).
16   Henggeler, *Professbuch*, S. 407.
17   Ebd., S. 409–410.

der Abt gemeint ist, oder derselbe Fürstabt dem Vorschlag Marian Müllers letztendlich die definitive Zustimmung gab («Auf begehren hr. Marians liessen selbe [seine hochfürstlichen Gnaden] auch ein weltpriester von Lauwis,[18] der ein künstlicher tenorist sein solle, herkommen»).

Was die figuralmusikalische Ausgestaltung der Liturgie während der zweiwöchigen Festlichkeiten anbelangt, so entnehmen wir aus der Ordnung von 1755 unter 2$^{\underline{do.}}$, dass «an gemeldeten [also sämtlichen drei] Sonntägen [...] ein Pontificalamt in der hl: Kapelle, und darauf die laudes auf alldorten mit Solemnischer Music gesungen» wurde. Unzweifelhaft wurden im Jahre 1755 tatsächlich sogar die Laudes *figuraliter* musiziert, denn der Bericht aus dem Jahre 1766 informiert über die erstmalige Unterlassung einer figuralmusikalischen Ausgestaltung der Morgenhore: «Erst. u. letzte sonntag die Metti umb 12 uhr [Mitternacht], darauf jmmediate ein Pontificalamt in hl Capell __ nach selbem sobald auch die Laudes in dem oberen Chor ad organum gesungen — das erstmahl sonsten vorläuffig fig[uraliter].».[19]

Werden wir unter 12$^{\underline{mo.}}$ in Kenntnis gesetzt, dass «wie in dem 1749. Jahr mit der Music dieser Solemnitet von dem Glockenthurm solle gemachet werden», dann ist hierbei der Sonntag 14. September gemeint, da sich aus den Quellen des Jahres 1766 die Sachlage auch diesbezüglich klärt: «Nach disem umbzug — wurden sobald um 1 uhr beijde grösten Gloggen geläuttet circa 1 Viertel [Stunde] — sodann eine kleine Music gemmacht bey hoff im kleit des gloggenthurms vollendeter welcher die stuck[20] lossgebrannt__ letzlicher auch jmmediate gewohnlich zur vesper geläutet, so umb 2 Uhr angefangen».[21] Bei der abendlichen Prozession am Engelweihsonntag sang man als «Music beij der 1$^{\underline{sten}}$ Station» «das S[anctus]: S[anctus]: S[anctus]: und Agnus Angelicum cum ora[ti]one de eadem festivit[at]e» (3$^{\underline{tiò}}$). Ausserdem wird am ersten Sonntag nicht das Te Deum, sondern das Tantum ergo *figuraliter* musiziert (3$^{\underline{tiò}}$).

Über weiteres Musizieren ausserhalb der Liturgie erfahren wir unter 5$^{\underline{tò.}}$ Folgendes: «In der nacht um 11. Uhr kan bis um ½ 12. musiciert werden, auf welches beijde gröste Glocken eine ¼ stund ~~geläutet~~, und nach der stuck schüssen mit allen zur Mette geläutet wird». Die Mette wiederum wird «an den 3. sonntägen nachts um 12. Uhr» gehalten

---

18 Deutsche Bezeichnung für ‹Lugano›.
19 KAE, A.HB. 40, *Diarium Decanatus Einsidlensis. Ab anno 1764 usque 1770. Fünfzehnter Theil*, S. 81.
20 Gemeint sind hier ‹Kracher›, also ‹pyrotechnische Knallkörper›.
21 Ebd., S. 83.

(2$\underline{\mathrm{do}}$.).²² An den Werktagen den 14-tägigen Festlichkeiten schliesslich wurde «das Hoch=ambt im Chor allezeit mit figurierter Music» abgehalten, wie auch die «Vesper [...] iederzeit figuriert» war.

Darüber, welche musikalischen Werke von den einen Monat im Voraus auszusuchenden «Messen, Moteten, Concert[e], Offertorie, wie auch alle Vespern»²³ im Einzelnen in der Liturgie der Engelweihefestlichkeit zur Aufführung gelangten, geben uns keine Dokumente präzise Auskunft. In Bezug auf das Musikrepertoire in Einsiedeln ab den 1750er Jahren sind jedoch folgende Umstände massgeblich, wie aus einem Eintrag vom Dezember 1751 im Diarium des Einsiedler Konventualen Pater Gallus von Saylern hervorgeht:

> Cantus omnes |: musicalia vulgus diceret :| a Ferdinando Galimberti Mediolanensi editos, cum ipse mortem opetiisset sunt coempti, expensas, exceptis 70 fl quos ultra in eum finem aliqui ex PR. PP. Musicis tum non Musicis contulerunt, solvente Celmo Magno musices Mæcenate.²⁴

Dieser Tagebucheintrag war zwar seit dem 19. Jahrhundert bekannt,²⁵ jedoch blieben dabei zwei Punkte der Quelle, die zum ersten Mal vom Tode Ferdinando Galimbertis berichtet, unklar: erstens der genaue Umstand die 70 fl. betreffend und zweitens die Identität des ‹Celmo Magno musices Mæcenate›. Weitere Offenbarungen, die zur Klärung der Sachlage führen, bietet das *Diarium der Statthalterey*. Hier finden wir eine erläuternde Notiz vom 3. Oktober desselben Jahres: «die jenigen Musicalien, so man letzlich auf absterben eines berümbten Musicanten, und Componisten zu Mayland sambtlich erkaufft und allhero express beschikht sollen auf 300 fl. kommen».²⁶

---

22 In der Tat verwahrt die Musikbibliothek Einsiedeln ein *Offertorio pro Officio Matutino à 4ᵗʳᵒ Voci con Corni in D.* von Ferdinando Galimberti (CH-E 472,4). Dieses für die Matutin (d. h. Vigil, oder eingedeutscht ‹Mette›) bestimmte Offertorium enthält eine Aufführungsdatierung auf das Jahr 1768 und ist eine Vertonung des für das Fest der Engelweihe bestens geeigneten Textes *Vos felices caeli amores*.

23 Ein Dokument mit den zur Liturgie aufgeführten Werken, das so genannte Kapellmeisterbuch, enthält lückenhaft Eintragungen erst ab 1805, siehe: Musikbibliothek Einsiedeln, Th. 925,3, *Kirchenmusikalische Aufzeichnungen*.

24 KAE, A. HB. 77, *Diarium R. P. Galli de Saylern ab anno 1741 usque 1756*, S. 36.

25 Musikbibliothek Einsiedeln, ML 523 (o. J.), *Notizen zur Musik in Einsiedeln* aus dem mit *Varia Musik* betitelten Sammelband, S. 114r. Der Eintrag wurde auch übernommen von P. Lukas Helg, *Die neue Musikbibliothek des Klosters Einsiedeln*, Einsiedeln 1999, S. 30; *Carlo Donato Cossoni (1623–1700). Catalogo tematico*, hrsg. von Claudio Bacciagaluppi und Luigi Collarile, Bern 2009, S. 38; *Ferdinando Galimberti, Dies irae für Soli, Chor und Orchester (1744)*, hrsg. von Giuliano Castellani und Christoph Riedo, in: *Musik aus Schweizer Klöstern*, Bd. IV, Adliswil/Zürich 2010.

26 KAE, A.HB. 23, *Diarium der Statthalterei Einsiedeln 1751 von P. Michael Schlageter. Kopie von P. Mauritius Egger*, S. 133.

Eine andere Eintragung vom 28. November 1751, die also unmittelbar von Saylerns Tagebuchvermerk vorausgeht, berichtet ausserdem: «P. Capellmeister thate underschidliche steüern in specie bey den R.R. P.P. aufnemmen, und sammlen wegen leztens zu mayland ankaufften Musicalien von 300 fl. Einige geben 12 fl., underschiedlich, wie viel aber Summatim diese steür ertragen wahre [bis] dato noch nit bekannt».[27] Begreift man das von Gallus von Saylern gebrauchte ‹Celmo› als Abkürzung für ‹Celsissimo›, welches sodann für den Abt selber steht,[28] dann wird klar, dass aus der Steuer oder Kollekte, die wegen der hohen Geldsumme unter den Konventualen gesammelt wurde, insgesamt 70 fl. zusammenkamen und der Rest grosszügigerweise der Fürstabt selber beigetragen hatte. Es ist gut möglich, dass Pater Gallus, von dem wir wissen, dass er ab Mai 1742 das Kapellmeisteramt im Stift bekleidete,[29] 1751 selbst der Kapellmeister war, der die ‹Steuer› aufnahm.[30]

Aus dem *Diarium der Statthalterey* im August des Jahres 1753 erfahren wir ausserdem von einem weiteren Kauf von Mailänder Musikalien:

Auff absterben dess berümbten Musicanten Crossi in Mayland seindt dessen hinderlassene Musicalia durch P. Bonifacium in bellenz nit nur feil getragen, sondern dergstalten angeräumbt, dass selbige unseren Musicanten extra gfallen, desswegen so gar Clandestine anfangs durch ermmelten[31] P. Bonifacium procurieren lassen, deren betrag auf 600 fl sich belauffen solle. Wegen solchem procedere wahren seine hochf[ürstliche] g[na]d[e]n billich missvergnüegt, nit so vil quoad substantiam, alss modum gleich wohl endlich auf vil zureden Meiner g[nä]d[i]gst concediert ——
Würkhlich haben seine hochfür[stliche]. g[na]d[e]n. in circa einem jahr vor 900 fl Musicalia aus Mayland erkaufft. bemanntlich vor wenig monath sammbtliche Musicalia dess verstorbenen Gallimberti à 300 fl. neülich aber die gedachte des hr. grossi.[32]

Nun wird auch deutlich, dass es sich bei den «sammbtliche Musicalia dess verstorbenen Gallimberti» oder den ‹Cantus omnes›, wie sie Pater Gallus nennt, wohl um den Nachlass Ferdinando Galimbertis han-

---

27 Ebd., S. 162–163.
28 Für diesen Hinweis, der letztendlich zur Klärung der Angelegenheit geführt hat, danke ich recht herzlich Claudio Bacciagaluppi.
29 Henggeler, *Professbuch*, S. 407.
30 Es könnte jedoch ebenso P. Basilius Gugelberg gewesen sein, von dem das Professbuch nur Folgendes berichtet: Bis zum Dezember 1755 war er sodann zuerst Vize-, dann Kapellmeister (S. 413).
31 Lies ‹genannten›.
32 KAE, A.HB. 26, *Diarium Decanatus Einsidlensis. De 15 Jun. 1753. Item de anno 1754, Erster Theil.*, S. 6.

delte.³³ Pikant bei diesem zweiten Musikalienkauf ist der Umstand, dass Pater Bonifaz d'Anethan die Musikalien von Crossi (oder Grossi)³⁴ ohne die Zustimmung des Kapitels erworben hatte. Der Abt jedoch war nicht so sehr über den Kauf an sich erbost, als vielmehr über das Vorgehen Pater Bonifaz'. Aus dieser Bemerkung, die der Statthalter Schlageter ohne weiteres hätte weglassen können, und im Zusammenhang mit der überaus grosszügigen Spendierfreudigkeit des Abtes müssen wir schlussfolgern, dass Nikolaus II. nicht nur ein grosser Musikliebhaber gewesen sein muss, sondern dass er an der Musik aus Mailand auch grossen Gefallen fand.³⁵ Die 900 fl., welche in gut anderthalb Jahren für Mailänder Musikalien ausgegeben wurden, stellten in der Tat einen beeindruckenden Betrag dar, denn 1763 zahlte man für «eine sondere gantz neue Spineten, von neuer arth»³⁶ 60 fl. Man hatte also in kürzester Zeit Notenmaterial im Gegenwert von 15 neuen Cembali gekauft.

Das Musikrepertoire zur Engelweihe von 1755 und das der nachfolgenden Jahrzehnte im Benediktinerstift Einsiedeln wird aufgrund der imposanten Ankäufe aus Mailand und dem Plazet durch Abt Nikolaus stark mailändisch geprägt gewesen sein. Über die im Jahre 1805 unter Kapellmeister P. Anton Fornaro (1753–1823) in Einsiedeln zur Aufführung gebrachten Werke sind wir aufgrund der Existenz genauer Dokumente sogar detailliert unterrichtet. Aus dem frühen 19. Jahrhundert ist die Dominanz der Mailänder Musik im Benediktinerstift Einsiedeln belegt.³⁷

---

33 Einen Überblick über die erhaltenen Kompositionen Galimbertis und den Standort der Manuskripte bietet Marco Brusa und Attilio Rossi, *Sammartini e il suo tempo, Fonti manoscritte e stampate della musica a Milano nel Settecento*, CIDIM – Società italiana di Musicologia, 1997 (supplemento a *Fonti Musicali Italiane* 1/1996), S. 7–152. Zu Ferdinando Galimberti: S. 48–51. Hieraus geht deutlich die Bedeutung der Musikbibliothek Einsiedln im Zusammenhang mit den erhaltenen Kompositionen Galimbertis hervor. Carlo Donato Cossoni hatte früher schon seinen musikalischen Nachlass dem Stift persönlich vermacht, siehe Bacciagaluppi und Collarile, *Carlo Donato Cossoni (1623–1700)*, S. 35–38.
34 Um welchen ‹berümbten Musicanten› es sich hierbei handelt bleibt leider unklar. Das Reglement der *Congregazione dei Musici*, welche sich in der Jesuitenkirche San Fedele in Mailand einfand, führt einen Giovanni Battista Grossi auf. Ein Crossi hingegen wird nicht erwähnt, lediglich ein Antonio und ein Carlo Grassi, siehe Archivio di Stato di Milano (ASMi), Culto p.a. 1504, *Istromento e capitoli, che si dovranno osservare da' signori musici*, S. 6 und 23.
35 Im Jahre 1754 reiste der Abt Nikolaus II. mit seinem Gefolge selbst nach Mailand, siehe Henggeler, *Professbuch*, S. 159.
36 KAE, A.HB. 32, *Diarium Decanatus Einsidlensis. Anno 1763. Zehnter Theil*, S. 56.
37 Musikbibliothek Einsiedeln, Th. 925,3, *Kirchenmusikalische Aufzeichnungen*, S. 317. Dieser Eintrag, der uns über die unter Kapellmeister P. Anton Fornaro (1753–1823) 1805 aufgeführten Werke informiert, ist in der Handschrift P. An-

Einen präziseren Einblick auf die zur Aufführung gelangten Werke zum Fest der Engelweihe lassen diejenigen Vertonungen aus der Musikbibliothek zu, die ausschliesslich in dieser speziellen liturgischen Feier ihre Verwendung finden konnten. Hierbei handelt es sich zunächst um das tropierte *Sanctus* und *Agnus Dei*, das sogenannte *Sanctus et Agnus Angelicum*.[38] Dieser Tropus wurde am Tag des Hochfestes am Abend im Anschluss an die Komplet in einer Lichterprozession gesungen[39] und geht im deutschen Wortlaut des Pilgerführers von 1754 folgendermassen:

> Das Sanctus ward also gesungen: Heiliger Gott in dem Saal der glorwürdigen Jungfrauen, erbarme dich unser; gebenedeyt sey Mariae Sohn in Ewigkeit herrschend, der da kommt, etc. Das Agnus Dei, also: Du Lamm Gottes erbarme dich der Lebendigen in dich Glaubenden, erbarme dich unser: Du Lamm Gottes erbarme dich der Abgestorbnen in dir seeliglich Ruhenden, erbarme dich unser: Du Lamm Gottes verleyhe Frid den Lebendigen und Verstorbnen, in dir seeliglich Regierenden.[40]

Während uns aus dem Alten Frühamtbuch für das Fest der Engelweihe des Jahres 1692 noch eine einstimmige Vertonung des tropierten Textes überliefert ist,[41] so scheint das *Sanctus et Agnus Angelicum* in der zweiten Hälfte des 18. Jahrhundert längst nicht mehr *choraliter* aufgeführt worden zu sein. Auf das Jahr 1748, folglich zur Jahrhundertfeier (die Engelweihelegende reicht auf das Jahr 948 zurück), ist das doppelchörige *Sanctus angelicum ante SS. Sacellum post Processionem Cantandum* CH-E 427,13 von Pater Justus Burach (1706–1768) datiert, das einzig eine Continuo-Stimme, aber keine Instrumentalbegleitung vorsieht. 1755 wurde sehr wahrscheinlich die auf dieses Jahr datierte und die gleiche Besetzung erfordernde Vertonung CH-E 277,14 des Einsiedler Konventualen Markus Zech (1727–1770) aufgeführt.[42] In derselben Tradition von Vertonungen im *a cappella*-Stil steht auch die in Einsiedeln

---

selm Schubigers (1815–1888) verfasst und somit aus einer Zeit nach P. Antons Tod erhalten. Welch hohen Stellenwert die Mailänder Musik im Repertoire einnahm, darüber sind wir detailliert aus den Eintragungen des Kapellmeisters informiert.

38   Zur Musik für die Engelweihe siehe P. Lukas Helg, «Meinrad und die Einsiedler Gnadenmutter in der Musik. Eine Materialsammlung», in: *Studien und Mitteilungen zur Geschichte des Benediktinerordens und seiner Zweige*, hrsg. von der Bayerischen Benediktinerakademie, Bd. 111 (2000), S. 213–256. Zur Engelweihe S. 235–248.
39   Ebd., S. 236.
40   Bruggisser-Lanker, «Engelsmusik», S. 182–183.
41   Helg, «Meinrad», S. 235–236. Beim Frühamtbuch handelt es sich um Cod. 598 (11).
42   Diese Vertonung ist ediert in: *Musik für die Engelweihe in Einsiedeln*, S. 154–190.

entstandene *Sanctus angelicum*-Kontrafaktur einer Messe von Carlo Donato Cossoni (CH-E 435,5)[43] oder die Anonyma CH-E 290,3, CH-E 189,27 und CH-E 664,10 sowie die auf 1761 datierte Vertonung CH-E 277,18 von Markus Zech mit Doppelchoranlage.

Erst ab dem Jahre 1765 sind uns nun auch konzertante Vertonungen des *Sanctus et Agnus Angelicum*-Textes aus der Musikbibliothek überliefert. Albert Kellers *In aula gloriosa virginis* CH-E 510,2, das auf den 8. November 1765 datiert ist und somit erst zur Grossen Engelweihe von 1766 aufgeführt werden konnte, sieht nun erstmals Solisten (Sopran und Alt) und eine Orchesterbegleitung vor. Auch Zechs *Sanctus Deus in aula* CH-E 276,11 – ein Pastoral-Duett für zwei Soprane und zwei Violinen – wird aufgrund der Datierung 1766 aufgeführt worden sein.[44] Eine letzte auf das gleiche Jahr datierte Vertonung ist Ferdinando Galimbertis *Agnus Dei miserere*-Kontrafaktur CH-E 473,1. Obschon unter dieser Signatur heute lediglich die Vokalstimmen aufbewahrt werden (selbst das Continuo-Stimmheft ist verschollen), so muss aufgrund der in allen Vokalstimmen gemeinsam auftretenden 17 Pausentakte zu Beginn der Komposition davon ausgegangen werden, dass auch diese Vertonung ursprünglich einen Instrumentalsatz aufwies.

Orientieren wir uns also an den datierten Musikquellen mit dem tropierten *Sanctus* und *Agnus Dei* – vermutlich wurden die Quellen aufgrund der Bedeutung des Festes ausserordentlich oft mit dem Jahr der Aufführung oder der Komposition versehen –, so stellen wir ganz deutlich einen Wandel in der musikalischen Ausgestaltung ab 1766 fest. Eine diesbezügliche Änderung scheint auch Schlageter im gleichen Jahr konstatiert zu haben: «Das Sanctus u. Agnus wahre nit angenem, u. keinesfalls nach ehmaligem brauch u. Manier, distinct u. Solo, sondern pleno choro gar nit verständlich».[45] Allerdings stellt er einen – im Hinblick auf den Bibliotheksbestand genau entgegengesetzten – Wandel von Solo- zu Chor-Vertonungen fest. Schlageter wird sich dabei wohl auf Galimbertis *Agnus Dei miserere*-Kontrafaktum bezogen haben, denn Zechs und Kellers *Sanctus*-Vertonungen von 1766 mussten ja gerade als ‹distinct› wahrgenommen werden, da sie aus Solo- und nicht aus Chorsätzen bestanden.

---

43 Ebd., S. 54–83. Die nachträgliche Textunterlegung mit dem tropierten *Sanctus* und *Agnus Dei* ist in der Handschrift Marian Müllers (1724–1780) verfasst, S. VIII. Zur Datierung der Komposition Cossonis siehe: *Carlo Donato Cossoni*, S. 117

44 Zechs Pastoral-Duett ist abgedruckt in: *Musik für die Engelweihe in Einsiedeln*, S. 191–202. Im Jahre 1766 wurden gleich mehrere externe Diskantisten als Aushilfen von den Einsiedler Benediktinern angefordert (siehe weiter unten).

45 KAE, A.HB. 40, *Diarium Decanatus Einsidlensis. Ab anno 1764 usque 1770. Fünfzehnter Theil*, S. 84.

Immerhin sehen sämtliche datierbaren Vertonungen in einer darauf anschliessenden Zeitspanne von 1766–1788 des tropierten *Sanctus* und *Agnus Dei* eine konzertante Faktur vor. Hierzu gehört P. Markus Zechs *Sanctus Deus in aula* für Sopran, Alt und Streicher von 1768 (CH-E 278,16), P. Marian Müllers (1724–1780) *Sanctus et Agnus Angelicum*-Vertonungen von 1772[46] und 1775 für Chor und Orchester mit vokalsolistischen Abschnitten (CH-E 561,21 und CH-E 560,14) und das von Johann Evangelist Brandl (1760–1837) 1783 in Einsiedeln komponierte *Sanctus Deus et Agnus* mit der genau gleichen Anlage. Die *Benedictus Mariae filius*-Kontrafaktur einer Komposition für zwei Soprane und Orchester von Pasquale Anfossi (1727–1797) wurde 1785 angefertigt. In diesem Zeitraum könnten wohl auch die beiden von nordalpinen Schreibern[47] erstellten Kontrafakturen von Mailänder Vertonungen Giuseppe Palladinos (*Sanctus Deus in aula* CH-E 573,10 für zwei Soprane und Orchester) und Giovanni Lorenzo Fascettis (*Agnus Angelicum* CH-E 456,18) mit einer für Mailand typischen Instrumentaleinleitung von nicht weniger als 108 Takten entstanden sein.

P. Markus Landwings (1759–1813) *Sanctus et Agnus Angelicum* aus dem Jahre 1788 ist wiederum eine Vertonung im *a cappella*-Stil und nimmt somit Bezug auf eine Praxis, wie sie den datierten Musikquellen nach in der Zeit vor 1766 dominierte. Gewiss sind wir insgesamt nur ungenau über Aufführungen des *Sanctus et Agnus Angelicum* informiert und haben dabei überhaupt keinen Einblick in die Repertoirepraxis. Allerdings kann ab 1766 klar ein Wandel von Doppelchor-Vertonungen im *a cappella*-Stil hin zu solistischen und konzertanten Vertonungen festgestellt werden.

Eine andere Veränderung im praktisch gleichen Zeitraum vollzieht sich auch in Bezug auf das für Einsiedeln typische Salve Regina.[48] Während wir aus der Ordnung Gallus von Saylerns von 1755 erfahren, dass das «Salve Regina nicht figuriert, sondern choraliter mit Orgel» (2$^{\underline{do.}}$) musiziert wurde, wird dies in der gleichen Quelle unter 10$^{\underline{mo.}}$ noch bestätigt.[49] Den bis anhin frühesten Beleg eines mehrstimmigen Salve Regina in Einsiedeln erbringt der Kremsmünsterer P. Beda Plank, als er

---

46 Ediert in: *Musik für die Engelweihe in Einsiedeln*, S. 84–153.
47 Die Schreiber sind nicht eindeutig identifizierbar. Sehr wahrscheinlich handelt es sich aber um Einsiedler Mönche.
48 P. Lukas Helg, *Das Einsiedler Salve Regina. Eine musikgeschichtliche Studie*, 2., erweiterte Auflage, Einsiedeln 2006.
49 Hier entnehmen wir Folgendes: «dass Salve nur Choral mit der Orgel wird gesungen werden».

mit einer kleinen Reisegruppe im Oktober 1779 im Benediktinerstift ankam:

> Nach dem Besuch der Bibliothek wohnten wir der Vesper bei, die wegen des heutigen Festes der hochwürdige Herr Dekan beim Hochaltar gehalten hat. Sie dauerte gute anderthalb Stunden. Nach selber hieß man uns in die Heilige Kapelle gehen, wo sich sogleich alle Geistlichen samt den singenden Togaten versammelten und das Salve Regina nach dem Choral, doch in vier Stimmen mit so eindringlicher Andacht und wirksamer Auferbauung absangen, dass ich dadurch auf eine recht seltsame Weise gerührt worden. Es wird diese Andacht an Sonntagen das ganze Jahr hindurch um diese Stund gepflogen.[50]

Einen Wandel vom einstimmigen zum mehrstimmigen Salve Regina in der zweiten Hälfte des 18. Jahrhunderts deutet uns auch eine Notiz im Professbuch an, wobei dieses von einer dreistimmigen Praxis ab 1787 und einer vierstimmigen ab 1790 berichtet.[51]

Hinsichtlich der von P. Beda gemachten Angabe zur zeitlichen Dauer einer sonntäglichen Vesper entnehmen wir auch einige interessante Erklärungen aus Schlageters Bericht zur Grossen Engelweihe des Jahres 1766. Schlageter berichtet folgendermassen über das Hochamt vom 14. September: «Den 14ten sehr vil volks. dauerte der beichtstuhl bis 12 uhr. das hochambt von hr Legaten gehalten, dann aber die Music zu lange wahre, solche abzukürzen währendem ambt befohlen».[52] Da dem Legaten die Musik zu lange währte, befahl er also noch während der Messe diese abzukürzen. Weiter erfahren wir aus Schlageters Darlegung auch von den langandauernden Prozessionen, wofür die Musik verantwortlich gewesen sei: «die Music wahre jeweillen, sonders auserthalb der kirche in etwas zu lange, da sonders an 3 orthen als nemmlich in dem dorff ob brüel, bey der Capell, 3 tens letzliche in dem Chorr gehalten wurdte dauerte jeweillen diese Procession in die 2 stund».[53] Noch vor den eigentlichen Festlichkeiten des Jahres 1766, bestimmt weil es dazu einen Anlass gab, hatte man dem Kapellmeister angetragen, die Vesper nicht nach 16 Uhr enden zu lassen: «Ihre Capellm[eister]. wurdte befohlen die vesper jeweillen nit über 4 Uhr zu verlängern wegen nachmittägiger predig».[54]

---

50 Zitiert nach Helg, *Das Einsiedler Salve Regina*, S. 51.
51 Henggeler, *Professbuch*, S. 168. Siehe hierzu ausführlich Helg, *Das Einsiedler Salve Regina*, S. 51–78.
52 KAE, A.HB. 40, *Diarium Decanatus Einsidlensis. Ab anno 1764 usque 1770. Fünfzehnter Theil*, S. 83.
53 Ebd., S. 88.
54 Ebd., S. 89.

Bedenkt man, dass 1766 zumindest die Vesper vom 13. September um 14 Uhr begann – aus der ‹Ordnung› von 1755 entnimmt man, dass der Beginn der Vesper je nach Pilgeranzahl von 14 Uhr bis 15 Uhr variieren konnte (siehe 2$^{\text{do.}}$) – und über die gesamte Dauer der Festlichkeiten das Nachtessen um 17 Uhr aufgetragen werden sollte,[55] so bestand anscheinend in der zweiten Hälfte des 18. Jahrhunderts in der Tat – zumindest an den höchsten Festtagen – die Möglichkeit einer Vesperdauer von zwei Stunden.

Von einer eventuellen derartigen zeitlichen Ausdehnung der Liturgie im Allgemeinen und der Vesper im Speziellen wird uns ausserdem aus einem Reformentwurf von P. Markus Landwing (1759–1813) aus den Jahren 1803/04 berichtet. Nach der Vertreibung der Konventualen durch die französischen Truppen und deren allmähliche Rückkehr im Jahre 1803 gehörte Landwing der sogenannten Siebnerkommission an, die die innere Wiederaufnahme des Klosterbetriebes zu regeln hatte. Pater Markus oblag dabei die Reform der Kirchenmusik. Seine Bestrebungen sind letztlich auf die Zukunft gerichtet, allerdings begründete er diese unter Beachtung der Verhältnisse in der Vergangenheit:

> Die Vesper würde ich in Zukunft nie mehr ganz musizieren, sondern an den Festen prima et secundae classis nur das Magnifikat. Wir sind a Regula, Ordinis et Fundationis gehalten, die Horas Canonicas ganz im öffentlichen Chor zu verrichten. Durch unsere bisherigen musizierten Vespern, wo die Psalmen und Hymnen nur meistenteils sehr verstümmelt dahergelallet wurden, wo ein Sänger statt eines ganzen Psalmes nur mit einigen unverständlichen Worten oder musikalischen Läufen ohne Sinn und Erbauung aufwartete, taten wir, wenigstens vor Gott, schwerlich genüge. Auch das private Beten des Zelebranten im Chor ersetzte diese Pflicht nicht, sonst wäre jedes privat Beten des Breviers statt des öffentlichen und gemeinsamen Psallierens genug: also glaube ich, müssen wir da unsere bisherige Gewohnheit und die allzugrosse Neigung zur Musik, die oft mehr unser eigen Vergnügen als wahre Herzenserhebung zeigt, unterdrücken, und in diesem Stücke uns etwas mehr Gewalt antun, so wir auch das Beispiel anderer regularer Klöster nachahmen, welche auch an den höchsten Festen die Vesper nie anders halten, als dass sie das Magnificat musizieren, welches nur einige Verse austrägt, die der samentliche Chor in der Stille bethet. Es ist noch im frischen Andenken, wie unsere vorhin musizierten Vespern stundenlang und noch mehr dauerten, wo es nur um der Musicanten wohl, dem Volke aber, das nichts als hören musste, nur schlafen, den Beichtvätern aber im Beichthause nur die Begierde war, doch bald Gehülfen ab dem Musick-Chore zu bekommen.
> Die Sage, als man die Musick Herren zum Beichtstule ersparte, hält nicht die Probe aus. Wenn so viele, als den Musick=Chor besuchen, nebst den übrigen, die sonst ihren Chortag haben, ins Chor bestimmt werden, so wird der Chorgesang gewiss mit Anstand versehen.[56]

---

55   Ebd., S. 83.
56   KAE, A MC.10, S. 3–4.

Landwing spricht von der «allzugrosse[n] Neigung zur Musik, die oft mehr unser eigen Vergnügen als wahre Herzenserhebung zeigt» und davon, dass es «noch im frischen Andenken [sei], wie unsere vorhin musizierten Vespern stundenlang und noch mehr dauerten, wo es nur um der Musicanten wohl, dem Volke aber, das nichts als hören musste, nur schlafen, den Beichtvätern aber im Beichthause nur die Begierde war, doch bald Gehülfen ab dem Musick-Chore zu bekommen». Die Ursache für die aussergewöhnlich lange zeitliche Dauer des Hochamtes oder der Vesper ist nicht alleine im Zeremoniell zu finden, d. h. – in Bezug auf die Vesper – in der reglementarisch festgelegten Anzahl Psalmen, welche eine figuralmusikalische Ausgestaltung erhalten, sondern gerade auch im Musikrepertoire selber. Am Beispiel der Psalmvertonungen des Mailänders Giovanni Battista Sammartini (1700/01-1775) – wie wir ansatzweise gesehen haben, war die Zirkulation an Mailänder Musikalien für das Musikrepertoire in der Abtei Einsiedeln zumindest ab 1751 prägend –, verstehen wir, wie diese zeitliche Dauer zustande kam: das *Dixit Dominus* J-C 105 (CH-E 544,7) erstreckt sich auf 624 Takte, das *Dixit Dominus* J-C 106 (CH-E 543,12) auf 668, das *Beatus vir* J-C 104 (CH-E 544,5) erreicht immerhin 483 Takte und das *Laudate Pueri* J-C 107 (CH-E 543,14) wiederum 631 Takte.[57] Auch die Magnificat-Vertonung J-C 111 (CH-E 544,3) ist mit seinen 512 Takten besonders üppig ausgesetzt. Der Psalmtext und die Doxologie sind in fünf (*Beatus vir* J-C 104) bis neun Sätze (*Dixit Dominus* J-C 106) gegliedert, wobei in allen Vertonungen unter Einbezug von Solo-Arien der kantable Theaterstil vorherrscht. Auch Landwings Aussage, wonach «ein Sänger statt eines ganzen Psalmes nur mit einigen unverständlichen Worten oder musikalischen Läufen ohne Sinn und Erbauung aufwartete» nimmt deswegen genau auf dieses Mailänder Musikrepertoire Bezug, da bei diesem in den Solo-Arien lange Koloraturen auf einzelnen Silben überwiegen, wodurch der liturgische Text nicht mehr verständlich war.

Die Beschreibungen der Einsiedler Kirchenmusik treffen somit genau auf die Vertonungen zu, die vorher in den Mailänder Ordenskirchen erklungen sind. Zur Veranschaulichung bezüglich des Hochamtes von 1766, bei dem sogar während des Gottesdienstes selbst die Kirchenmusik abgekürzt werden musste, kann die Gloria-Vertonung CH-E 389,4 von Johann Christian Bach (1735–1782) herangezogen werden, von der in der Musikbibliothek Einsiedeln – wie bei den Psalmvertonungen Sammartinis – die Mailänder Stimmhefte aufbewahrt werden.

---

57 Newell Jenkins und Bathia Churgin, *Thematic Catalogue of the Works of Giovanni Battista Sammartini, Orchestral and Vocal Music*, Cambridge 1976, S. 151–157 und 160–161.

Aufgrund einer Aufnahme dieses Stückes wissen wir, dass dieses für Mailänder Verhältnisse in seiner Gesamttaktzahl keineswegs untypische Gloria eine Aufführungsdauer von 45 min erreicht.[58]

Nach P. Landwings obigen Erläuterungen erhält auch Beat Fidel Zurlaubens (1720–1799) Aussage, wonach die Einsiedler Mönche «diese überwiegende Neigung zur Musik» aus Bellinzona herhätten und sich «dieser Enthusiasmus für die Italiänische Musik» von Einsiedeln aus auf die «abhangenden Nonnenklöster» verbreitet hätte, eine grössere Glaubwürdigkeit und einen tieferen Wahrheitsgehalt, da wir jetzt über die Herkunft der Musikalien und die zeitliche Dauer der Einsiedler Andachten informiert sind.[59]

Bezüglich der Angaben über die Dauer der Musik in Einsiedeln, ist auch die Kongruenz mit dem Bericht Leopold Mozarts aus Mailand in Bezug auf die dortige Kirchenmusik und besonders mit der Vesper frappant:

> Das *Dies irae* von diesem Requiem dauerte gegen 3 viertlstund um 2 uhr Nachmittag war alles aus: wir assen also um halbe 3 zu mittag.
> Du must dir nicht einbilden, dass ich dir eine Beschreibung der hiesigen Andachten machen werde; ich könnte es für ärgerniß nicht thun: alles bestehet in der Musik, und im kirchen aufputz, das übrige ist alles die abscheulichste Ausgelassenheit. Nun komme eben von einer Vesper so über 2 Stunden gedauert […].[60]

---

58   Siehe hierzu die CD-Einspielung *Gloria in excelsis a Quattro Concertata con Sinfonia* mit dem Orchester *Les agrémens* und dem *Chœur de chambre de Namur* unter der Leitung von Wieland Kuijken, Ricercar 211, (1 CD 2002). Dieses Werk wurde ediert in E. Warburton (Hrsg.), *Music for the Mass, II. Settings of the gloria and credo for soloists, choir, and orchestra from eighteenth-century manuscript sources*, New York und London 1985 (The Collected Works of Johann Christian Bach, 1735–1782, 20). In Bezug auf das 19. Jahrhundert sind wir detailliert über die Einsiedler Praxis unterrichtet nur einzelne Sätze einer kompletten liturgischen Vertonung aufzuführen, d.h., dass sowohl in Psalmvertonungen als auch in Vertonungen von Messeteilen nicht zwangsläufig der gesamte liturgische Text figuralmusikalisch umgesetzt wurde, sondern dass es durchaus einer Einsiedler Gepflogenheit entsprach gewisse Sätze auszulassen. Anhand von Adaptationen lässt sich diese Tradition bis auf 1790 zurückverfolgen, siehe Castellani und Riedo, *Ferdinando Galimberti, Dies irae*, S. XII–XIV.

59   Vgl. den Artikel im gleichen Band von Claudio Bacciagaluppi, «*La musique prédomine trop dans nos abbaïes helvétiques*. Einige Quellen zur Stellung der Figuralmusik in Schweizer Klöstern».

60   Wolfgang Amadeus Mozart, *Briefe und Aufzeichnungen*, Gesamtausgabe, herausgegeben von der Internationalen Stiftung Mozarteum Salzburg, Gesammelt und erläutert von Wilhelm A. Bauer und Otto Erich Deutsch, auf Grund deren Vorarbeiten erläutert von Joseph Heinz Eibl, Erweiterte Ausgabe mit einer Einführung und Ergänzungen herausgegeben von Ulrich Konrad, Bd. 1 (1755–1776), Kassel 2005 (^{1}1962), Brief Nr. 160, S. 313.

Hätte man eingangs vielleicht noch vermutet, dass aufwendige Figuralmusik in einem Innerschweizer Kloster des 18. Jahrhunderts, und am Alpenrand gelegen, dort ein logistisches Problem hätte darstellten können, so zeigt sich nun das genaue Gegenteil. Musiker, ob aus dem Kreis der Konventualen oder der klostereigenen Schule, waren nicht nur in genügender Anzahl vorhanden, sondern die Patres und Fratres bevorzugten anscheinend sogar ein Mitwirken im ‹Musick=Chore›, dem Beichtstuhl oder aber in der Choralschola der Liturgie dienlich zu sein. Pater Markus' Sorge – sich an die Verhältnisse im 18. Jahrhundert erinnernd – galt im frühen 19. Jahrhundert daher weniger der Figuralmusik, als vielmehr dem Choralgesang, weshalb er 1804 anriet die Figuralmusik zu dezimieren, damit diejenigen aus dem ‹Musick=Chor› die Schola unterstützen könnten, womit «der Chorgesang gewiss mit Anstand versehen» würde.

In der Tat wurde die Sorge um einen reibungslosen Ablauf zwischen der seelsorgerischen Tätigkeit im Beichtstuhl und dem Musizieren im ‹Musick=Chor› bereits in der Ordnung zur Grossen Engelweihe von 1755 ausgedrückt. Denn «um die Music mit gröserer auferbauligkeit, und mindrer unordnung und ausschweifungen diese hochfeijerliche zeit hindurch vollführen zu können» (8$^{\text{vo.}}$), wurden die Musikstücke für jeden einzelnen Tag nicht weniger als vier Wochen im Voraus ausgesucht, einerseits deswegen, weil den Kindern aus dem Diskant und Alt somit genügend Zeit zum Einstudieren blieb, «andrten damit diese herren mindere ursach hätten dess aussuchens wegen von dem beichtstuhl sich aus zuwinden; und damit dem hin und her laufen unter dem Gottsdienst einiger innhalt[61] geschehe; daher höchstdieselben auf befehle, die stimmen iederzeit an sein gebürendes orth zu legen, und die Musicanten zu vor daraus zu berichten». Man war also darauf bedacht, sowohl die Musikstücke als auch die Beichtväter und die Musiker klug auszuwählen, damit ein Hin- und Herlaufen möglichst vermieden werden konnte. Ausserdem sollten die Stimmhefte bereit stehen und die Musiker ohnehin darüber informiert sein, in welcher Funktion und an welchem Notenpult sie zu musizieren hatten.

Welches waren nun aber die musizierenden Mönche, die 1755 in den ‹Musick=Chor› bestellt wurden, um eine möglichst problemlose Organisation der Musik zu erreichen? Michael Schlageter unterrichtet uns über folgende Aufteilung des Konventes zur Engelweihe des Jahres 1755: 10 «beichtvätter vor die franzosen», 28 «vor die teütschen» und 10 «Musicanten». Als ‹Musicanten› nennt er Folgende: «P. Justus, Bernar-

---

61 Zu verstehen als ‹Einhalt geschehen›.

dus, Bonifacius, Aemilianus, Anselmus, Claudius, Basilius, Marianus, Marcus, Fintanus = 10».[62]

P. Justus Burach (1706–1768) «wirkte lange Jahre als Kapellmeister, da er ein ausgezeichneter Organist und Musikant (pandurista) war. 1738 war er Korrektor der Stiftsdruckerei und Stiftsorganist».[63] Im Jahre 1755 war er Expositus in Freudenfels (TG) und reiste daher wie alle anderen Expositi erst am 11. September an.

Der St. Galler P. Bernhard Wehrli (1710–1789) versah seit August 1753 die Stelle eines Beichtvaters in Au (SZ) und blieb bis 1760 in dieser Stellung. «In seinen jüngeren Jahren war er ein vortrefflicher Musikant», berichtet Abt Beat Küttel.[64] Welche Instrumente er spielte, wissen wir allerdings nicht.

Der aus dem süddeutschen Raum stammende Bonifaz d'Anethan (1714–1797) wirkte ebenfalls zum Zeitpunkt der Engelweihe in einem Filialkloster, nämlich als Beichtvater in Fahr (ZH). Er, dem wir den Kauf der Musikalien aus dem Nachlass des verstorbenen Crossi verdanken, «war auch ein ausgezeichneter Musikant gewesen (Traversista, hoboista, fagotista et tenorista)».[65]

Nichts ist uns über die musikalischen Aktivitäten von Pater Anselm Müller (1717–1786) aus Näfels bekannt. 1749 wurde er von Bellinzona, wo er fast elf Jahre als Lehrer und Katechet tätig war, nach Einsiedeln heimberufen.[66]

Der gebürtige Belgier Claudius de Malapert (1717–1762) wurde als «Pandurista, chelista, clarinetista et posonista celebris» gerühmt. In der Zeitspanne von 1742 bis 1749, worauf er als Beichtvater nach Fahr geschickt wurde, muss er auch einmal das Amt des Kapellmeisters innegehabt haben. Von 1753–1761 weilte er als Expositus in Bellinzona.[67]

Somit wird Pater Claudius gemeinsam mit Marianus Müller (1724–1780) von Bellinzona aus zur Engelweihe gereist sein, denn ebendort verbrachte Müller die 14 darauffolgenden Jahre nach 1749.[68] Über seine Beziehung zur Musik berichtet das Professbuch: «Auch in der Musik tat er sich hervor. Im Dezember 1751 wurde er eigens nach Mailand geschickt, um dort bei dem berühmten Musikus Giuseppe Paladino das Komponieren zu lernen».[69] Welches Instrument er zu den Engelweihe-

---

62 KAE, A.HB. 27, *Diarium Decanatus Einsidlensis Anno 1755. 2ter Theil.*, S. 54–55.
63 Henggeler, *Professbuch*, S. 397.
64 Ebd., S. 400.
65 Ebd., S. 405–406.
66 Ebd., S. 408–409.
67 Ebd., S. 409.
68 Ebd., S. 414.
69 Ebd., S. 161.

festlichkeiten spielte, oder ob er gar im Chor sang, wissen wir jedoch nicht. Gewiss hat er mit seinem Bezug zur Lombardei und als Nachfolger von Nikolaus II. als Fürstabt die Tradition des Mailänder Musikrepertoires in Einsiedeln weitergepflegt.

Pater Basilius Gugelberg (1719–1778) war zum Zeitpunkt der Engelweihe von 1755 als Kapellmeister der Verantwortliche für die Kirchenmusik.[70] Er soll nicht nur eine ‹gute Stimme› gehabt, sondern sich vor allem als Organist hervorgetan haben. «In der Orgel war er ein Meister, besonders im Praeambulieren und in der Partitur, man musste ihn bewundern und die Pilger stunden unbeweglich, wenn er auf der grossen Orgel spielte. Doch war er mehr pompos als lieblich, denn im Lieblichen übertraf ihn P. Marcus Zech».[71]

Pater Marcus Zech (1727–1770), gebürtiger Bayer, starb im Amt des Kapellmeisters.[72] «Er wird gerühmt als ein ‹Componista insignis et suavis organoedus›». Ausserdem wissen wir über ihn: «Musicae in qua mirum in modum excelluit per plures annos summa cum laude praefectus».[73]

Pater Fintan Steinegger (1730–1809) war der offizielle Vizekapellmeister der Engelweihe von 1755 und stieg im Dezember des gleichen Jahres zum Kapellmeister auf.[74] Über seine weiteren musikalischen Aktivitäten sind wir bedauerlicherweise nicht unterrichtet.

Der Gossauer P. Aemilianus Ackermann (1718–1769) «wurde zunächst, sehr guter Geiger und Baßsänger Vize-, dann am 30. November 1741 Kapellmeister». Das Amt des Kapellmeisters übte Aemilianus zur Engelweihe 1755 schon längst nicht mehr aus, denn 1742 wurde er als Lehrer der Rhetorik nach Bellinzona geschickt, im November 1751 heimberufen und zum Präzeptor, d. h. Vorsteher der Schule, ernannt.[75]

Was die Rollenverteilung zwischen Basilius Gugelberg (Kapellmeister), Fintan Steinegger (Vizekapellmeister) und Aemilianus Ackermann (Vorsteher der Schule) bei den Aufführungen zur Engelweihe von 1755 anbelangt, so informiert uns der Bericht Schlageters folgendermassen: «R. P. Subprior = Item P. Basilius würkhl. kapellmeister, nebst P. Fintan ander kapellmeister, auch P. Aemilian Praeceptor Scholarum, welche beide letzere allein die Music währender Engelweihe dirigieren sollen.

---

70   KAE, A.HB. 27, *Diarium Decanatus Einsidlensis Anno 1755. 2ter Theil.*, S. 55.
71   Henggeler, *Professbuch*, S. 413.
72   Denn P. Gerold Brandenberg folgte 1770 auf Markus Zech, siehe Henggeler, *Professbuch*, S. 420.
73   Ebd., S. 417.
74   Ebd., S. 419–420.
75   Ebd., S. 407.

P. Basilius aber als vornembste Organist jeweilen eintzig beij der orgel sich einfinden».[76] Wie wir erfahren, hatten dem Organisten anscheinend der Sattler- und Schuhmacherlehrling zur Seite gestanden: «<u>NB</u>. Zuer orgel auf zu ziehen sattler, und schuehmacher lehrling».[77] Zur Betätigung des Orgelgebläses mussten somit keine Klosterschüler eingesetzt werden, die gewiss einen wertvolleren Dienst im Chor erbracht haben, sondern man beauftragte mit dieser Aufgabe die etwas älteren Lehrlinge des hauseigenen Gewerbes, die bestimmt kräftiger als die Chorknaben und daher besser für diese kräfteraubende Arbeit geeignet waren.

Überraschen mag aus den obigen Informationen die Tatsache, dass sich unter den zehn an den musikalischen Aufführungen beteiligten Patres im Jahre 1755 nicht weniger als fünf Expositi befanden: jeweils einer aus Freudenfels, Au und Fahr und zwei aus Bellinzona. Da die Expositi erst am 11. September anreisten, mussten sie unzweifelhaft sehr erfahrene Musiker gewesen sein. Denn wir vergegenwärtigen uns, dass der Abt Nikolaus II. «nicht ieden frembden Musicant zur Music hinauf lassen [wollte], [...] es wäre dan der Musicus so wohl bekant, und in seiner kunst so vollkommen, dass keine confusion zu beförchten wäre».

Was die Besetzung des ‹Musick=Chores› durch die eigenen Konventualen anbelangt, so erfahren wir aus der Quelle über die Grosse Engelweihe aus dem Jahre 1777 weitere aufschlussreiche Informationen:

> Musici, die man in alten archiv schriften schlechthin spillleüt nannte, hatten wir im kloster genug: benantlich über vier Orgelisten, darunter P. Basilius Gugelberg, Pfarrer zu Freijenbach, und der junge P. Antonius Fornaro Excellierten: so dann PP. Gerold Brandenberg, Othmar Ruepp die mehr bass ziehen:
> Ildephonsus Betschart. und Fr. Marcus Landwing der auch Geiger oder chelisten PP. Fintanus Steinegger Subprior, Athanasius Freüdenman, Columbanus Alder die alle auch den Pass singen, und der letzte auch ein Waldhorn excelliert.
> Weitres PP. Eberhardus Högger, Thadaeus Hessi, und Bonaventura Beütler und obiger Fr. Marcus: dazu auch der Noviz von Utznacht Fr. Joseph Schubiger kommt. Oder hoboisten und fagotisten PP. Bonifacius d'Anethan der ein Meister und guter Tenorist, so dann P. Conradus Tanner, der gleichfals ein tenorist, und endlich, Fr. Marianus Heerzog. Trompeter und Waldhornisten waren PP. Columbanus Alder Supra. Matthaeus Ackermann, der auch ein Bassist: Georgius Meijenberg, und Benedictus Zelger beyde Tenoristen, und Romanus Moser zu den trompetern kamen etliche jüngere Einsiedler Knaben aus dem Dorf, die seit paar jahren die trompeten von einem hier sich aufhaltenden Böhm gelernt, und seither sich auf unsrem chor exerciert haben, welches unsere trompetern sehr wohl kömt: haben einen geringen lohn pro libitum. Singer /:Cantores:/ waren neben den oben ge-

---

76 KAE, A.HB. 27, *Diarium Decanatus Einsidlensis Anno 1755. 2ter Theil.*, S. 55.
77 Ebd., S. 54.

nannten Patribus et Fratribus folgende: Discantist Joseph Maria Buessiger von Stanz: altist – auf mann von bruntrut, und andre welche alle unsere Scholares Togati waren.[78]

Über die Musiziertätigkeit von Marianus Herzog (1758–1828), Benedikt Zelger (1733–1812), Georg Meyenberg (1731–1805), Othmar Ruepp (1739–1801), Ildephons Betschart (1753–1831), Konrad Tanner (1752–1825) oder Romanus Moser (1737–1802) werden wir hier erstmals unterrichtet (über diejenige Anselm Müllers haben wir erstmals oben aus Schlageters Bericht von 1755 erfahren), denn aus dem Professbuch, welches ansonsten zuverlässig die Biographien sämtlicher Konventualen enthält, die in Einsiedeln Profess abgelegt haben, erfahren wir diesbezüglich überhaupt nichts. Reihen wir die genannten Patres in die lange Liste derjenigen ein, die uns aus dem Professbuch bereits als Musiker bekannt sind (in der Amtszeit von Nikolaus II. von 1734–1773 kommen alleine deren 19 aus dem Professbuch hinzu),[79] so scheint die Liste der musizierenden Konventualen in der zweiten Hälfte des 18. Jahrhunderts in Einsiedeln tatsächlich aussergewöhnlich lange gewesen zu sein. Musikalisch gebildet und oft auch weit gereist (etwa als Expositus), kommen sie nun ebenso als Notenschreiber, Arrangeure oder einfach als Musikaliensammler in Frage.

Sind wir über die Lebensläufe der Einsiedler Konventualen dank des Professbuches im Vergleich zu anderen Schweizer Ordensgemeinschaften relativ gut informiert, so gilt dies in besonderem Masse für die Äbte. Folgender Bericht des umherziehenden Musikers Martin Vogt aus dem frühen 19. Jahrhundert zeigt einerseits, wie begehrt Musiker im Konvent waren, überrascht aber andererseits, weil aus den umfangreichen biographischen Informationen zu Beat Küttel,[80] dem Fürstabt von 1780–1808, kein einziges Wort über dessen musikalischen Aktivitäten aus dem Professbuch bekannt ist:

---

78 KAE, A.QE. 5, unpaginiert.
79 Von den Konventualen, die während der Amtszeit (1734–1773) von Abt Nikolaus Imfeld ihre Profess ablegten, gehen folgende 19 als Musiker aus dem Professbuch hervor: Aemilian Ackermann (1718–1769), Gallus von Saylern (1718–1791), Claudius de Malapert (1717–1762), Magnus Gruber (1716–1752), Otmar Egger (1712–1759), Ildefons Schicker (1715–1758), Nikolaus Weber (1720–1748), Cölestin Goldbach (1716–1740), Markus Zech (1727–1770), Andreas Schubiger (1724–1806), Gerold Brandenberg (1729–1795), Edmund Hildebrand (1720–1789), Athanas Freudenmann (1735–1804), Matthäus Ackermann (1739–1809), Ildefons Jauch (1740–1770), Isidor Moser (1739–1828), Eberhard Högger (1742–1798), Bonaventura Beutler (1751–1813) und Anton Fornaro (1753–1828).
80 Henggeler, *Professbuch*, S. 165–175 & 423.

Endlich am 14. August [1806] gegen Mittag kam ich in Einsiedeln an, und da ich
mehrere Empfehlungsschreiben hatte, wurde ich sehr wohl aufgenommen. Da
am 15. August Maria Himmelfahrt und ein großes Fest war, wurde die Vesper am
Vorabend feierlich gehalten. Ich spielte die Orgel, die eben vom Herrn Orgel-
bauer Bergenzel verfertigt und noch nicht vollendet war. Am 15. August selbst,
schon morgens um 5 Uhr, war ein Amt, und so von Stund zu Stund; um 9 Uhr das
Hochamt. In allen diesen Ämtern half ich mitmusizieren, bald auf diesem oder
jenem Instrumente oder der Orgel. Am 16. war wieder ein feierliches Hochamt,
in welchem der damalige Fürstabt den Contrabaß und ich neben ihm Violoncello
spielte. Nach dem Gottesdienste wurde ich zu dem Fürstabt Beda Kittel [lies
Küttel] berufen, der mir ein schriftliches Zeugnis übergab, daß ich mit Freuden
in dem Stifte Einsiedeln aufgenommen werde, wenn ich nebst der landesherr-
lichen auch die bischöfliche Entlassung beibringen könne. Der Fürstabt sagte mir
noch mündlich, daß sie mich wegen meinen musikalischen Talenten gar so gerne
in dem Stifte aufnehmen würden, allein ohne diese Entlassungen könnte es nicht
geschehen, indem sie erst kürzlich einen talentvollen Mann aus dem Vorarlberg,
das eben von Österreich getrennt und mit ganz Tirol zu Bayern kam, aufgenommen, den sie wieder entlassen mußten, und der sogleich in Bregenz unter das
bayrische Militär genommen wurde.[81]

Eine derartige grosse Zahl an musizierenden Konventualen, welche erst
eine aufwendige Handhabung der Kirchenmusik in Einsiedeln im 18. Jahrhundert möglich machte, war nicht zuletzt durch einen seit den 1740er
Jahren im Wachsen begriffen Konvent denkbar. Während man 1734 erst
69 Klostermitglieder zählte, so waren es 1744 insgesamt 80 (55 Patres,
7 Fratres, 18 Laienbrüder), 1750 bereits 86 (56, 9, 19) und in den Jahren
1760 und 1770 umfasste die Klostergemeinschaft bereits 92 Mitglie-
der.[82] Gewiss erlaubte erst ein derart grosser Konvent ein drei- und
vierstimmiges Singen des Salve Regina und das glanzvolle Musizieren
vokal- und instrumentaltechnisch anspruchsvoller Figuralmusik.

Obgleich die gesteigerten personellen Mittel einen indispensablen
Hintergrund für diese florierende Musizierpraxis bilden mussten, so
waren diese nutzlos, wenn die Klostermitglieder und Togaten ihre Instrumente nicht meisterhaft beherrschten und gesanglich nicht geschult
waren. Eine Vorstellung von diesem essentiellen Aspekt der Musiziertätigkeit liefern die heute noch in der Musikbibliothek des Klosters Einsiedeln erhaltenen gedruckten Traktate aus der Zeit vor 1800.[83] Eine
Auswahl dieser Drucke zeigen folgendes Bild: Was den Choralgesang
anbelangt, so konnten sich die Benediktiner beispielsweise auf zwei
Exemplare des «Breve metodo per fondatamente, e con facilità appren-

---

81   Martin Vogt, *Erinnerungen eines wandernden Musikers*, Basel 1971, S. 65–66.
82   KAE, A.16/1, Henggeler, *Die Benediktinerabtei Unserer Lieben Frau zu Einsiedeln*,
     S. 759.
83   Helg, *Die Drucke vor 1800 in der Musikbibliothek des Klosters Einsiedeln*, S. 114–
     127.

dere il canto fermo» (Milano 1726 und 1756), den Traktat «Cantus choralis gregorianus. Das ist: der Chor-Singe-Kunst leicht und kurz gefasster Unterricht» (Köln 1749) oder «Le maistre des novices dans l'art de chanter: ou regles générales, courtes, faciles, et certaines, pour apprendre parfaitement le plein-chant» (Paris 1744) stützen.

Das Unterrichten der Klosterschüler in der Gesangskunst dagegen werden die beiden erhaltenen Exemplare in deutscher Übersetzung von Carissimis «Ars cantandi; das ist: Richtiger und ausführlicher Weg, die Jugend aus dem rechten Grund in der Sing-Kunst zu unterrichten» (Augsburg 1696 und 1718) vereinfacht haben. In späterer Zeit wurde auch Georg Joseph Voglers «Stimmbildungskunst» (Mannheim 1777) angeschafft.

Der Traktat «Kurtzer jedoch gründlicher Wegweiser, vermittelst welches man aus dem Grund die Kunst, die Orgel recht zu schlagen, so wol was den General-Bass, als auch was zu dem gregorianischen Choral-Gesang erfordert wird, erlernen und durch fleissiges Üben zur Vollkommenheit bringen kann» (Augsburg 1689) bietet genau die Kenntnisse in Bezug auf das Orgelspiel, wie sie in einem Kloster erforderlich waren. Johann Carl Voigts «Gespräch von der Musik, zwischen einem Organisten und Adjuvanten» (Erfurt 1742) oder «Der Praeludierende Organist, oder Neue und nach dem heutigen Gusto eingerichtete Praeludien und Cadenzen» (Augsburg 1757) werden das Wissen über den Orgelgebrauch vollwertig ergänzt haben.

Das Generalbassstudium wurde in Einsiedeln durch David Kellners «Treulicher Unterricht im General-Bass» (Hamburg 1767) oder Mattesons «Kleine General-Bass-Schule» (Hamburg 1735) erleichtert. In der Komposition mögen sich die Einsiedler Konventualen an Murschhausers «Academia musica-poetica bipartita. Oder hohe Schul der musicalischen Composition» (1721 Nürnberg) sowie den beiden Exemplaren von Fux' «Gradus ad Parnassum» (Wien 1725 und Leipzig 1742) geübt haben. Dem Kapellmeister war sicher auch der zur Verfügung gestandene Druck «R. P. Justini Carmelitarum musicalische Arbeith und Kurtz-Weill. Das ist: Kurtze und gute Regulen: der Componier und Schlag-Kunst» (Augsburg-Dillingen 1723) dienlich.

Die insgesamt sehr eindrucksvolle Liste an Musiktraktaten, welche auch Drucke zur Musiktheorie, Musikgeschichte oder der Organologie aufweist, enthält ausserdem insgesamt vier Exemplare von Leopold Mozarts «Versuch einer gründlichen Violinschule» (Augsburg 1770, 1787, 1800 und Frankfurt-Leipzig 1791), Georg Simon Löhleins «Anweisungen zum Violinspielen, mit pracktischen Beyspielen und zur Übung mit vier und zwanzig kleinen Duetten erläutert» (Leipzig-Züllichau 1781 und 1797) sowie Hillers «Anweisung zum Violinspielen, für Schulen und zum Selbstunterrichte» (Grätz 1795). Der grösste Teil all dieser Drucke wird bereits im 18. Jahrhundert im Besitz der Abtei Einsiedeln gewesen sein. Einzelne Exemplare gelangten hingegen wohl erst nach 1800 in Einsiedler Besitz.

Der Konvent hat ab dem Jahr 1744 die Grösse von 80 Mitgliedern nie mehr unterschritten und unter Abt Nikolaus Imfeld (Amtszeit von 1734–1773) nicht weniger als 26 Konventualen aufgenommen, die musikalisch geschult waren. Was lässt sich nun aber über die Besetzungsgrösse des ‹Musick=Chores› und die Aufteilung auf das Orchester und den Vokalchor sagen? Diesbezüglich sind wir lediglich aus einem anderen Zeitraum, nämlich in Bezug auf die erstmalige Aufführung von Joseph Haydns Schöpfung in Einsiedeln 1821, detailliert informiert:

> Die Schöpfung a 34 Musicis exibita, si puerulos cantantes adjungas, quorum erant 8. Scholares cum instrumentis 7. Relig[iosos]. Fratres et voce et chordis canentes 9. E[x] R[everen]dis Patribus quatuor cantabant quinque in chordis et organo, D[omi]nus Kingl Musices [nachträglich ergänzt: tum in Monasterio] Professor solus erat sæcularis, quo agente magna ex parte oratorium hocce prima vice in nostro Mon[aste]rio auditum fuit in communi Recreationis odæo[84]

Die 34 Musiker umfassende Besetzung setzte sich dementsprechend aus acht Klosterschülern, sieben Scholaren, neun Fratres, ebenso vielen Patres und dem einzigen Laien, dem Musiklehrer an der Klosterschule und Leiter der Auffführung, Herrn Kingl, zusammen. Was den Vokalchor anbelangt, so war der Diskant und Alt mit den acht Klosterschülern besetzt; wahrscheinlich je vier pro Register, denn eine paritätische Besetzung der beiden Knabenstimmen lässt sich aus Kontrafakturen herleiten, die in Einsiedeln entstanden sind. Bei diesen Adaptationen wurden Änderungen in den Diskant- und Altstimmheften in gleicher Anzahl vorgenommen.[85] Vier Patres und vermutlich ebenso viele Fratres – die Aufteilung der neun Fratres auf den Chor und das Orchester geht aus der Quelle nicht eindeutig hervor – sangen in den Männerstimmen Tenor und Bass. Der Chor bestand folglich ziemlich sicher aus 16 Sängern. Das Orchester wiederum setzte sich aus den sieben Scholaren, fünf Patres – wobei einer die Orgel spielte – und mutmasslich fünf Fratres zusammen, was eine Orchestergrösse von 17 Musikern ergibt.

Eine besondere Beachtung sollte somit der Klosterschule gelten, aus deren Reihen sich die hohen Vokalstimmen rekrutierten. Doch leider sind wir über diese klostereigene Institution nur schlecht unter-

---

84 Musikbibliothek Einsiedeln, Th. 925,3, *Kirchenmusikalische Aufzeichnungen*, S. 76.
85 Castellani und Riedo, *Ferdinando Galimberti, Dies irae*, S. XIV.

richtet,[86] nicht zuletzt deswegen, weil die ungünstige Quellenlage einen fundierten Einblick in Bezug auf die Zusammensetzung und die Anzahl der Klosterschüler im 18. Jahrhundert nicht zulässt.[87] Aus dem Einsiedler Professbuch geht allerdings hervor, dass die Schule unter deren Präzeptor (Vorsteher) und späteren Abt Beat Küttel (1733–1808) im Jahre 1762 aus 28 Scholaren bestand und in der Folge, aufgrund einer von Pater Beat selber eingeführten neuen Schulordnung, die Zahl auf 20–24 beschränkt werden sollte.[88] Dabei muss berücksichtigt werden, dass bis ins 18. Jahrhundert nur denjenigen Schülern der Eintritt in die Klosterschule gestattet wurde, die auch einen Eintritt ins Kloster ins Auge fassten.[89] Unter diesem Gesichtspunkt lässt sich auch verstehen, weshalb der musikalischen Begabung bei der Aufnahme in die Klosterschule ein hoher Stellenwert beigemessen wurde und «die Schüler unter Strafe zum Mitsingen bei Mette, Prim, Vesper und Complet und zur Teilnahme an den meisten Chorübungen verpflichtet waren».[90]

Im Übrigen hatte der Fürstabt zur Engelweihe 1755 folgende Begründung abgegeben, weswegen man die Musikstücke einen ganzen Monat im Voraus bestimmen sollte:

> Die bewege[nde] ursache waren hauptsächlich, damit man diese musicalia den kindern zu übersehen, und zu lehren geben könte, weil man mit discant und alt ziemlich gemein versehen war.

Diese Anordnung erfolgte anscheinend wahrhaftig aus einer Notlage heraus, denn aus Schlageters Bericht aus dem Jahre 1766 vernehmen wir, dass die Musik üblicherweise nur 10–14 Tage vor Festbeginn ausgesucht wurde:

---

86 Julius Schweizer, «Die Lehr- und Erziehungs-Anstalt des Benediktinerstiftes Maria-Einsiedeln seit der Reformationszeit», in: *Vom Wesen und Wandel der Kirche* (Festschrift zum siebzigsten Geburtstag von Eberhard Vischer, hrsg. von der Theologischen Fakultät der Universität Basel), Basel 1935. S. 162–182, hier S. 164. Umfassende Sekundärliteratur zum Thema Klosterschule findet man auf S. 181–182 oder in Henggeler, *Professbuch*, S. 47–48.

87 Unter der Signatur KAE, A.GC-02 wird folgendes dreiteiliges Register aufbewahrt: *Album der Schüler der Klosterschule in Einsiedeln seit 1804. Geordnet nach Rangordnung der Cantone u. alphabetischer Reihe auswärtiger Länder, 3 Theile nebst alphabetischem Register der Schüler.* Angaben über die Klosterschüler im 18. Jahrhundert finden sich hier nur vereinzelt und erst ab den 1780er Jahren.

88 Henggeler, *Professbuch*, S. 165.

89 Schweizer, «Die Lehr- und Erziehungs-Anstalt des Benediktinerstiftes Maria-Einsiedeln», S. 165.

90 Ebd., S. 166.

> Dermahlen überliesse man h[er]r[n] Capellm[eister]. allein die Music von die Engelweihung auszusuchen u. zu ordnen – sonsten zu andere Zeiten, vorläuffig etwann 4 Musicanten dissfahls bestellt – auch <u>10 à 14 tag vorhero das erforderliche</u> aufsuchen müssen – alleine quot Capita tot Sententiae, offt nur Confusionen andurch entstehen.[91]

Gegen mögliche Engpässe in den hohen Vokalregistern, welche sich im Männerkonvent Einsiedeln in erster Linie aus den *Scholares Togati*, also den eigenen, jungen Klosterschülern zusammensetzen, hatte man sich allerdings schon früher gewappnet. So lesen wir aus dem Index zum *Diarium der Statthalterey* aus dem Jahre 1744: «Musicant Castrat express nach Mayland geschikht zu lehrnen».[92] Eine detaillierte Erklärung finden wir schliesslich in den Eintragungen von 1746: «Dieser tagen ist der Castrierte Discantist Xaveri NN. von Mayland mit den P.P. von Bellenz allhero kommen – welcher nunmehro 2 Jahr zu Mayland gewesen, und alda sich in dem gesang qualifiziert in des Gottshauses kösten, damit man ein beständigen Diskantist in hier hat. Ob nun diser annoch ein oder 2 Jahr widerumb auf Mayland werdte gschikht werden, ist zu erwarten indessen hat diser sich sehr perfectioniert in so wenig Zeit».[93] Dies macht deutlich, dass sich die Fürstabtei Einsiedeln durchaus einen standesgemässen Lebensstil gestatten konnte, da sie einen Kastraten, der wohlgemerkt nicht zum Konvent gehörte, auf eigene Kosten für zwei Jahre zum Gesangsstudium nach Mailand entsandte, damit man im Chor einen ‹beständigen Diskantist› hatte. Wie lange dieser Kastrat, Henggeler nennt ihn Xaver Delon,[94] in Einsiedeln blieb, ist allerdings nicht bekannt.

Falls aber die hauseigenen Kräfte nicht ausreichten, so liess man ganz einfach *frembde Musicanten*, d. h. sowohl Sänger als auch Instrumentalisten, kommen. 1755 setzten sich diese externen Aushilfen alleine aus den beiden Hoftrompetern des Basler Bischoffs und aus einem Weltpriester aus Lugano zusammen, der ‹ein künstlicher tenorist› (9$^{\text{nò.}}$) gewesen sein soll. Anscheinend stand man zu der Zeit auswärtigen Musikern noch misstrauisch gegenüber, denn der Fürstabt ordnete unter 8$^{\text{vo.}}$ an: «annebst haben höchst dieselben befohlen, dass man nicht ieden frembden Musicant zur Music hinauf lassen, viel minder andre frembde

---

91 KAE, A.HB. 40, *Diarium Decanatus Einsidlensis. Ab anno 1764 usque 1770. Fünfzehnter Theil*, S. 89.
92 KAE, A.HB. 41, *Index totius Diarii ab anno 1741 usque 1768*. Das Diarium aus dem Jahre 1744 ist heute leider verschollen. Wir besitzen somit nur noch den Index aus diesem Jahr, welcher jedoch auf S. 24 verweist.
93 KAE, A.HB. 19,1, *Diarium der Statthalterei Einsiedeln de anno 1746 & 1747*, S. 146.
94 P. Rudolf Henggeler, «Einsiedeln und die Lombardei», in: *Miscellanea Giovanni Galbiati*, Milano 1951, S. 353–362, hier S. 362.

Musicalien lasse auflegen, und produciere, es wäre dan der Musicus so wohl bekant, und in seiner kunst so vollkommen, dass keine confusion zu beförchten wäre». Ein gutes Gelingen der musikalischen Ausgestaltung der Liturgie war sehr wohl ein grosses Anliegen. Deshalb überliess man den Klosterschülern die Noten sogar einen Monat vorab zum Studium und liess auch nicht irgendjemanden mitmusizieren.

Zur Grossen Engelweihe von 1766 hatte man allerdings bereits zahlreichere auswärtige Musiker kommen lassen: «Frembde Musikanten wurden bis fünf beruffen als 1 discantist von Constanz – 1 altist von Münster, 2 trompeter aus dem S. Gallischen, auch 1 vocalist von Bellenz».[95] Hierbei fällt natürlich in erster Linie die angeforderte Verstärkung in den hohen Vokalstimmen auf, namentlich einen Diskantisten aus Konstanz und einen Altisten aus Beromünster. Im Jahre 1766 ging man folglich dazu über – wahrscheinlich zumindest für die anspruchsvollen Solopartien – Sängerverstärkungen in den hohen Vokalstimmen anzufordern, weshalb die *Scholares Togati* das Notenmaterial auch nicht mehr einen Monat vorher einstudieren mussten.

Waren es 1766 noch insgesamt fünf Aushilfen gewesen, die man kommen liess, so erreichte diese Ziffer zur nächsten Grossen Engelweihe im Jahre 1777 bereits schon alleine fünf Sänger, darunter drei Diskantisten. Nebst den beiden Auswärtigen, der in der Liste der Sänger schon vorher genannte Diskantist Joseph Maria Buessiger von Stanz und ein Altist aus Pruntrut, wurden ausdrücklich folgende weitere Sänger unter den ‹fremden Musikern› erwähnt:

> Fremde Musicanten waren Fr. Beringer Caplan zu Constanz ein vortrefflicher Tenorist, der im hof logiert, und die ganze Engelweihe pro justo Stipendio da war: so dann ein junger hauser von Glarus ein Discantist, der gleichfalls über die Engelweihe mit unsren Studenten ass, redlich unsres Hr. Doctors Schmied sein söhnlein gleichfalls ein Discantist, der aber bey seinem Vater war.
> Der junge Piazza von Mayland hatte sich zum Capellmeister samt seinen zu bestimmenden Musicis angetragen, und war eben *recreations* weise in der Schweitz, ist ihm aber abgeschlagen worden, weil er zu kostbar, und uns überflüssig war: aus eben der Ursach erhielt eine abschlägige antwort der Leopold Kolb ein Wiener und fast der grösste Waldhornist in der Welt, der vor einem jahr hier gewesen, weil er führ jedes Concert ein Louis d'or forderte: sonst hätte man ihn gern genommen. Andere Musici haben sich auch zugemacht, unter anderem ein Priester von Mayland namens Sig^{re} Caldarini, aber nur für einige tag fürs essen: war ein guter Basso streicher.
> Die Music war überhaupt gar schön, und andächtig.[96]

---

95 KAE, A.HB. 40, *Diarium Decanatus Einsidlensis. Ab anno 1764 usque 1770. Fünfzehnter Theil*, S. 91–92.
96 KAE, A.QE. 5, unpaginiert.

Beeindruckend ist auch die Tatsache, dass ein junger Musiker namens Piazza aus Mailand dem Stift seine Dienste anbot. Um welchen Piazza es sich dabei handelte, ob um Pietro oder Felice Piazza, bleibt hingegen unklar. Gaetano Piazza (1725–1775) kann aus biographischen Gründen ausgeschlossen werden. Die Einsiedler Mönche hatten folglich nicht nur Mailänder Notenmaterial erstanden und Leute in die Lombardei zum Studium geschickt (P. Marianus Müller zum Kompositions-, den Kastraten Delon zum Gesangs- und den Einsiedler Maler Cölestin Birchler zum Malstudium[97]), sondern der Austausch zwischen Mailand und Einsiedeln enthüllt sich offenbar als gegenseitig. So bestellte man 1750 einen neuen Altar aus Marmor in Mailand,[98] im Jahre 1744 waren vier Jesuiten aus Mailand in Einsiedeln zu Besuch,[99] sogar der Mailänder

---

97 Henggeler, «Einsiedeln und die Lombardei», S. 361
98 KAE, A.HB. 41. *Index ab anno 1741 usque 1768*. Unter M im Jahre 1750 steht Marmor altar von Italien. Dieser von Domenico Pozzi aus Mailand stammende Altar traf anscheinend 1751 ein und konnte am 11. September von Abt Nikolaus konsekriert werden, siehe Henggeler, *Professbuch*, S. 155.
99 KAE, A. HB. 77, *Diarium R.P. Galli de Saylern ab anno 1741 usque 1756*, S. 2. Hier ist die Rede von Quatuor Doct[issim]i Jesuitæ ex Brera a Mediolano».

Erzbischof Giuseppe Pozzobonelli kam 1755 höchstpersönlich zur Engelweihe nach Einsiedeln, oder der Musiker Piazza bot sich als Musiker an.

Wollte man allerdings die in Einsiedeln ab den 1750er Jahren in Massen eingetroffenen Mailänder Musikalien aufführen, so war der Besitz von Waldhörnern unabdingbar, denn bereits 1739 hatte Charles de Brosses verwundert über die Verwendung von Waldhörnern in Mailänder Kirchen berichtet: «Dans des musiques d'église, le grand orgue et les cors de chasse accompagnent les voix, et cela fait un effet beaucoup meilleur que je n'aurois présumé».[100] In der Tat wurde das Horn bei solennen Mailänder Vertonungen praktisch genauso oft wie die Trompete gebraucht. Obgleich selbst in der Lombardei die beiden Instrumente untereinander zumeist austauschbar waren,[101] blieb bei Vertonungen mit einer idiomatischen Schreibweise der Hornpartien ein derartiges Instrument jedoch unentbehrlich. Daher sollte uns der Einsiedler Kauf von Waldhörnern im Jahre 1760, die «express von unsern Musicanten anverlangt» wurden, nicht mehr sonderlich verwundern:

> Den 14te dises [Jahres] kammen 2 Waldhorn von Mannheim in hier ahn, so express von unsern Musicanten anverlangt worden, sonsten in Wien verarbeitet, von sonderen qualitet. gantz neüerer arth. deren betrag auf 30 fl gstelt – nebst annoch einigen Musicalien zusammen 38 fl – also abermahl = bestandige auss-lagen in ahnsehung der Music.[102]

Besass man einmal derartige Instrumente, so wurden sie auch bei den Fanfaren, welche etwa die Prozessionen 1766 begleiteten, eingesetzt: «Von seiten Capellme[ister]s. aber hin u. wider mit paukhen, trompeten, Waldhorn ja weillen datzwüschen ein tusch gemacht».[103] Desgleichen kamen die beiden Hörner zur Engelweihe von 1777 zum Einsatz:

> 5. Beÿ der h[ei]l[i]gen Capell wird Sanctus et agnus angelicum von 2 hörnern und im Chor ein kurzes tantum Ergo mit figural Music, den letzten sontag aber

---

100 Charles de Brosses, *Lettres familières*, texte établi par Giuseppina Cafasso; introduction, notes et bibliographie par Letizia Norci Cagiano de Azevedo; préface de Giovanni Macchia, in: *Mémoires et documents sur Rome et l'Italie méridionale*, Nouvelle série 4, 3 Bd., Naples 1991, Bd. I, S. 203.

101 Die Austauschbarkeit der beiden Instrumente war bei nichtidiomatischer Schreibweise für eines der beiden Instrumente sogar eine Mailänder-Praxis. Siehe hierzu den Quellenteil von Castellani und Riedo, *Ferdinando Galimberti, Dies irae*, S. 155–156.

102 KAE, A.HB. 32, *Dekanats-Diarium P. Michael Schlageter*, S. 130.

103 KAE, A.HB. 40, *Diarium Decanatus Einsidlensis. Ab anno 1764 usque 1770. Fünfzehnter Theil*, S. 88.

das te Deum abgesungen, wann aber im Chor ein anderer text de SS^{mo} solte figuriert werden, so singt man das tantum Ergo zu vor flexis genibus choraliter mit der orgel.[104]

Traversflöten hatte man im Übrigen bereits 1742 aus Leipzig erstanden. Im Index der Angaben aus der Statthalterei finden wir nämlich folgende Eintragung: «Musicalisches Instrument – fleutravers erkauft von Leipzig à 83 Pfund 6 Schilling laut Decanatrechnung 1742».[105] Wie wir aus Einsiedler Adaptationen der *Dies iræ*-Vertonung CH-E 472,3 von Ferdinando Galimberti in Erfahrung bringen können, muss es sich dabei um Traversflöten in *A* gehandelt haben.[106]

Halten wir die gemachten Beobachtungen fest, so erfahren wir vom gewaltigen Kauf an Mailänder Musikalien in den Jahren 1751 und 1753, wobei der Fürstabt Nikolaus eine nicht geringfügige Summe selber beigesteuert hat. Aus den Beschreibungen zur Engelweihe werden wir ferner über zeitlich besonders ausgedehnte Kirchenmusikaufführungen in Bezug auf das Amt, die Vesper und die Prozession unterrichtet, was die Bestätigung dafür zu sein scheint, dass die Vertonungen der Mailänder Kapellmeister mittlerweile einen festen Platz im Musikrepertoire der Benediktinerabtei Einsiedeln eingenommen haben. Ausserdem erfahren wir von einem ‹express anverlangten› Kauf an Waldhörnern, also ausgerechnet von dem Blechblasinstrument, das in der Mailänder Kirchenmusik eine fest etablierte Rolle einnahm.

Ab den 1740er Jahren stieg die Mitgliederzahl in Einsiedeln stetig an. Gerade unter der Regentschaft von Fürstabt Nikolaus Imfeld (1734–1773) erfahren wir aus dem Professbuch vom Klostereintritt von 19 musikalisch gebildeten Mönchen; von sieben weiteren haben wir im Laufe dieses Beitrages erfahren (Anselm Müller, Benedikt Zelger, Georg Meyenberg, Othmar Ruepp, Ildephons Betschart, Konrad Tanner und Romanus Moser). Trotzdem wurden zur musikalischen Ausgestaltung der Festlichkeiten immer zahlreichere externe Musiker herangezogen, dabei sehr oft hohe Vokalstimmen. Parallel dazu wurde das Salve Regina ab den 1770er Jahren mehrstimmig gesungen und ab 1766 stellen wir bezüglich des *Sanctus et Agnus Angelicum* ausserdem einen Wandel vom *a cappella*-Stil hin zu solistischen und konzertanten Vertonungen fest.

---

104 KAE, A.QE., Bericht zur Engelweihe von 1777 unter § 1 Gottesdienst, unpaginiert.
105 KAE, A.HB. 41. *Index ab anno 1741 usque 1768*. Hier wird auf keine Seite verwiesen.
106 Vgl. Castellani und Riedo, *Ferdinando Galimberti, Dies irae*, S. 156.

Aus all diesen Punkten müssen wir auf eine gesteigerte Bedeutung der Kirchenmusik im Benediktinerstift Einsiedeln ab den 1750er Jahren schliessen, wobei der Impuls höchstwahrscheinlich von Abt Imfeld ausging. Derart gestaltete sich insgesamt der Rezeptionshintergrund der angeschafften Musikalien eines Johann Christian Bach, Giovanni Battista Sammartini oder anderer Mailänder Kapellmeister der Zeit.

Zweifelsohne war die Anziehungskraft Einsiedelns als Zentrum der Marienverehrung im späten 18. Jahrhundert herausragend, wodurch Scharen an herbeigeströmten Pilger in den Genuss der musikalischen Aufführungen kamen. Wie gross der Pilgerstrom zu den Festlichkeiten der Engelweihe gewesen war, darüber gibt uns die Anzahl verteilter Hostien einen guten Anhaltspunkt. Michael Schlageter berichtet aus dem Jahr 1755: «Communicanten zelte man dise Engelweiehung hindurch 47500»,[107] wobei alleine 10000 am Engelweihsonntag zugegen waren.[108] Im Rückblick auf 1749 spricht er von unglaublichen 86000 Personen, die nach Einsiedeln gepilgert seien (diese Zahl wird von Schlageter allerdings selber angezweifelt).[109] Aus dem Jahre 1766 schliesslich wird auf die ganzen drei Wochen verteilt von nunmehr realistischen 54000–55000 Kommunikanten gesprochen, wobei man dem enormen Pilgerstrom mit 15 zusätzlichen Beichtstühlen begegnete.[110]

Was die ganz persönlichen Gäste der Benediktiner anbelangte, also Ordens- und Weltgeistliche von nah und fern, die einer Einsiedler Eigentümlichkeit nach oft auch als Prediger amteten, sowie weltliche Gesandte, Vertreter des Standes Schwyz, manchmal auch Adlige,[111] so

---

107 KAE, A.HB. 27, *Diarium Decanatus Einsidlensis Anno 1755. 2ter Theil.*, S. 64.
108 Ebd., S. 59.
109 Ebd., S. 65.
110 KAE, A.HB. 40, *Diarium Decanatus Einsidlensis. Ab anno 1764 usque 1770. Fünfzehnter Theil*, S. 89.
111 Siehe P. Rudolf Henggeler, «Der Kronprätendent aus England», in: *Das alte Einsiedeln* Nr. 3 (*Einsiedler Anzeiger* Nr. 76, Dienstag 27. September 1966). Aus dem Tagebuch P. Michael Schalgeters, dem damaligen Dekan des Stiftes vernehmen wir ausserdem von einem anderen hohen Gast: Den 10. Huius kame abens spath in Begleit des Herrn von Thurn ein vornemmer Herr in hier von St. Gallen, tecto nomine (ohne Angabe seines namens), so sich aber eintzig Sr. Hochfürstlichen Gnaden in geheimb und summo secreto (unter größtem Geheimnis) zu erkennen gab, so der Praetendent aus England sein solle. Im Kloster hielt man den Gast also als den Sohn des von der Glorreichen Revolution vertriebenen Königs Jakob II. aus dem Hause Stuart. Daher wurde er auch seinem Stande gemäss behandelt. Er blieb bis zum 27. Oktober in Eisiedeln. Allerdings gab es Umstände, die an seiner Identität zweifeln liessen. Gleichwohl war man erstaunt im März 1757 aus der Frankfurter Zeitung von einem Betrüger erfahren zu haben.

mussten diese – täglich bis zu 300 Personen[112] – vom Kloster logiert und verköstigt werden. Dazu war es üblich einen sogenannten Engelweihochsen im Vorfeld des Festes zu mästen, ihn reich geschmückt der Bevölkerung zur Belustigung zu präsentieren, öffentlich zu wiegen (wobei dieser bis zu 2500 Pfund schwer sein konnte) und zu schlachten.[113]

Die Kosten der ganzen Festlichkeit schätzte man 1766 auf bis zu 20000 fl.[114] Dazu muss auch die aufwendige Beleuchtung unter Verwendung von insgesamt 6812 Kerzen gerechnet werden. Alleine 3570 Lichter – somit mehr als die Hälfte – wurden zur Illuminierung der Klosterkirche gebraucht, 1992 davon sollten das Dorf beleuchten und 1250 schliesslich den Chor erhellen.[115] Insofern erstaunt uns der Bericht von P. Beda Plank aus dem oberösterreichischen Kremsmünster keineswegs, der im Oktober 1779 nach langer strapaziöser Reise endlich in Einsiedeln ankam, sich nur noch des nächtlich beleuchteten Marktplatzes Gewahr wurde und sogleich sterbensmüde ins Bett fiel:

> Als wir anderntags davon sprachen [vom beleuchteten Marktplatz], nahm unser hochwürdige Herr Gastmeister Gelegenheit, uns zu erzählen, wie feierlich bei ihnen das Fest der Einweihung der Heiligen Kapelle jährlich den 14. September begangen werde, wo nicht nur der Markt und der große Platz zwischen Markt und Stift, sondern auch der vordere Teil des Stiftes und der Kirche, ja sogar alle Statuen derselben in einer förmlichen Beleuchtung glänzen. Bei Nacht wird eine solemne Prozession gehalten, um 12 Uhr nachts die Metten gebetet und gegen zwei Uhr das erste feierliche Hochamt abgesungen. Diese Feierlichkeit ist die größte im ganzen Jahr zu Einsidlen; sie wird unter ungemeinem Zulauf der Fremden begangen.[116]

---

112 KAE, A.HB. 40, *Diarium Decanatus Einsidlensis. Ab anno 1764 usque 1770. Fünfzehnter Theil*, S. 89.
113 P. Rudolf Henggeler, «Die Engelweihochsen»: in: *Das alte Einsiedeln*, Nr. 10. (*Einsiedler Anzeiger* Nr. 32, Dienstag 25. April 1967 und Nr. 15, Dienstag 3. Oktober 1967).
114 KAE, A.HB. 40, *Diarium Decanatus Einsidlensis. Ab anno 1764 usque 1770. Fünfzehnter Theil*, S. 89.
115 Ebd., S. 92.
116 P. Altman Kellner, «Einsiedler Wallfahrtsbericht 1779», in: *Maria Einsiedeln, Benediktinische Monatsschrift. Offizielles Organ der Wallfahrt*, Juni 1969, Heft 7, S. 320–325, hier S. 322.

Anhang

Ordnung auf bevorstehende so genannte Grosse Engellweijhung ad annum 1755 / Vorgeschrieben von s[eine]r. Hochf[ürstlichen]. Gn[a]d[en]. Nicolao 2do.[117]

1^(mo).
Festlich sind alle RR. PP: expositi an der zahl 20. auf den 11^(ten) 7br. berufen;[118] von anderen orthen aber varijs ex causis niemand in Subsidium begehert worden.
2^(dò).
Belangend den Gottesdienst, wird die Mette an den 3. sonntägen nachts um 12. Uhr, die übrige täge um 9. Uhr morgens gehalten werden. An gemeldeten Sonntägen wird auf das Te Deum ein Pontificalambt in der hl: Kapelle, und darauf die laudes auf alldorten mit Solemnischer Music gesungen werden, unter welcher Zeit die hl: Kapelle ganz illuminiert seijn solle. Die übrigen täge dieser hochfürstlichen festivität, wird um 5. Uhr ein Choralambt mit der Orgell de Beata in hl: Kapelle gehalten. Die Prim, und Terz, wan ein Pontificalambt, sonsten auf die Sext werden mit der Orgel um 7. Uhr gesungen; worauf die Predigt, alsdann das Hoch=ambt im Chor allezeit mit figurierter Music folgt, und wird

---

117 Das vorliegende Dokument umfasst insgesamt 11 Folios und wird unter KAE, A.HB. 77, *Diarium R. P. Galli de Saylern ab anno 1741 usque 1756* verwahrt. Die Quelle, zu der auch die aus 5 Folios bestehende, hier aber nicht transkribierte lateinische *Oratiuncula pro accipiendo Emin[en]t[issi[mo] Cardinali Josepho Puteobonello* von Ägidius Füchslin gehört, wurde nachträglich als Faszikel in das Diarium eingebunden. Ab den beiden dahinter befindlichen Verzeichnissen *Syllabus Concionum* und *Silabus Eorum Qui* mit den zu den Festlichkeiten der Engelweihe anwesenden und an der Liturgie beteiligten Personen, gehört die Quelle wieder zum ursprünglichen Diarium. Das Dokument scheint gänzlich, wie im Übrigen auch das Diarium selber, in der Handschrift Gallus von Saylerns verfasst zu sein. Bei der vorliegenden Transkription wurde die originale Schreibweise mitsamt den Zeichen und der Textstrukturierung übernommen. Die einzige Abweichung vom Original bildet die Worttrennung aufgrund eines Zeilenendes. Sämtliche Hinzufügungen des Autors wurden in eckige Klammern gesetzt. Änderungen oder Ergänzungen, die mittels Zeichen wie einem Asterix oder anderer Zeichen nachträglich am Rand des Lauftextes angebracht wurden, sind in runden Klammern in diesen eingefügt.
Einen grossen Dank möchte ich an dieser Stelle an Pater Dr. Odo Lang (Stiftsbibliothekar des Klosters Einsiedeln), Pater Lukas Helg (Stiftskapellmeister) und Herrn Andreas Meyerhans aussprechen sowie den Mitarbeitern des Staatsarchivs Schwyz für die Unterstützung bei der Transkription einzelner nur schwer entzifferbarer, dem heutigen Leser nicht mehr geläufiger Begriffe.

118 Als Expositus wird der Vorsteher eines Seelsorgebezirkes ohne eigene Vermögensverwaltung verstanden, d.h. alle Konventualen, die sich zum besagten Zeitpunkt nicht in Einsiedeln aufhielten.

der beschluss allezeit mit der Nona gemachet; die Vesper, so iederzeit figuriert, und mit assistenten zu halten, kan nach gröser= oder geringeren anzahl der Wallfartenden um 2., halbe 3., oder um 3. Uhr anfangen, auf welche das Salve Regina in S[anctis]s[i]mo Sacello, hernach die Predigt folget. Die Complet solle Choral[i]t[e]r mit der Orgel gesungen werden [die erste durchgestrichene Eintragung ist nicht mehr lesbar, die zweite: eine 4^tel stund nach 6 an den festtägen, die nunmehr lesbare dritte: um ¼ auf 7.]; es wird aber uns ein kurzes zeichen dazu gegeben, und kein Capitel zuvor gehalten. Item wird selbe um die nemliche zeit – [nachträglich ergänzt aber wiederum durchgestrichen: in ¼ nach 6 Uhr] gesungen an dem 1ten und letzten Sontag, wie welche nach selber eine Pontifical Procession cum S[anctis]s[i]mo Sancto aussert, oder inert der kirche, nach beschaffenheit des wetters angestellet wird; und solle diese 2. Sonntäge + (+ auch alle übrigen täge) das Salve nicht figuriert, sondern Choral[i]t[e]r mit der Orgel abgesungen werden. Die übrigen täge ist die Complet um 1/3 auf 7

3^tiò
Beij den beijden Pontifical Processionen nach der Complet, wan selbe aussert der kirche gehalten werden, wird die kramgass, das dorf, der brunne, das Kloster gegen das dorf, das frontispicium der kirche, sonderheitlich aber der altar, worauf das Hochwürdige gestellet wird, illuminiert, wie auch die hl. Kapelle und der Chor. Wofern aber wegen ungünstigem wetter solche müssten inert der kirche gehalten werden, sollen alsdan nebent der Kapelle auch die Gallereije der ganzen kirche sambt dem altar auf den das Hochw[würdigste] zu stehen kombt bestmöglichst illuminiert werden; die Music beij der 1sten Station, auf V[ersikel]: und Ora[ti]o wird de S[anctis]s[i]mo seijn; da aber das S[anctis]s[i]mum in die hl. Kapelle begleitet, und dort abgestellet wird, singet man das S[anctus]: S[anctus]: S[anctus]: und Agnus Angelicum cum ora[ti]one de eadem festivit[at]e. Zu dem Chor am 1ten sontag wird anstatt das Te Deum das Tantum ergo figural[ite]r gesungen mit der ora[ti]o de S[anctissi]mo. Nach diesem folget eine stille Benediction, und wird der ablass verkündiget. Music [nichts weiter] Den mittleren sontag wird anstate der Procession cum S[anctis]s[i]mo, nach der Complet, die Translation beijder hl. Leiber Iust[us] et Tusch[us][119] der hl. auf das hochambt, wan es wohl seijn kan; sonst aber vor der Vesper gehalten werde; da dan mit den grössten hl: Reliquien, Fähnen, und geheimnüsse Confrat[r]i: S[anctis]s[i]mi Rosarij. Von dem dazu errichteten altar diese 2. hl. Leiber abgeholet werden; beij gemeldetem altar wird das Responsorium Surgite Sancti figural[ite]r gesungen, darauf das V[ersikel]: exultabunt Sancti und die Ora[ti]o: fac nos quæsumus D[omi]ne abs[que] Pontifical[ite]r celebrante tono competente gebettet; nach diesem werden beijde hl. Leiber von Diaconis getragen, neben jedem hl. Leib

---

119 Zu den Erwerbungen der Leiber der beiden Heiligen Justus und Thuscius aus Rom im Jahre 1748 für je 120 Scudi, die ihre feierliche Translation an eben diesem mittleren Sonntag der Grossen Engelweihe in der vom Abt von Fischingen gehaltenen Prozession erhielten, siehe Ernst Alfred Stückelberg, *Geschichte der Reliquien in der Schweiz*, (Schriften der Schweizerischen Gesellschaft für Volkskunde), Bd. 1, Zürich 1902, S. 243. Ausserdem P. Rudolf Henggeler, «Die Reliquien der Stiftskirche Einsiedeln», (Sonderabdruck aus dem Feuilleton Feierstunden des *Einsiedler Anzeiger*), Einsiedeln 1927, S. 50–51. Für die beiden Hinweise danke ich Pater Dr. Odo Lang.

aber 4. Acolythi mit brenenden tortschen[120] hergehen, und allso Processionas: in den Chor einbegleitet werden; alldort wird dan das Te Deum laudamus V[ersikel]: lætamini. Ora[tori]o: Deu[s] qui ex o[mn]iu[m] cohabitat[io]ne gesungen, und mit Solenner Benediction diese function geeindiget werden.

4to.
Zu dem Beichthaus, wohin alle P. P. PPatres Confessarij 54. an der Zahl verordnet sind, werden selbe fordernis Ihrer brennende seelen = Eijfer an tag zu legen höchstens beflissen seijn, und ein jeder allso zu sagen die kleinste minute von bestimmter Zeit zum beichthören höchst schäzbar achte, darin des nächsten heijl befördern zu können. damit aber genugsame Beichtstühle für jeden ins besonder vorhanden, wird an der M. Magdal[ena]: Kapelle gegen den knabenplatz ein zusaz mit brettern gemacht werden.

5tò.
Wegen dem geläute ist zu beobachten, dass eine stund vor der Vesper die 2. grössten glocken eine ganze ¼ stund geläutet werden; dieses aber nur an den 3. * (* 1ten und 3ten) sontags abends; nach abgelösten stunden wird mit allen Glocken wiederum vor und nach geläutet, wie an höchsten festtägen zu geschehen pfleget; auf das Salve läuten, wird gleich mit der grösten Glocke ein Zeichen zur Predigt gegeben. In der nacht um 11. Uhr kan bis um ½ 12. musiciert werden, auf welches beijde gröste Glocken eine ¼ stund geläutet, und nach der stuck schüssen mit allen zur Mette geläutet wird dan widerum zum Te Deum laudamus. Zu dem darauf folgenden Pontificalambt, und übrigen gottesdienst solle das geläute wie in festis 1mae Classis beobachtet werden: so auch vor der Pontifical Procession nach der Complet, und von dem 2. und 3.ten Sonntag zu versehen ist. Insgleichen wird diese Zeit hindurch zur Vesper vor und nach geläutet an allen 1mae, und 2dae Classis festen. Item sooft ein Pontifical Vesper oder ambt seijn wird. Die übrigen täge aber, wan kein Prælat die Vesper haltet, wird nur mit allen Glocken nach geläutet übrigens aber das 1mae Classis geläute zur ämbtern, horas, wie auch die gröste Glocke zur vor und nachmittag Predigt gebrauchet.

6tò.
Die stücke schiesset man los: Erstlich am vorabend der Engellweijhung, nachdem man die 2. grösste Glocke zu läuten aufhöret [d. h. 23 Uhr 45]: zweitens: eben so vor der mette läuten # (# Ist nur an dem 1ten und 3ten Sontag beobachtet worden)
3tens. in der Procession nach der Complet, und wan man die hl. leiber abholet.
Viertens. beij der Elevation der Pontificalämbter, so wohl in der hl. Capelle als im Chor; item an St. Mauritij tag, wan schon kein Pontificalambt.

7mò.
Den tisch belangend wird in dem Refectorio das mittagmahl nach vollendetem Gottesdienst, an den fast tägen aber um 11. Uhr genomen. Zu nacht aber speiset man um 5. Uhr. und wird niemand frembden dazu gelassen werden, wan nicht ausserordentliche umstände es erfordern würden.

---

120 Gemeint sind ‹Kerzen›, siehe Artikel «Tortsch» in: *Schweizerisches Idiotikon, Wörterbuch der schweizerdeutschen Sprache*, Frauenfeld 1973, Bd. 13, Sp. 1680–1682.

8vò.
Zu dem Convent sind die tischwarter bestellet:
Br. Bartholomæus und Geroldus. Lesen wird fr. Adelricus.
Zu den Zellen und Betten RR. PP: Br. Mathæus und Thomas.
Zu der Convent: Porten Br. Mathias und Benedict.
In den Wechsell[121] Br. Philippp: Peter: und Adelricus
Zu der hl: Kapelle: Br. Antonii und Simon.
Zu der hof Porte Balthasar von Glarus der diesen dienst ehemals schon selbst verrichtet hatte.
Zu der 2. Porte gegen das Convent, selbe beschlossen zu halten, und achtung zu geben, dass niemand unbekanter in hof sich einschleiche, oder in die Clausur gelaset werde, so nicht ehrenhalber dahin muss gelassen werden, sind 2. bregenzer murer bestellet.

9nò.
Den Ehrengästen abzuwarten, solche zu empfangen sind hr. Probst von St: Gerold und hr. statthalter im gottshaus ernennet. Welche gleichwohl, so vil möglich den Beichtstuhle sollen versehen; diesen Susceptoribus hospitum ist zugegeben der ambtman Ganginer von Lachen. das Ceremonial in der tafellstube wird der Kanzler besorgen, welcher samt dem Secretarij, ambtman mir, so ist s[eine]r. hochf[ürstlichen]. gn[aden]:, und andre Prælaten, wie das mag befohlen werden, solle aufwarten.

10mò.
– Beij der tafell sind zur aufwart[ung] neben dem taffeldecker verordnet, und zugegeben, die Kanzlisten, apotecker, barbierer so es nöthig.
– den bedienten wird zu essen tragen und beij ihren speisen achtung geben diese essen in dem nächsten Zimmer an der kirche.
– den schirmern,[122] die in der wahlbrüderstube essen, werden die speisen von den sigristen aufgetragen.

11mò.
– für die Zimmer sauber zu halten, zu betten, und den Pfortner zu helfen
– das Essen in die Zimmer zu tragen, und den Ehrengästen zu pflegen werden verordnet, oder nach erforderung der würde und stand des Ehrengasts auch Secretarijs oder mehrere zur abwartung sich einfinden.

---

121 Um welchen Teil der Klosteranlage es sich hierbei handelt, siehe: Henggeler, *Professbuch*, S. 155. Denn schon 1746 und wiederum 1757 und 1758 hatte man den noch fehlenden Teil des nordwestlichen Flügels erstellt. Der dem Turme zunächst liegende Teil, der sogen. Wechsel (Verkaufsladen des Stiftes) war der letzte Bau, den Johannes Rüeff, der durch 30 Jahren im Dienste des Stiftes gestanden, aufführte.

122 Die Schirmer waren eine Art Polizeiorgan, das Aufsicht halten musste und unter dem Ansturm der vielen Pilger für einen geregelten und ruhigen Ablauf zu sorgen hatte.

12ᵐᵒ·
Das vollkommene Diarium, was für hr: Ehrengäste, Ehrenprediger von tag zu tag ankommen, [durchgestrichenes, unentzifferbares kurzes Wort] verreisen. wie selbe beij der tafel gesessen, item was für gesundheiten, und was ordnung selbe seije getruncken worden, wird der Secretarij schriftlich und umständlich anmerckhen. Zu obigem haben seine hochf[ürstliche]. gnad[en]. auf hinterbringung das ao 1749. ein und andres vorgegangen seije, folgendes nebst obigem verordnet.

1ᵐᵒ· Erstlich: das wie in dem 1749. Jahr mit der Music dieser Solemnitet von dem Glockenthurm solle gemachet werden.

2ᵈᵒ· Zweitens: dass die beide schirmer hauptleüthe von schweiz, und hier, in der Procession gladiati[123] ohne mäntel vorgehen sollen.

3ᵗⁱᵒ· Pro communicando Populo nebst fr. Praeceptor im dorf, fr. Eberlin, solle fr. Kaplan von kaltbrunnen, oder ein andrer bestellet werden.

4ᵗᵒ· Pro Confessarijs Gallicis solle einer von gleicher Sprache bestimmet werden, welcher täglich in dem beichthaus die französische Pilgrame den französischen Beichtvättern in den à parte gemachten verschlag zuführen solle.

5ᵗᵒ· Tit: Fr. Müller Sacerdos Sæcularis von Glarus ist die mühe aufgetragen, von tag zu tag alle concept der Predigten zu notieren.

6ᵗᵒ· Zu nacht sollen iederzeit 2. wächter im Convent, und 2. im hof wachen.

7ᵐᵒ· Es gestehe seine hochf[ürstliche]. gn[a]d[en]. gnädigst ein dass man im Convent nach gelesener hl. Schrift mit einander sich unterreden dörfe.

8ᵛᵒ· Um die Music mit gröserer auferbauligkeit, und mindrer unordnung und ausschweifungen diese hochfeijerliche zeit hindurch vollführen zu können, haben seine hochf[ürstlichen]. gnad[en]. in gegenwart hr. P: Substionis[124], P. Aemiliano [Ackermann, 1718–1769[125]] damahls Praeceptor, und P. Fintano [Steinegger, 1730–1809[126]] Profess Poeseios neben P: Basilio [Gugelberg, 1719–1778[127]] Capellmeister gnädigsten befehl gegeben, von izt an |: es waren noch 4. ganze wochen übrig :| alle Messen, Moteten, Concert, Offertorie, wie auch alle Vespern auszusuchen, und für ieden täg ins besondr zu bestimmen [durchgestrichenes, unleserliches Wort]. Die bewege[nde] ursache waren hauptsächlich, damit man diese musicalia den kindern zu übersehen, und zu lehren geben könte, weil man mit discant und alt ziemlich gemein versehen war. andrten damit diese herren mindere ursach hätten dess aussuchens wegen von dem beichtstuhl sich aus zuwinden; und damit dem hin und her laufen unter dem Gottsdienst einiger innhalt geschehe; daher höchst dieselben auf befehle, die stimmen iederzeit an sein gebürendes orth zu legen, und die Musicanten zu vor daraus zu berichten. annebst haben höchst dieselben befohlen, dass man nicht ieden frembden Musicant zur Music hinauf lassen, viel minder andre frembde Musicalien lasse auflegen, und produciere, es wäre dan der Musicus so wohl bekant, und in seiner kunst so vollkommen, dass keine confusion zu beförchten wäre.

---

123 Mit ihren Schwertern.
124 Die Position des Abtvertreters – im Stift Einsiedeln übernimmt diese Funktion der Subprior – oblag seit November 1759 bei Gallus von Saylern selber, siehe Henggeler, *Professbuch*, S. 407. Hieraus wird nun verständlich, weshalb an dieser Stelle kein Familienname steht, warum uns dieses Dokument in der Handschrift Gallus von Saylerns vorliegt und in dessen Diarium überliefert ist.
125 Ebd., S. 407–408.
126 Ebd., S. 419–420.
127 Ebd., S. 413.

9$^{no.}$ Frembde Musicanten erachteten seine hochf[ürstliche]. gn[a]d[en]. nicht nöthig zu berufen, aussert 2. trompeter, hr. Williman, und hr. Hofman beide berümbte hoftrompeter zu bruntrut[128]. Auf begehren hr. Marians[129] liessen selbe auch ein weltpriester von Lauwis, der ein künstlicher tenorist sein solle, herkommen.

10$^{mo.}$ Die horæ minores werden an den 3. sontäg und St: Mauritij fest beij den 2. lateral orgel gesungen,[130] die andere täge aber in dem Chor. Ausgenomen kombt hier die Complet, welche alle täge im Chor, und dass Salve nur Choral mit der Orgel wird gesungen werden. Officiator im Chor wird allezeit ein Superior seijn; das ambt aber, und die Vespern gehören dem wochner zu, welcher selbe selbst halten, oder immer andere dazu bestellen wird.

11$^{mo.}$ Das Zeichen zur Meditation und Examen wird wie sonst zu seiner zeit gegeben, obschon man sich dessentwegen nicht im Musæo versamelt; damit theils die frembde dadurch auferbauet, wan alles ordentlich zugehet, theils wie, solche geistliche übungen nicht ausert acht zu lassen, erinnert werde.

12$^{mo.}$ Die spate mess wird alle täge nach der Nona gelessen, und ist von hr. Decan dazu der Junior Patru[m] bestellet.

13$^{tio.}$ Beij dem tisch werden täglich zu Mittag 2., zu abend ein Ehrenspeis sambt dem trunckh gegeben; welches neu und bisher nicht ist üblich gewesen; damit aber aller anlass des einst vergnügens aufgehoben seije, und die RR. PP. und FFr. desto fleissiger und williger seijen Ihre arbeiten zu verrichten, haben s[eine]: hochf[ürstlichen]. gnad[en]. dieses verordnet. Der ordinarij wein wird ein guter oberländer seijn.

14$^{to.}$ Nach mittag kann man insgesamt in talaribus spazieren gehen. Wan dan einer, mehrere, oder alle dienst leisten, vergönne s[ei]n[e]. hochf[ü]r[stlichen]: g[naden]: selber ein trunkh zu nehmen.

15$^{to.}$ Beij dem zeichen zur complet solle man dass Silentium bis folgenden tag [durchgestrichenes Wort] nach der prim beobachtet und die, welche nicht in die complet gehen, sollen sich in ihre Zimmer verfügen & bethen.
NB: die hr. Su[b]priores pflegen an den sambstägen, beide in die complet zu gehen, wie auch zu mitternacht in die mette; die übrigen täge aber hindurch wechslen selbe ein ander ab, und bestimmen aus den RR. PP[atri].bus soviele als selbe nöthig sind, oder die menge die solches zulasset.

2. die FFr[at]res gehen alle alle täge in die metten und alle übrigen Gottesdienst. Iedoch kan einem oder zween zu schlaffen erlaubet werden, wan und sooft es füglich geschehen kan.

---

128 Gemeint ist ‹Pruntrut›, das für das jurassische ‹Porrentruy› steht. Es handelt sich hier um die Hoftrompeter des Bischofs von Basel, der zu jener Zeit in Porrentruy residierte.

129 Gemeint ist P. Marian Müller von Aesch, der spätere Fürstabt, der seit 1749 in Bellinzona weilte und 1751 auch zum Kompositionsstudium bei Giuseppe Paladino nach Mailand geschickt wurde, siehe Henggeler, *Professbuch*, S. 161–165 und 414.

130 Über den Standort der Orgeln ab den 1740er Jahren in der 1735 eingeweihten Klosterkirche, siehe Henggeler, *Professbuch*, S. 155. In der Kirche wurden drei Orgeln aufgestellt, eine auf der Tribüne beim Rosenkranzaltar und zwei bei den eigens zu diesem Zwecke erstellten Lettnern über dem hl. Kreuz und Ölbergaltar.

3. Wegen der geringen anzahl der F[rat]rum theils die Chor bürdt zu erleichteren, sind alle täge zur Prim 8. grose Scholares nebst 2. [nicht entzifferbares Wort] gegenwärtig zu seijn befelchet worden.

4. An st. Michaels tag[131] werden die horae min[ores]. auch mit der orgel gesungen; und das colloquium beij dem mittagessen vergönet, iedoch muss hierüber s[eine]. hochf[ürstliche]: gn[aden]: [um Erlaubnis] erbethen werden zu abends aber fanget die alte ordnung und stillschweigen wiederum an, obschon die frembden herren beijm tisch sizen, wan es nemlich s[eine]. hochf[ürstliche]. gnad[en]: allso befehle, sonsten geniesset man eben dieses privilegium, wie ao 1749. zu sehen.

Den 26ten langte seine Eminenz hr. Joseph Pozobonelli Kardinal und Erzbischof der metropolitanischen meijländischen kirche allhier an unter lössung der stuckhen, und läutung beider grösten glocken. Da selber dem kloster zunachete, wurde von 2. oder 3. trompeten ein tusch und ein stücklin geblasen, von einem hofzimmer heraus, welches mir ziemlich trocken vorkame. seine hochf[ürstliche]. gnad[en]. empfiengen Ihn aus der sanfte[132] und führten selben in das zubereitete Zimmer.

Den anderen Tag nach abgesungenen horis min[oribus]. wurde eine feijerliche Procession angestellet, man truge + (+ das Baldachin) kreüz und fahnen vor, es folgten die togati, der Clerus, und endlich seine hoch[ste]. gnad[en]. im Pluvial und Mitra aber ohne stab mit dem Ceremoniarij 2. acolithjs und thuriferarijs. Man gienge also durch die kirche hinaus bis zu der hofpforte, dort kamen seine Eminenz mit seinem gefolge, und empfienge stehend unter dem Baldachin, das von P. Aegidius [Füchslin] im namen s[eine]r. hochf[ürstlichen]. gnad[en]. verfasste compliment, darauf ohne dass er selbst beantwortete, giengen Er mit uns bis zu der kirchen pforten + (+ unterdessen sangen wir die gewohnte antiphona. Ecce sacerdos), allwo seine hochf[ürstlichen]: gnaden Ihre genuflex das hl kreüz, als Sign[um] Pacis, zum Küssen gaben, und Ihn 3plici ductu incensierte; von dorten gienge Er in die hl. Capellen, in Chor aber hinauf wolte seine Eminenz nicht, sondern gaben unter der thür der hl. Kapelle den ordentlichen seegen, liessen auch 100 täge ablass verkünden durch den ceremoniari, und lasen sodann die hl. Messe.

---

131 Mit St. Michaelstag ist der 29. September gemeint, also der auf die dreiwöchigen Festlichkeiten folgende Montag.

132 Gemeint ist eine ‹Sänfte›.

Autoren

CLAUDIO BACCIAGALUPPI studierte Musikwissenschaft, italienische Literatur und Sprachwissenschaft an der Universität Zürich. Gegenstand seiner Lizentiatsarbeit war der sizilianische Komponist des 17. Jahrhunderts Giovanni Battista Fasolo. Er promovierte an der Universität Freiburg im Uechtland (Schweiz) über die Überlieferung und die Rezeption der neapolitanischen Messe (1710–1740) nördlich der Alpen, am Beispiel der Werke G. B. Pergolesis. Sein Forschungsinteresse gilt neben der italienischen Musik ausserhalb Italiens auch der Aufführungspraxis des 19. Jahrhunderts. Er veröffentlichte Artikel u. a. in *RIdM* (2006), *Recercare* (2006), *AnMl* (Bd. 38, in Vorb.); mit Luigi Collarile redigierte er das Werkkatalog von Carlo Donato Cossoni, 1623–1700 (Bern 2009).

THERESE BRUGGISSER-LANKER studierte Musikwissenschaft, Mittelalterliche und Neuere Geschichte an der Universität Bern. Promotion 1999 mit einer Arbeit über Musik und Liturgie im Kloster St Gallen. Habilitation 2007. Lehrtätigkeit an der Musikakademie St. Gallen, an den Universitäten Bern, Zürich und Konstanz sowie als Gastprofessorin an der Universität Fribourg. Seit 2002 ist sie Präsidentin der Schweizerischen Musikforschenden Gesellschaft und lehrt seit 2008 als Privatdozentin am Institut für Musikwissenschaft der Universität Bern. Forschungsschwerpunkte: Musik des Mittelalters und der Renaissance im Rahmen einer interdisziplinär ausgerichteten Kulturwissenschaft, Gregorianik, Kirchenmusik des 17. und 18. Jahrhunderts sowie Mittelalter-Rezeption vom 18. Jahrhundert bis heute. Zuletzt erschienene Publikation: *Musik und Tod im Mittelalter – Imaginationsräume der Transzendenz* (Göttingen 2009).

GABRIELLA HANKE KNAUS, geboren 1959 in Bern, studierte daselbst Musikwissenschaft, Neuere deutsche Literatur und Kunstgeschichte. 1993 promovierte sie mit der Dissertation *Aspekte der Schlussgestaltung in den sinfonischen Dichtungen und Bühnenwerken von Richard Strauss*. 1985–2009 Leiterin der Arbeitsstelle Schweiz des RISM (Répertoire International des Sources Musicales). Lehrbeauftragte an den Universitäten Bern und Zürich. Publikationen hauptsächlich zu Richard Strauss (*Richard Strauss – Ernst von Schuch / Ein Briefwechsel*, Berlin 1999). Zu Pietro Torris (ca. 1650–1737) Oratorienschaffen zwischen italienischer und französischer Tradition, zur Musikgeschichte der Benediktinerabtei Einsiedeln sowie zum Schaffen des Komponisten und Interpreten Richard Sturzenegger (*Richard Sturzenegger – Katalog des Nachlasses in der Musikbibliothek der Hochschule der Künste Bern*, Musikforschung der Hochschule der Künste Bern, Bd. 1, Schlingen 2007).

HILDEGARD HERRMANN-SCHNEIDER. Geboren 1951 in München, Studium an der Staatlichen Hochschule für Musik München und an der Universität Innsbruck (Promotion in Musikwissenschaft 1978, Habilitation 1996). 1978–91 wiss. Mitarbeiterin in der Musiksammlung der Bayerischen Staatsbibliothek München, seit 1991 freiberufliche Musikwissenschaftlerin in Innsbruck. 1983 mit Dr. Manfred Schneider Gründung des *Instituts für Tiroler Musikforschung* Innsbruck, 1993 Gründung des *Tiroler Musikkatasters* zur wissenschaftlichen Dokumentation musikhistorischer Quellen Tirols (im Auftrag der Kulturabteilung der Tiroler Landesregierung) mit Assoziierung an *RISM*, Leiterin des *RISM Landesleitung Westösterreich & Referat Südtirol* in Innsbruck/ITMf, seit 1995 Lehrtätigkeit am Institut für Musikwissenschaft der Universität Innsbruck. Arbeitsfelder: Musikgeschichte Tirols und Bayerns, Quellen- und Instrumentenkunde, musikalisches Archivwesen. Ca. 180 Fachpublikationen in Europa und den USA (Schriftenverzeichnis: www.musikland-tirol.at). Definitive Identifizierungen: Edmund Angerer OSB (1740–1794) aus Stift Fiecht/Tirol als tatsächlicher Komponist der sog. *Kindersinfonie* (zuvor Josef oder Michael Haydn bzw. Leopold Mozart zugeschrieben, s. *Mozart-Jahrbuch* 1996); W.A. Mozarts Messe KV 257 als sog. *Spaur-Messe*, s. *Der Schlern* 2007, H.11 und u.a. *Mozart Studien* 2009).

THOMAS HOCHRADNER, geb. 1963 in Salzburg. Ao. Univ.-Prof. für Historische Musikwissenschaft an der Universität Mozarteum Salzburg. Forschungsschwerpunkte zur Musikgeschichte des 17. bis 20. Jahrhunderts (insbesondere zu Barockmusik, Kirchenmusik und Musikphilologie) sowie zur Salzburger Musikgeschichte und Volksmusikforschung. Publikationen u.a.: *Lieder und Tänze um 1800 aus der Sonnleithner-Sammlung der Gesellschaft der Musikfreunde in Wien* (= Corpus Musicae Popularis Austriacae 12), Wien – Köln – Weimar 2000 (gemeinsam mit Gerlinde Haid); „*Stille Nacht! Heilige Nacht!" zwischen Nostalgie und Realität. Joseph Mohr – Franz Xaver Gruber – Ihre Zeit* (= Salzburg Studien. Forschungen zu Geschichte, Kunst und Kultur 4), hrsg. und eingeleitet v. Th. Hochradner, Salzburg 2002; *Cesar Bresgen. Komponist und Musikpädagoge im Spannungsfeld des 20. Jahrhunderts* (= Wort und Musik. Salzburger akademische Beiträge 59), hrsg. v. Th. Hochradner u. Th. Nußbaumer, Anif/Salzburg 2005; *Mozarts Kirchenmusik, Lieder und Chormusik* (= Das Mozart-Handbuch, Bd. 4), hrsg. v. Th. Hochradner u. G. Massenkeil, Laaber 2006.

LAURENZ LÜTTEKEN, geboren 1964 in Essen, studierte Musikwissenschaft, Germanistik und Kunstgeschichte an den Universitäten Münster und Heidelberg. 1991 wurde er mit einer Arbeit über Guillaume Dufay promoviert. Nach Tätigkeit als freier Journalist und längeren Stipendiatenzeiten am Deutschen Historischen Institut in Rom und an der Herzog August Bibliothek Wolfenbüttel sowie Assistentenzeit an der Universität Münster habilitierte er sich dort 1995 mit einer Arbeit über den Zusammenhang von Ästhetik und Kompositionspraxis im späteren 18. Jahrhundert. 1996 wurde er auf den Lehrstuhl für Musikwissenschaft an der Universität Marburg berufen. Seit 2001 ist er Ordinarius für Musikwissenschaft an der Universität Zürich. Er ist Mitglied zahlreicher wissenschaftlicher Organisationen, derzeit u. a. Vizepräsident der Schweizerischen Musikforschenden Gesellschaft, Präsident der Musikkommission der Stadt Zürich, Vorsitzender der Musikgeschichtlichen Kommission und Präsident der Deutschen Gesellschaft für die Erforschung des 18. Jahrhunderts. Seine Hauptarbeitsgebiete sind die Musik des Spätmittelalters/ der Renaissance, die Musik des 18. Jahrhunderts sowie musikalische Gattungs- und Ideengeschichte.

CHRISTOPH RIEDO hat in Freiburg (CH), Bern und Padua Musikwissenschaft und Geschichte studiert und mit einer Arbeit zur Musikpatronage im Italien des frühen 17. Jahrhunderts abgeschlossen. Seit dem Herbst 2005 ist er Forschungsassistent am Nationalfondsprojekt *Musik aus Schweizer Klöstern* und ist in der gleichnamigen Publikationsreihe Herausgeber des Bandes *Andrea Bernasconi. Miserere* (2009). Der Band *Ferdinando Galimberti. Dies Irae*, in Zusammenarbeit mit Giuliano Castellani, ist in Vorbereitung. Er schreibt an einer Dissertation zur liturgischen Musik in Mailand von 1740–1780, wobei die Koexistenz der ambrosianischen und römischen Liturgie in der Diözese Mailand und deren Realisierung auf musikalischer Ebene die zentrale Fragestellung bildet. Neben seinem universitären Studium hat er Barockgeige in Basel, Genf und Mailand studiert und konzertiert regelmässig im In- und Ausland. Es ist ihm dabei ein grosses Anliegen Wissenschaft und Praxis zusammenzuführen.

LUCA ZOPPELLI, geboren 1960 in Venedig, ist seit Oktober 2000 ordentlicher Professor in Fribourg (Schweiz). Forschungsschwerpunkte: Musikästhetik 1600–1900, das europäische Musiktheater des 19. Jahrhunderts und des Fin de Siècle, Musik, Rhetorik und Erzähltheorien. Herausgeber (zusammen mit Fabrizio Della Seta und Alessandro Roccatagliati) der *Edizione Critica delle Opere di Vincenzo Bellini*, Mailand, Ricordi, und Leiter des SNF-Forschungsprojektes *Musik aus Schweizer Klöstern*.

PUBLIKATIONEN
DER SCHWEIZERISCHEN MUSIKFORSCHENDEN GESELLSCHAFT, Serie II

Lieferbar sind:

Band 2: Hans Peter Schanzlin, Johann Melchior Gletles Motetten
Ein Beitrag zur schweizerischen Musikgeschichte des 17. Jahrhunderts.

Band 7: Maria Taling-Hajnali, Der fugierte Stil bei Mozart

Band 8: Frank Labhardt, Das Sequentiar Cod. 546 der Stiftsbibliothek von St. Gallen
und seine Quellen.
Teil I: Textband. Teil II: Notenband.

Band 9: Vergriffen.

Band 10: Salvatore Gullo, Das Tempo in der Musik des 13. und 14. Jahrhunderts.

Band 12: Theodor Käser, Die Leçon de Ténèbres im 17. und 18. Jahrhundert
Unter besonderer Berücksichtigung der einschlägigen Werke
von Marc-Antoine Charpentier.

Band 14: Pierre Tagmann, Archivistische Studien zur Musikpflege
am Dom von Mantua 1500–1627.

Band 15: Raimund Rüegge, Orazio Vecchis geistliche Werke.

Band 16: Rudolf Häusler, Satztechnik und Form in Claude Goudimels lateinischen Vokalwerken.

Band 17: Raymond Meylan, L'Enigme de la Musique des Basses Danses du Quinzième Siècle.

Band 18: Friedrich Jakob, Der Orgelbau im Kanton Zürich.
Teil I: Textband. Teil II: Quellenband.

Band 19: Hans-Rudolf Dürrenmatt, Die Durchführung bei Johann Stamitz (1717–1757)
Beiträge zum Problem der Durchführung und analytische Untersuchung
von ersten Sinfoniesätzen.

Band 20: Frank Labhardt, Das Cantionale des Karthäusers Thomas Kreß.

Band 22: Jürg Stenzl, Die vierzig Clausulae der Handschrift Paris Bibliothèque Nationale
Latin 15139 (Saint Victor-Clausulae).

Band 23: Bernhard Billeter, Die Harmonik bei Frank Martin
Untersuchungen zur Analyse neuerer Musik.

Band 24: Hans Schoop, Entstehung und Verwendung der Handschrift
Oxford Bodleian Library Canonici misc. 213.

Band 25: Vergriffen.

Band 27: Hans-Herbert Räkel, Die musikalische Erscheinungsform der Trouvèrepoesie
Untersuchungen zur mittelalterlichen höfischen Lyrik
in Frankreich und Deutschland.

Band 28: Martin Staehelin, Die Messen Heinrich Isaacs
Band I: Darstellung. Band II: Anhang: Materialien. Band III: Studien zu Werk
und Satztechnik in den Messekompositionen von Heinrich Isaac.

Band 29: Peter Keller, Die Oper Seelewig von Sigmund Theophil Staden
und Georg Philipp Hersdörfer.

Band 30: Michael Markovits, Das Tonsystem der abendländischen Musik im frühen Mittelalter.

Band 31: Andreas Wernli, Studien zum literarischen und musikalischen Werk
Adriano Banchieris (1568–1634).

PUBLIKATIONEN
DER SCHWEIZERISCHEN MUSIKFORSCHENDEN GESELLSCHAFT, Serie II

Band 32: Derrick Puffett, The Song Cycles of Othmar Schoeck.

Band 33: Festschrift Hans Conradin zum 70. Geburtstag
Hg. von Volker Kalisch, Ernst Meier, Joseph Willimann und Alfred Zimmerlin.

Band 34: Felix Meyer, „The Art of Speaking Extravagantly"
Eine vergleichende Studie der Concord Sonata und der Essays before a Sonata von Charles Ives.

Band 35: John Kmetz, The Sixteenth-Century Basel Songbooks Origins, Contents, Contexts.

Band 36: Vergriffen.

Band 37: Thomas Gartmann, „ ... dass nichts an sich jemals vollendet ist"
Untersuchungen zum Instrumentalschaffen von Luciano Berio.

Band 38: Musikalische Interpretation: Reflexionen im Spannungsfeld von Notentext, Werkcharakter und Aufführung (Symposium zum 80. Geburtstag von Kurt von Fischer Zürich 1993), hrsg. v. Joseph Willimann in Zusammenarbeit mit Dorothea Baumann.

Band 39: Peter Sterki, Klingende Gläser Die Bedeutung idiophoner Friktionsinstrumente mit axial rotierenden Gläsern, dargestellt an der Glas- und Tastenharmonika.

Band 40: Heidy Zimmermann, Tora und Shira
Untersuchungen zur Musikauffassung des rabbinischen Judentums.

Band 41: Musik denken Ernst Lichtenhahn zur Emeritierung. 16 Beiträge seiner Schülerinnen und Schüler, hrsg. v. Antonio Baldassarre, Susanne Kübler und Patrick Müller.

Band 42: Martin Kirnbauer, Hartmann Schedel und sein „Liederbuch"
Studien zu einer spätmittelalterlichen Musikhandschrift (Bayerische Staatsbibliothek München, Cgm 810) und ihrem Kontext.

Band 43: Felix Wörner, „... was die Methode der ,12-Ton-Komposition' alles zeitigt ..."
Anton Weberns Aneignung der Zwölftontechnik 1924–1935.

Band 44: Thomas Steiner, ed. Instruments à claviers – expressivité et flexibilité sonore.
Keyboard Instruments – Flexibility of Sound and Expression.
Actes des recontres harmoniques / Proceedings of the harmoniques International Congress, Lausanne 2002.

Band 45: Jacqueline Waeber, ed.: La note bleue. Mélanges offerts au Professeur Jean-Jacques Eigeldinger.

Band 46: Michael Latcham, ed.: Musique ancienne – instruments et imagination /
Music of the past – instruments and imagination.
Actes des Rencontres Internationales harmoniques 2004 / Proceedings of the harmoniques International Congress 2004.

Band 47: Susanne Gärtner: Werkstatt-Spuren: Die Sonatine von Pierre Boulez.
Eine Studie zu Lehrzeit und Frühwerk.

Band 48: Luigi Collarile & Alexandra Nigito (Hrsg.): In organo pleno.
Festschrift für Jean-Claude Zehnder zum 65. Geburtstag.

Band 49 Peter Jost (Hrsg./éd.): Arthur Honegger.
Werk und Rezeption/L'œuvre et sa réception.

Band 50 Jacqueline Waeber (éd.):
Musique et Geste en France de Lully à la Révolution.
Études sur la musique, le théâtre et la danse.